AF550501

B
V
72

Karsten Müller

Typisch Sizilianisch

Effektives Mittelspieltraining

Joachim Beyer Verlag

ISBN 978-3-95920-170-4

1. Auflage 2022

Ein Imprint des Schachverlag Ullrich, Zur Wallfahrtskirche 5, 97483 Eltmann

Herausgeber: Robert Ullrich

Inhaltsverzeichnis

Vorwort

Wenn jemand beschließt, Spanisch zu lernen (die *Sprache* wohlgemerkt – und nicht die Eröffnung!), wird er sich zweckmäßigerweise Lehrbücher zulegen, in denen *Spanisch* behandelt wird – und nicht etwa solche, die sich mit *allen* romanischen Sprachen oder sogar allen *europäischen* Sprachen beschäftigen.

Führen wir diesen Vergleich ruhig noch etwas weiter: Wenn ein Wörterbuch in etwa einem Eröffnungsbuch entspricht, so kommt eine Grammatik in etwa einem Lehrbuch fürs Mittelspiel gleich. Nun könnte man zwar mit Eröffnungsbüchern allein zum Thema *Spanisch* ganze Bibliotheken füllen, aber wie steht es mit einer entsprechenden 'Grammatik'?

Natürlich gibt es in jedem Mittelspiel–Lehrbuch die ein oder andere Stellung, die eindeutig als *Spanisch* zu erkennen ist, allerdings ist deren Zahl verschwindend gering im Umfeld von Französisch, Englisch, Russisch, Italienisch, Holländisch und so weiter und so fort. Und somit von all diesen anderen europäischen Sprachen – nein Pardon: von all diesen anderen *Eröffnungen*, deren Mittelspielbehandlung der Leser eigentlich gar nicht erlernen will.

Ist beispielsweise die Behandlung der Themen Isolani, Hängebauern und Minoritätsangriff für einen e4–Spieler nicht ebenso verzichtbar, wie sie für einen d4–Spieler unerlässlich ist? – Warum sollte ein eingefleischter Anhänger indischer Eröffnungen sich für die strategischen Feinheiten von Stellungen interessieren, die aus all diesen komplizierten Damengambit–Systemen resultieren? Und natürlich auch umgekehrt: Was kann ein Spieler mit all diesen Feinheiten indischer Stellungen anfangen, der um Fianchetto–Eröffnungen prinzipiell einen großen Bogen macht?

Und genau dieses ebenso auffällige wie verblüffende Vakuum im Bereich der Mittelspiel–Literatur hat mich zu einem entsprechenden Verbesserungsversuch inspiriert: Wer *Spanisch* lernen will (die *Eröffnung* wohlgemerkt und nicht die Sprache!), der bekommt ein Lehr– und Übungsbuch, in dem ausschließlich *Spanisch* 'gesprochen' bzw. gespielt wird.

Allerdings wird in diesem Buch ausschließlich *Sizilianisch* 'gesprochen'. (Doch, doch – das auf Sizilien gesprochene *Sicilianu* kann nicht nur als Dialekt, sondern auch als eigenständige Sprache angesehen werden.) Und zwar genauer gesagt: der Dialekt 'offenes Sizilianisch' mit dem aus den Bauern d6 und e6 bestehenden 'kleinen Zentrum', das für die allermeisten sizilianischen Systeme typisch ist – und das durch a7–a6 ergänzt bzw. durch früher oder später folgendes e6–e5 umgeformt werden kann.

Und noch einen wichtigen Hinweis möchte ich vorwegschicken. Für jeden Schachautor besteht eine enorme Herausforderung darin, einer Leserschaft mit einem möglichst breiten Spielstärke–Niveau gerecht zu werden. So wäre es im Bereich der Eröffnungs– bzw. Endspiel–Literatur absurd, beispielsweise 'Französisch' bzw.

'Turmendspiele' für Spieler zwischen 1400 und 1600, zwischen 1600 und 1800, zwischen 1800 und 2000 usw. anzubieten. Entsprechend schreibt man nur *ein* Buch zum jeweiligen Thema und bemüht sich, alle wichtigen Dinge möglichst genau und verständlich zu erklären – und dann liegt es an jedem einzelnen Leser, wie intensiv er mit den Büchern zu arbeiten bereit ist, um einen größtmöglichen Nutzen zu erzielen.

Ungleich schwieriger wird die Aufgabe bei einem Buch wie diesem, das ausschließlich aus Übungsaufgaben besteht. Denn wählt man als Autor durchweg sehr einfache bzw. durchweg etwas schwierigere, so scheuen im ersten Fall weiter fortgeschrittene Spieler zurück, weil sie sich *unter*fordert – im zweiten Fall weniger fortgeschrittene Spieler, weil sie sich *über*fordert fühlen.

Und darum ein guter Rat – ganz gleich, welche Spielstärke Sie auf die Matte bringen. Nehmen Sie die Beschäftigung mit jeder einzelnen Aufgabe ernst, aber lassen Sie diese auf keinen Fall in Folter ausarten! Sobald Sie auf allzu große Hindernisse bzw. Widerstände stoßen, nehmen Sie sich einfach die Freiheit: Schlagen Sie die Lösung auf und funktionieren Sie das Testbuch in ein Lehrbuch um!

Ich bedanke mich bei Frederic Friedel und Rainer Woisin von ChessBase für die Idee, mit QR Codes zu arbeiten – sowie bei Robert Ullrich und Thomas Beyer für das Layout und die gewohnt vorbildliche Präsentation.

Karsten Müller

Hamburg, im April 2022

Zeichenerklärung

!	ein sehr guter Zug
!!	ein ausgezeichneter Zug
?	ein schwacher Zug
??	ein grober Fehler
!?	ein beachtenswerter Zug
?!	ein Zug von zweifelhaftem Wert
+−	Weiß hat entscheidenden Vorteil
−+	Schwarz hat entscheidenden Vorteil
±	Weiß steht besser
∓	Schwarz steht besser
⩲	Weiß steht etwas besser
⩱	Schwarz steht etwas besser
=	ausgeglichen
∞	unklar, mit beiderseitigen Chancen
=∞	mit Kompensation für den materiellen Nachteil
Δ	mit der Idee
⌓	besser ist
x	schlägt
+	Schach
#	matt
+++	und viele andere
~	tendenziell, ungefähr
V	Variante

Aufgaben

Konkrete Frage (Lösungen ab Seite 51)

1

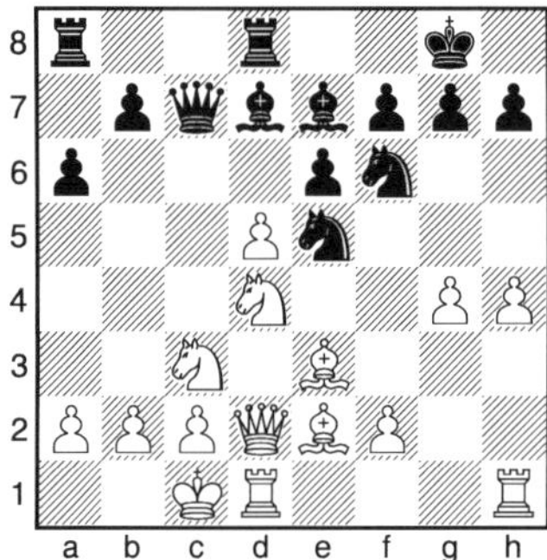

Wie holt Schwarz am meisten aus seiner Stellung heraus?

2

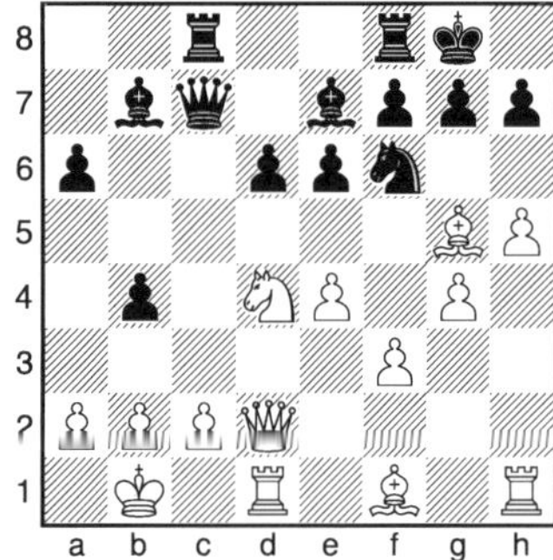

Kann Schwarz den starken Positionsdruck mit einer Gewaltmaßnahme abschütteln?

3

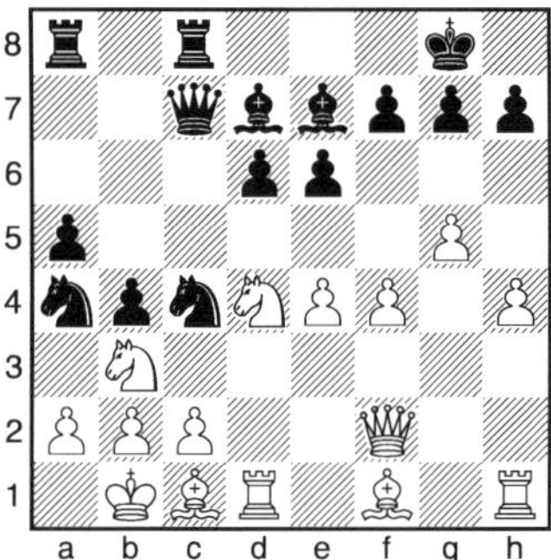

Darf Weiß zwei Springer in Königsnähe dulden?

4

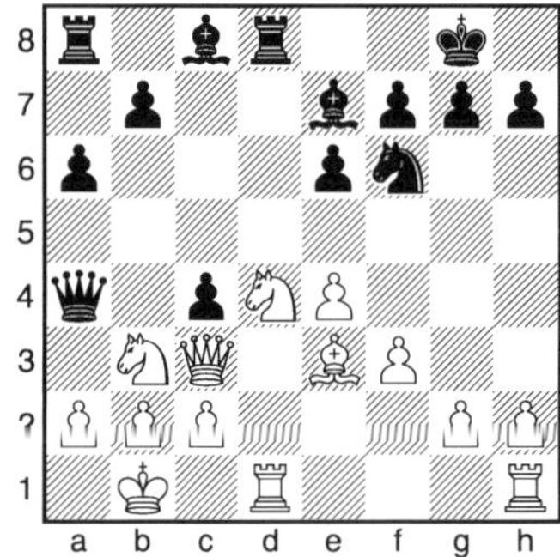

Muss der angegriffene Springer tatsächlich den Rückzug antreten?

Kandidaten (Lösungen ab Seite 54)

5

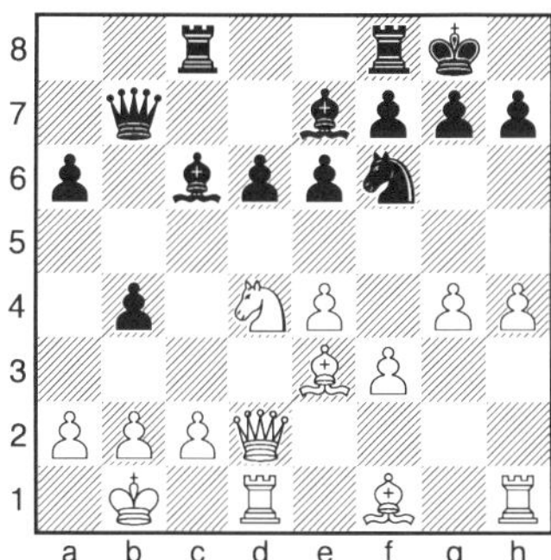

Worin besteht der gewaltige Unterschied zwischen den Kandidaten 17.g5 und 17.h5?

6

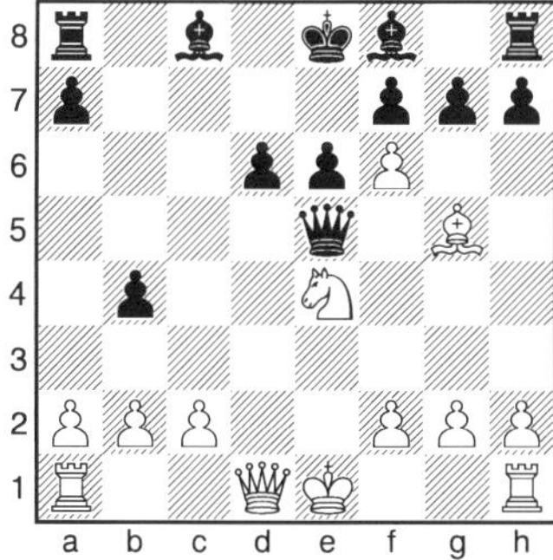

Offenbar hat Weiß nur die Kandidaten 12.f3, 12.♕e2 und 12.♕d3.

Welcher ist der beste – welcher der schlechteste?

7

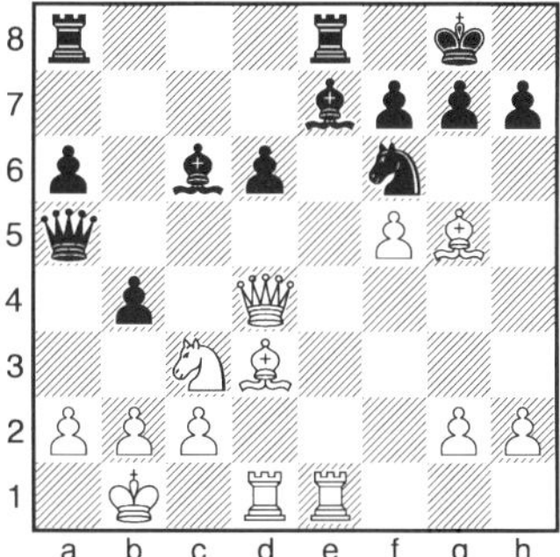

Wohin mit dem Springer – nach e2 oder e4?

Oder gibt es einen viel besseren Kandidaten?

8

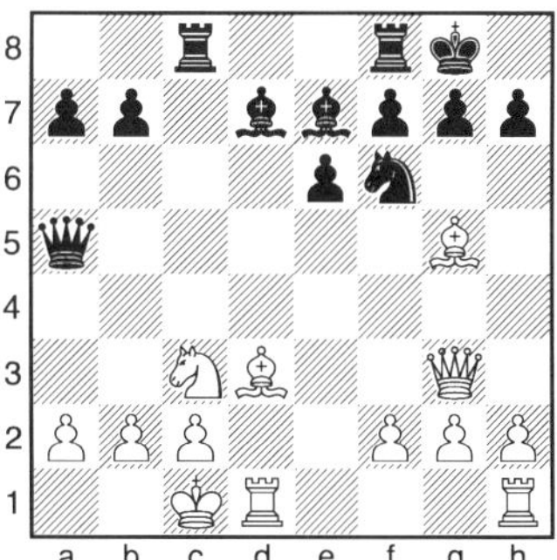

Wie ist die labile schwarze Leichtfiguren-Konstellation auszunutzen?

Mit 14.♗xh7+ oder 14.♕h4 oder gar nicht?

Konkrete Frage (Lösungen ab Seite 58)

9

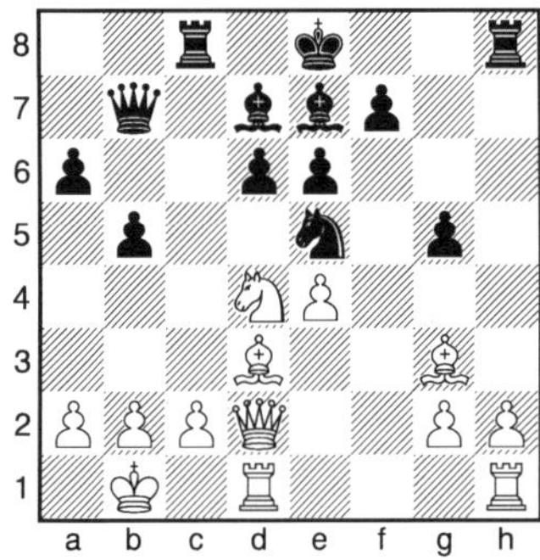

Ist die schwarze Zentralfestung tatsächlich so unerschütterlich, wie es den Anschein hat?

10

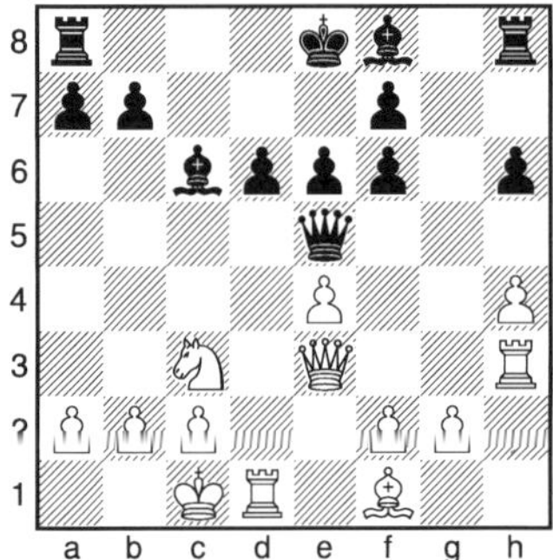

Wie kann Weiß die beengte Stellung der gegnerischen Dame ausnutzen?

11

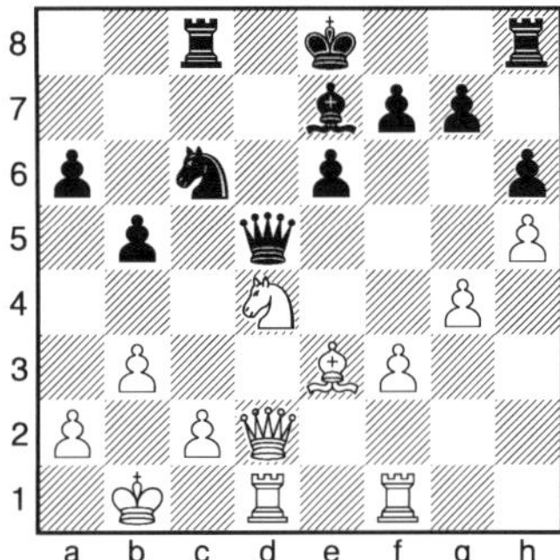

Wie kann Weiß die beengte Stellung der gegnerischen Dame ausnutzen?

12

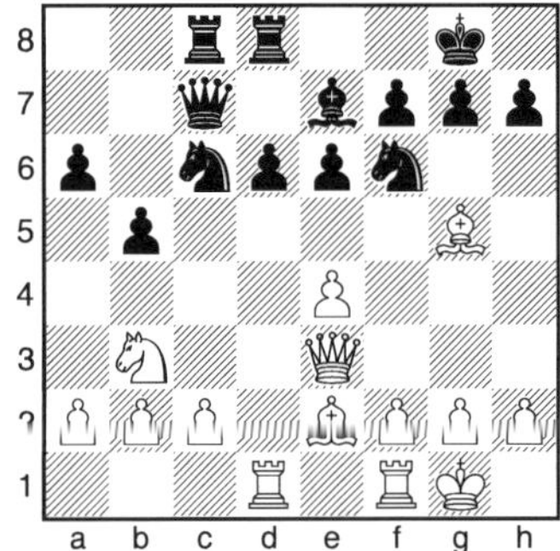

Ist der Partiezug 16.c4 nur antipositionell oder wirklich schlecht?

Schnellschuss (Lösungen ab Seite 61)

13

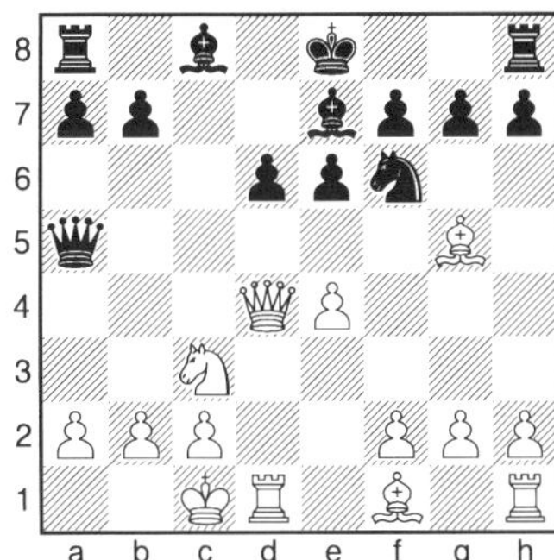

Welcher buchstäbliche weiße Pfeilschuss erzwingt ein vorentscheidendes Zugeständnis?

14

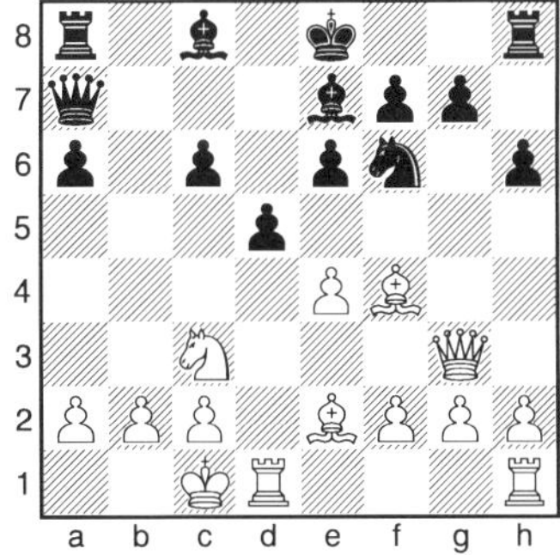

Woran scheitert der Gegenangriff 14...d4?

15

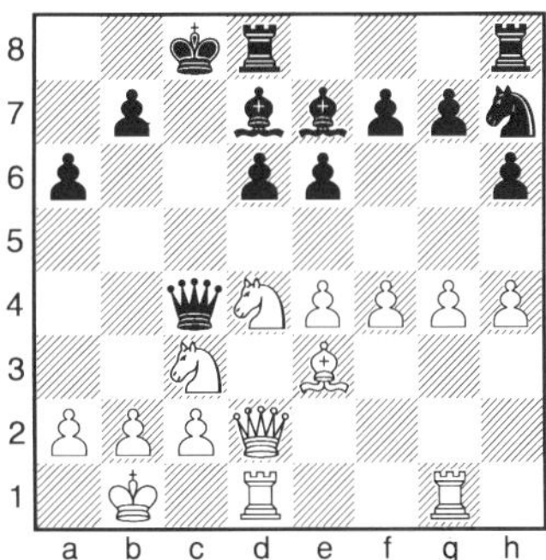

Weiß hat allerlei gute Fortsetzungen aber keinen klaren Gewinnzug – oder?

16

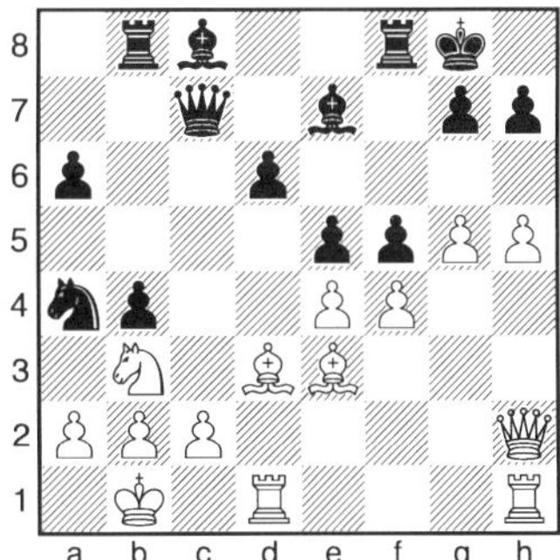

Welcher Schlag ins Kontor bringt die weiße Offensive abrupt zum Stillstand?

Einziger Zug (Lösungen ab Seite 62)

17

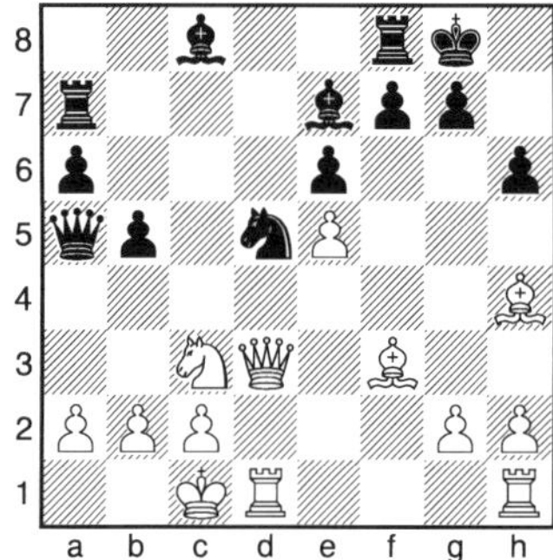

Nur ein Kandidat hält das Gleichgewicht: 17.♗xe7, 17.♗f2, 17.♘xd5

18

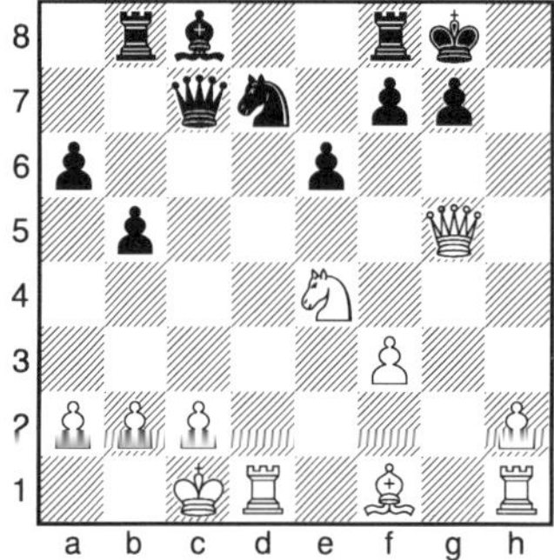

Die weiße Drohung ist offensichtlich. Worin besteht die einzige Verteidigung?

19

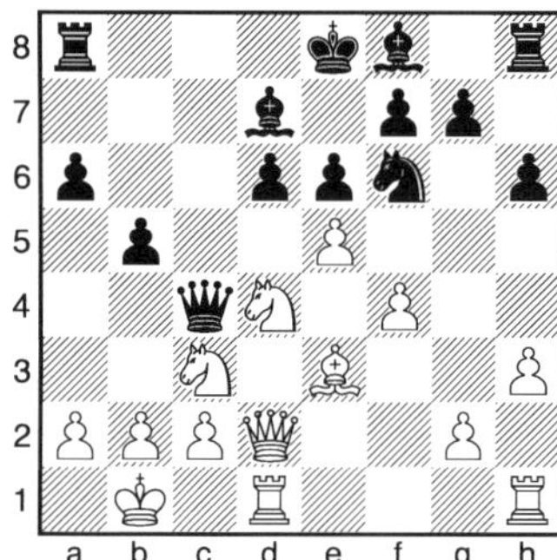

Ist ein Kandidat besser als die anderen?

15...dxe5, 15...♘d5, 15...b4

20

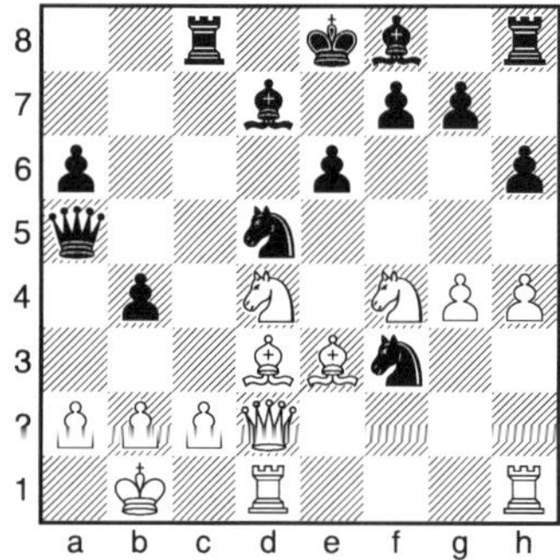

Wie muss Weiß auf den Überfall 14...♘xf3 reagieren?

Kandidaten (Lösungen ab Seite 65)

21

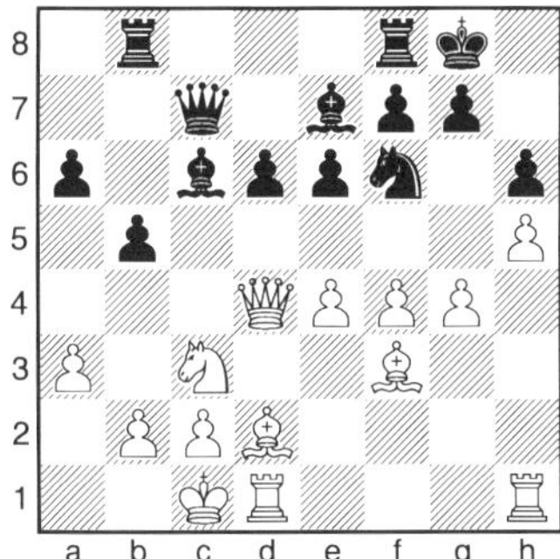

Verspricht 18...e5, 18...d5 oder ein anderer Bauernzug gute Chancen?

Oder eher der flexible Rückzug 18....♘d7?

22

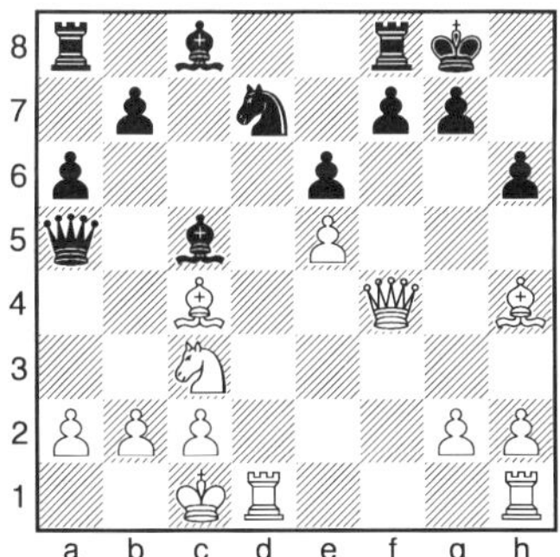

Welcher der Züge 16.♖d3 und 16.♘e4 ist der klare Spitzenkandidat?

23

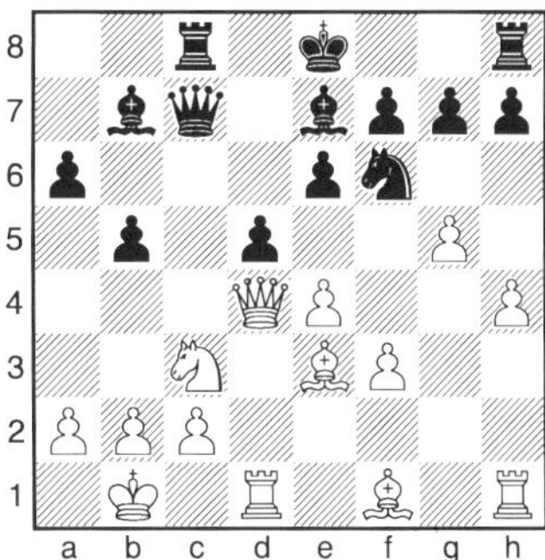

Ist von 15...e5, 15...♘h5, 15...dxe4 ein Zug schlechter als die anderen?

24

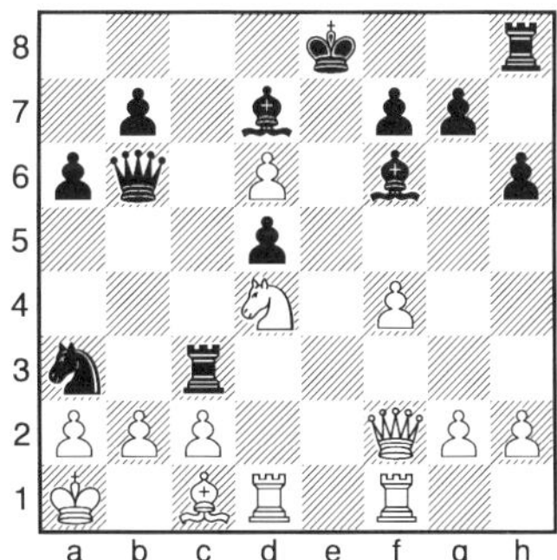

Was ist besser:
21.♕e1+ oder 21.♖fe1+?

Konkrete Frage (Lösungen ab Seite 68)

25

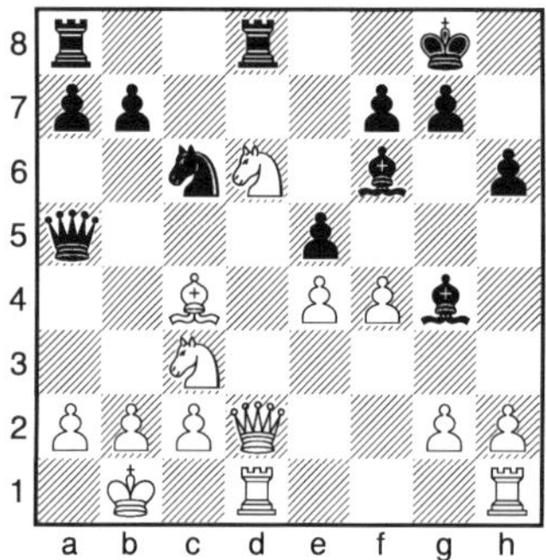

Im Kommentar heißt es:
15.♗xf7+? ♔f8!–+ wegen der Doppeldrohung ♗xd1/ ♖xd6.
Was ist davon zu halten?

26

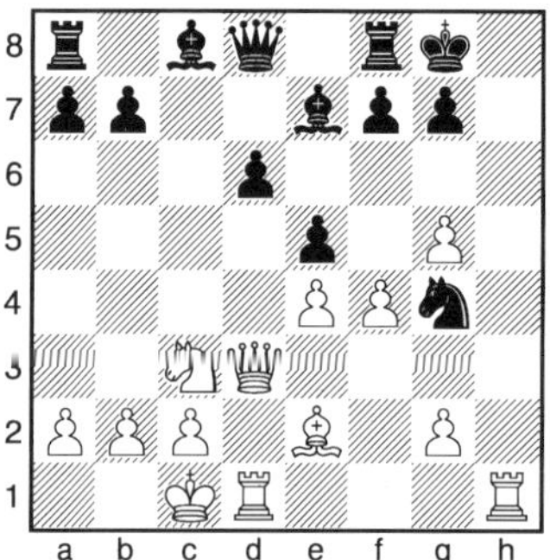

Kommt Schwarz einfach in Vorteil – oder schwebt er etwa in Gefahr?

27

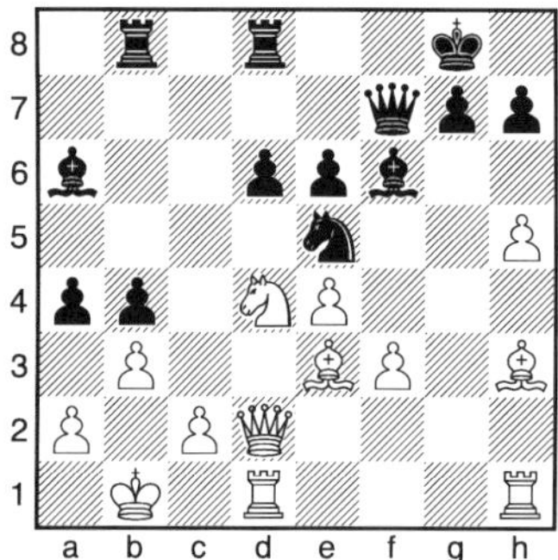

Schwarz muss e6 decken – oder?

28

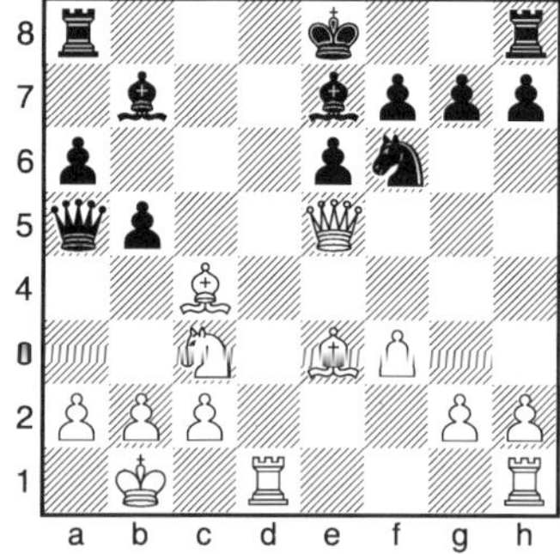

Da der hängende ♗c4 nicht auszunutzen ist, sollte Schwarz rochieren – oder?

Abstiegskandidat (Lösungen ab Seite 72)

29

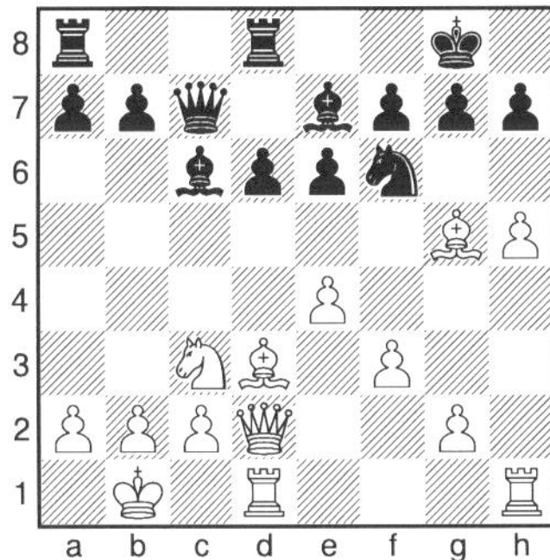

Welcher der Züge 15...a6, 15...h6, 15...d5 ist der klare Abstiegskandidat?

30

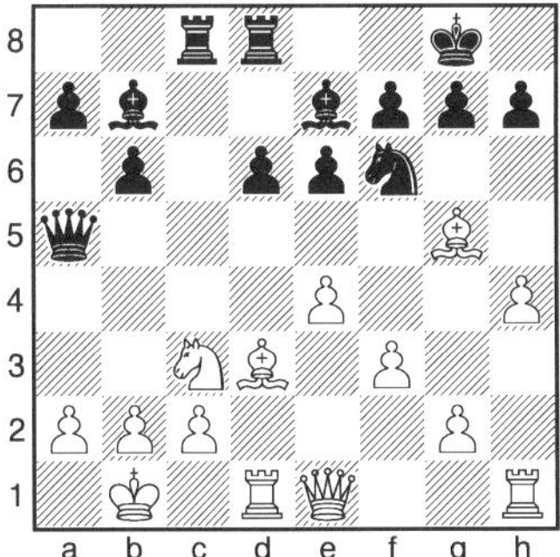

Welcher der Züge 15...a6, 15...♗a6, 15...♕c5 ist der klare Abstiegskandidat?

31

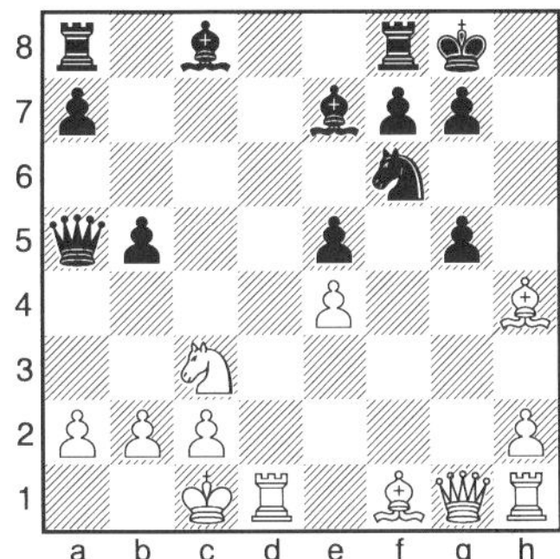

Welcher der Züge 16.♗xg5 und 16.♕xg5 verdient gleich 2 Fragezeichen?

32

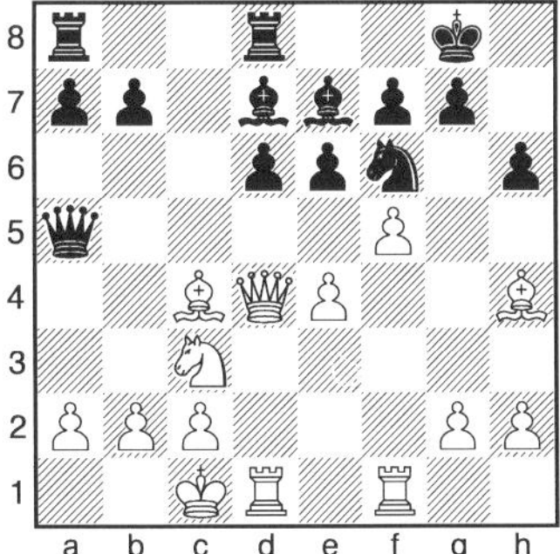

Der klare Abstiegskandidat ist: 14...e5, 14...♕e5, 14...b5, 14...♖ac8

Gewaltmaßnahme oder Drucksteigerung? (Lösungen ab Seite 75)

33

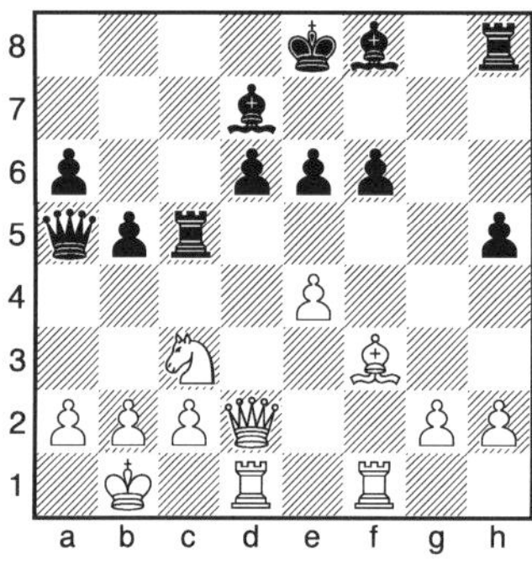

Weiß am Zug

34

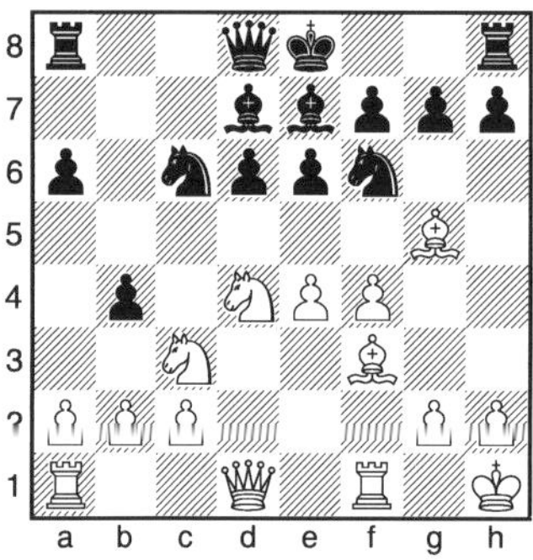

Weiß am Zug

35

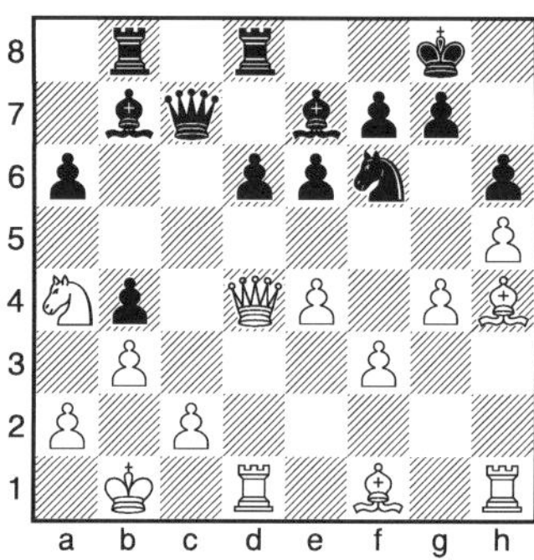

Weiß am Zug

36

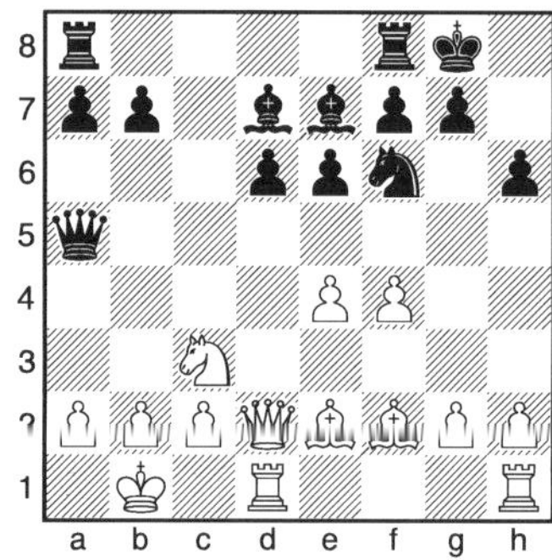

Weiß am Zug

Konkrete Frage (Lösungen ab Seite 79)

37

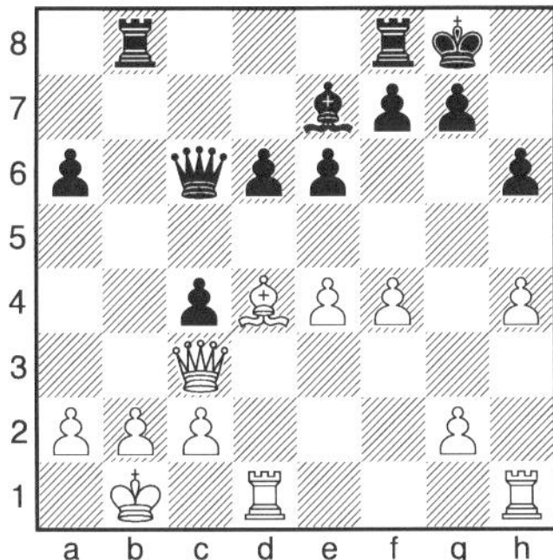

Im Kommentar heißt es:
21...f6 ist der einzige Zug.
Was ist davon zu halten?

38

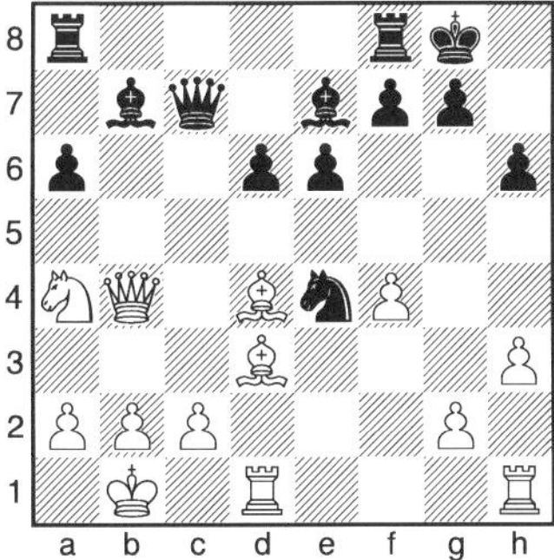

Gewinnt Weiß trickreich einen Bauern?

39

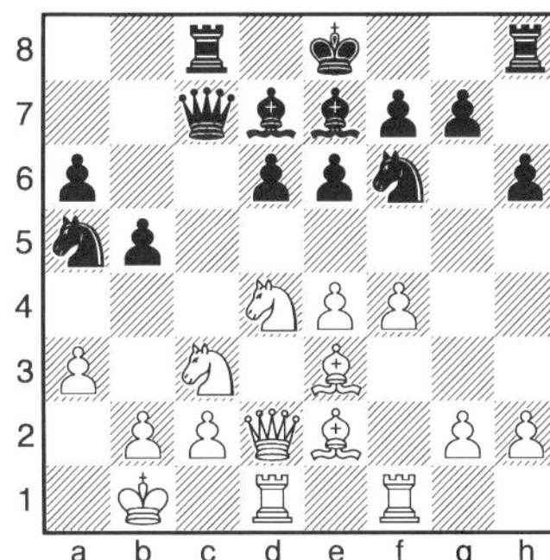

Warum war der letzte Zug 14...♖c8 eine grobe Ungenauigkeit?

40

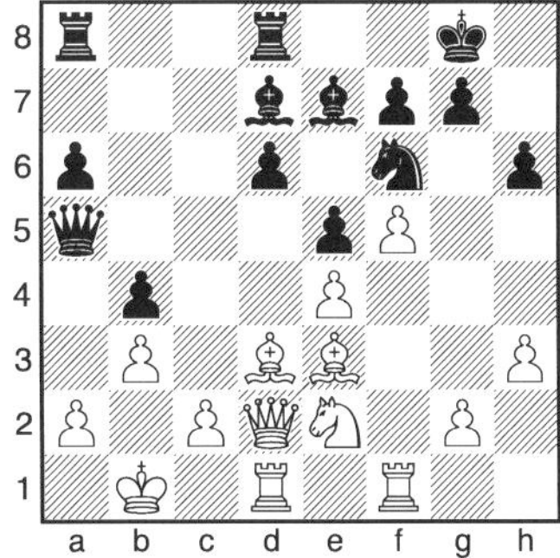

Wie ist die Gewaltmaßnahme 20.♗xh6 zu bewerten?

Kandidaten (Lösungen ab Seite 81)

41

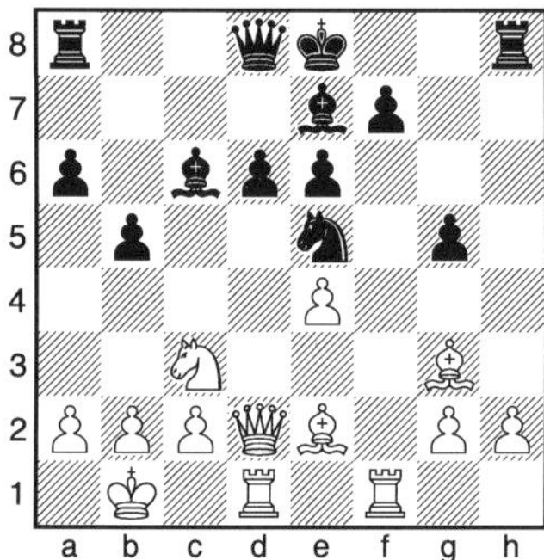

Nach 17.♗xb5 geht was!

Nach 17.♗xe5 geht was!

Was stimmt – oder stimmt nichts?

42

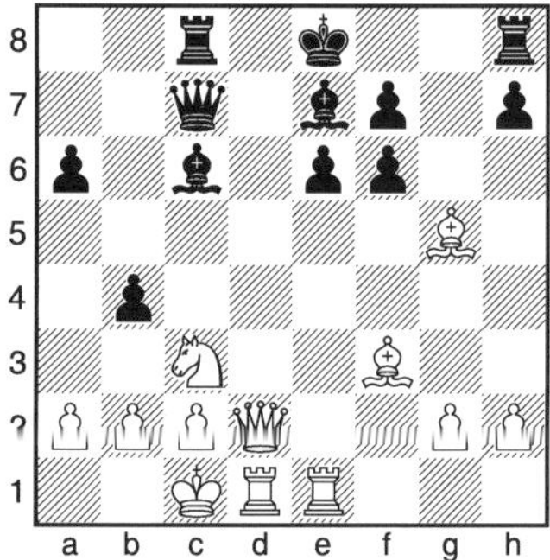

Wie viele Gewinnkandidaten hat Weiß: einen, zwei oder sogar drei?

43

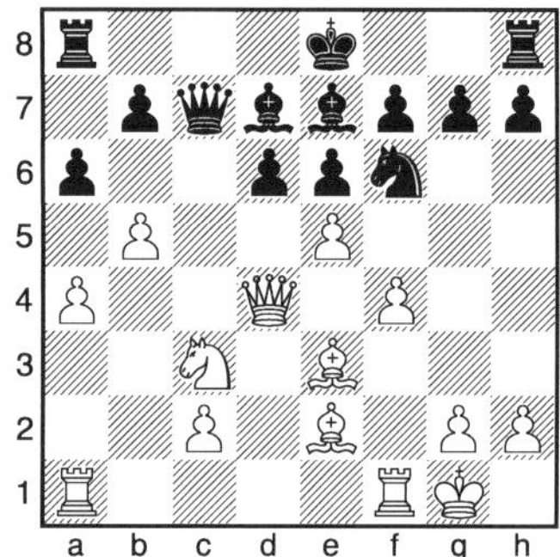

Was ist das geringste Übel: 14...♖c8, 14...♖d8 oder 14...0-0?

44

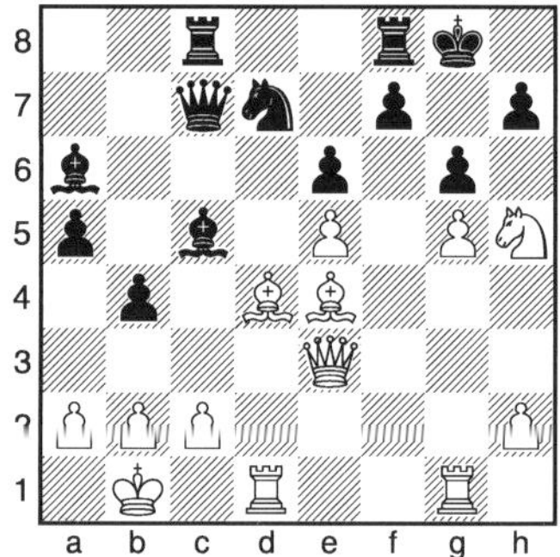

Wie reagiert man auf den Überfall 24.♘h5?

Mit 24...gxh5, 24...♗xd4 oder 24...♕xe5?

Schnellschuss (Lösungen ab Seite 85)

45

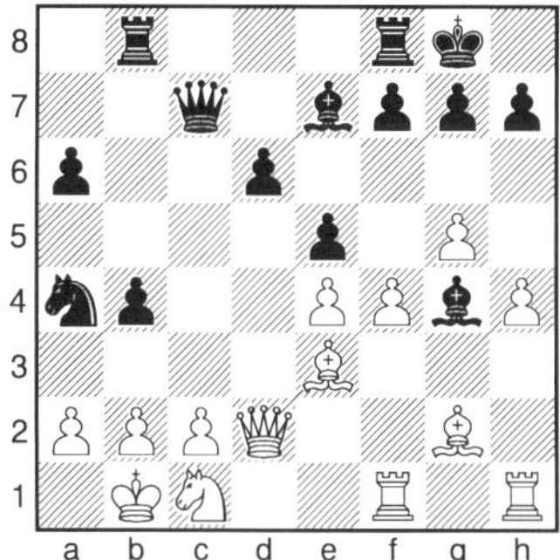

Will Schwarz Damentausch erzwingen, spielt er einfach ...

46

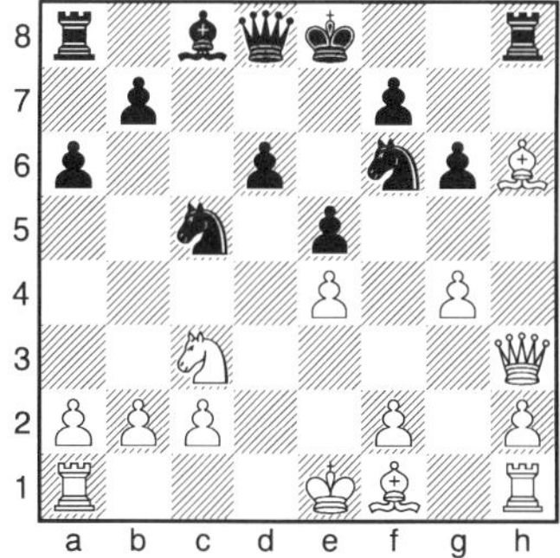

Mit welchem 'einzigen Zug' vermeidet Weiß großen Nachteil?

47

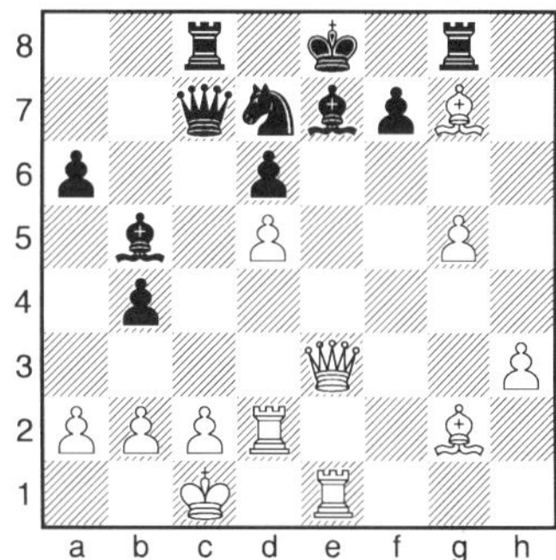

Welches ist der Spitzenkandidat: 21...♘e5 oder 21...♘c5?

48

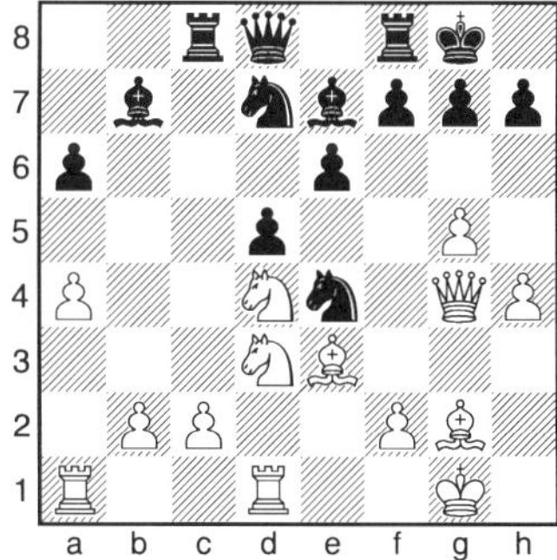

Hat Weiß einen Trick?

Konkrete Frage (Lösungen ab Seite 87)

49

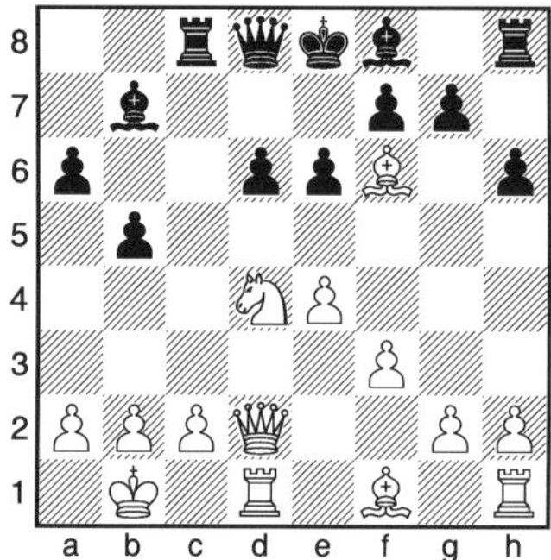

Ist der prinzipiell solidere Zug 14...♕xf6 auch im gegebenen Fall solide?

50

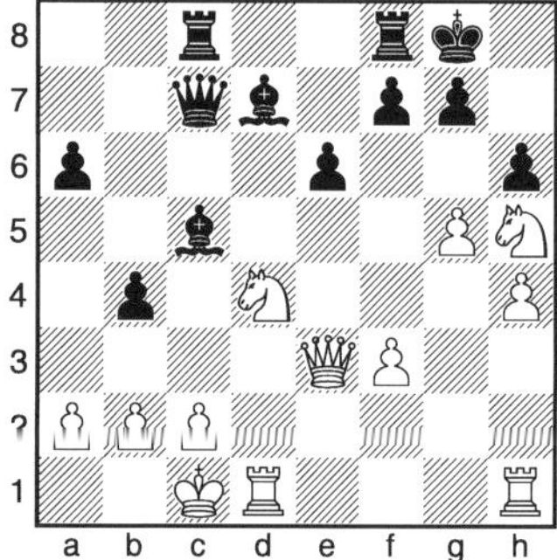

Könnte Weiß Remis forcieren? Und sollte er dies tun?

51

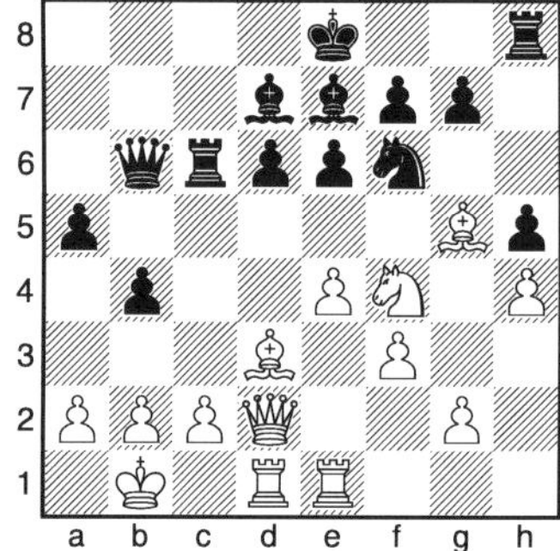

Warum war der letzte Zug 16...a5 ein Abstiegskandidat?

52

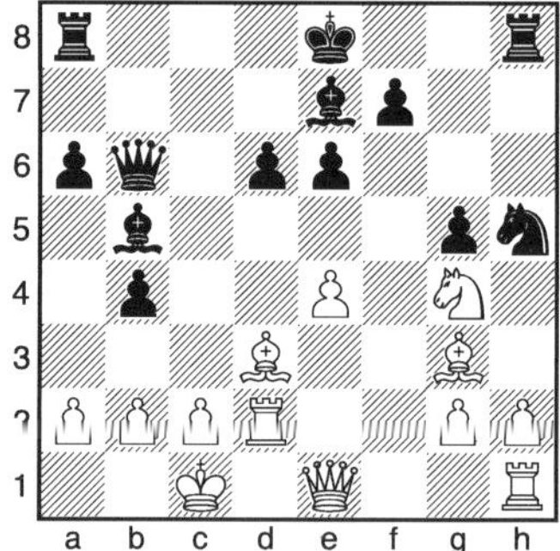

Wie kann man die unharmonische weiße Figurenstellung zum Sieg nutzen?

Scherzartikel (Lösungen ab Seite 89

53

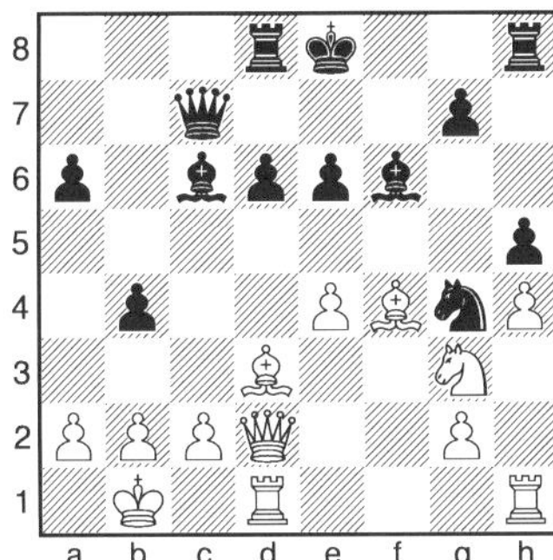

Weiß kann vor Kraft nicht laufen.

Bleibt nur die Frage: Wohin?

54

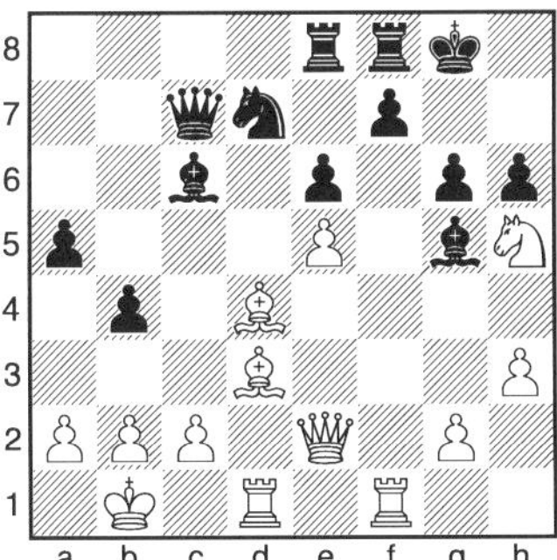

Der weiße Gewinnzug ist nicht einfach.

Ein Wink mit dem Zaunpfahl:
Man kopiere den letzten Zug 22...g6 –
dann weiter im 'premove–Modus'.

55

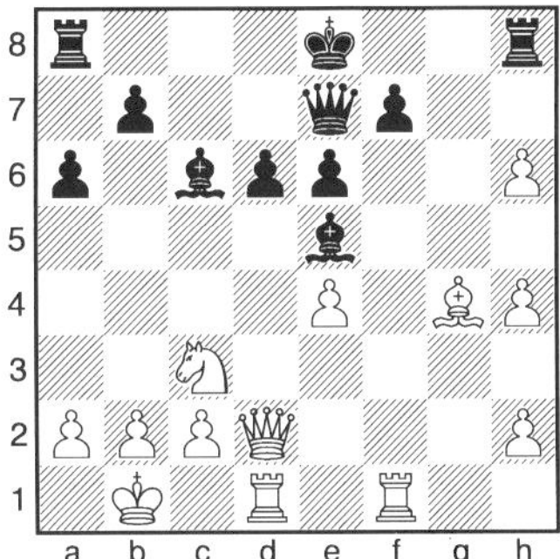

Weiß muss nachzuweisen versuchen:
Selbst ein Tripelbauer am Rand ist
kein 'totes Material'!

56

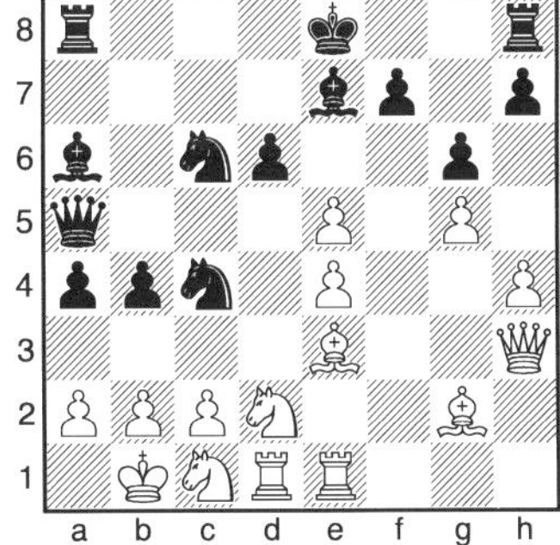

Weiß duldet seit mehreren Zügen
den ♘c4.

Wie zeigt dieser sich jetzt
dafür erkenntlich?

Wie schmeckt eigentlich ... (Lösungen ab Seite 92)

57

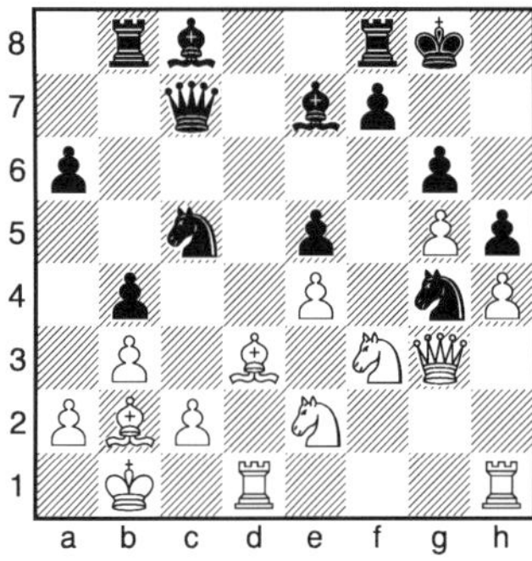

... der Bauer e5?

58

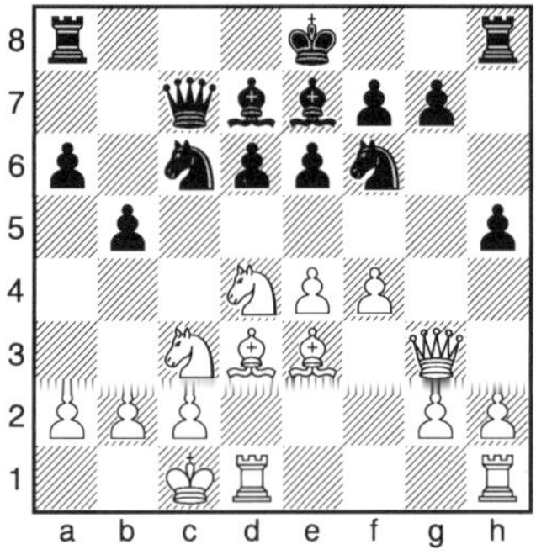

... der Bauer g7?

59

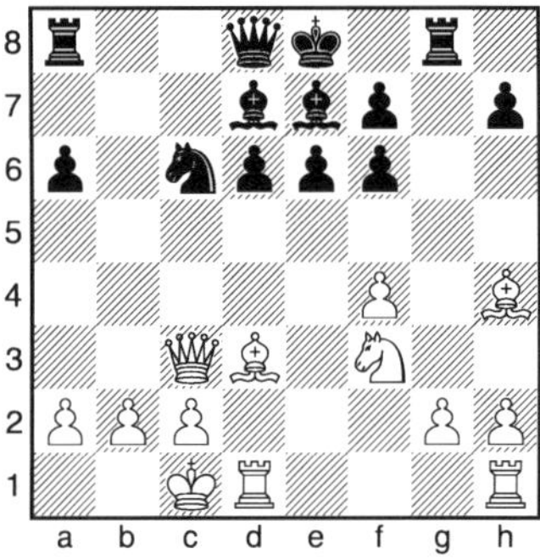

... der Bauer g2?

60

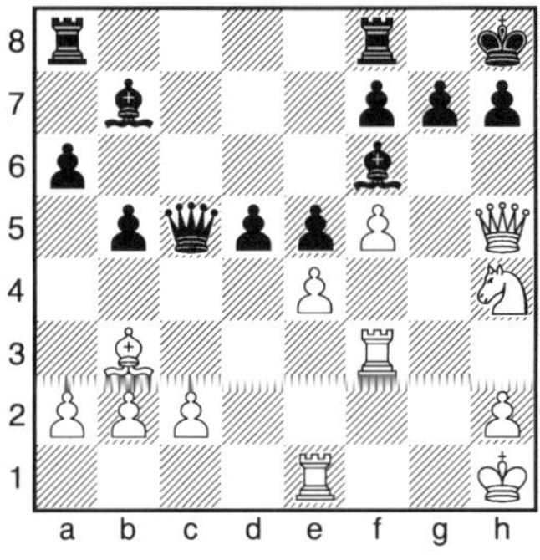

... der Bauer e4?

Konkrete Frage (Lösungen ab Seite 94)

61

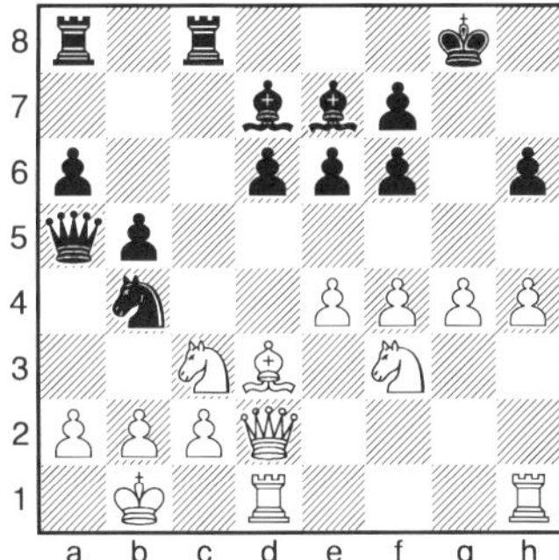

Ist am weißen Damenflügel ein Prophylaxezug fällig?

62

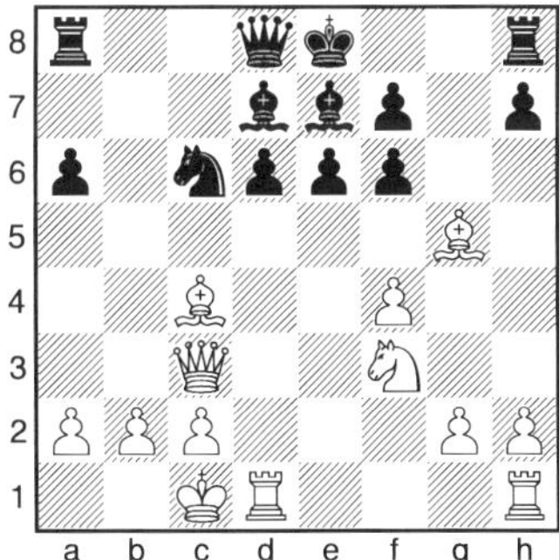

Wie kann Schwarz nachweisen, dass 14.♗c4 suizidal war?

63

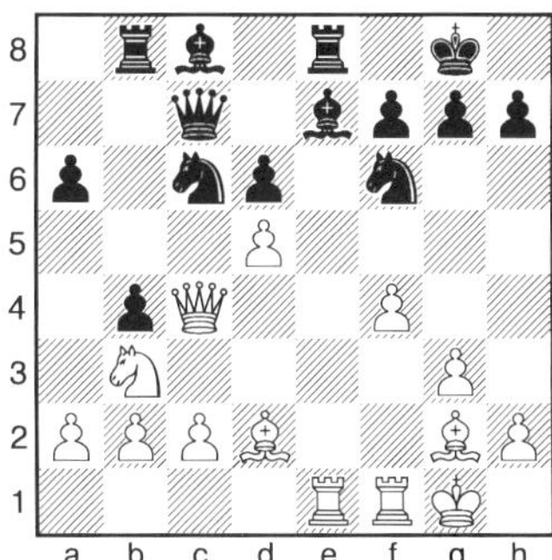

Warum geht der Trick 16.♕c4 nach hinten los?

Vorsicht: Die Sache ist gar nicht so einfach!

64

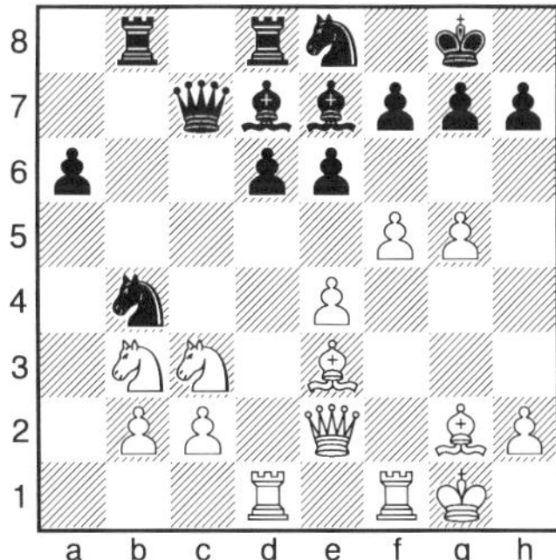

Schwarz steht mächtig unter Druck. Bringt ein taktischer Trick Abhilfe?

Kandidaten (Lösungen ab Seite 97)

65

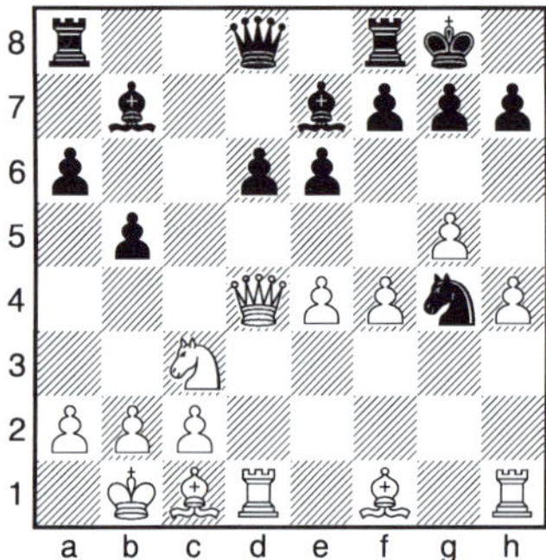

Wie sichert Schwarz den gefährdeten Springer?

Mit 16...h5, 16...f5 – oder gar nicht?

66

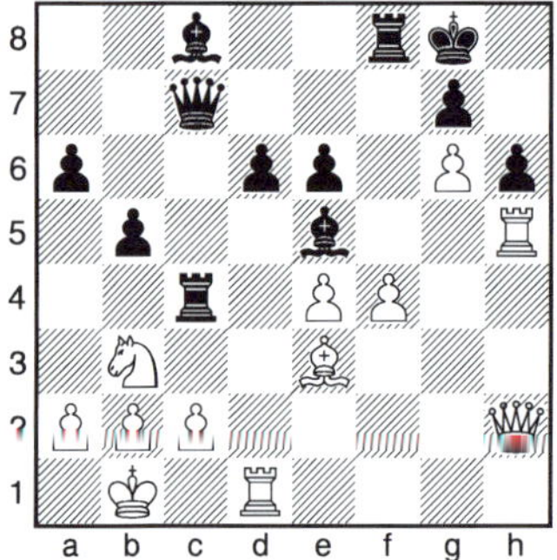

Schwarz bekommt die ersehnten Rettungs- bzw. Schwindelchancen nach 26...♗f6, 26...♗xb2 oder 26...♖xe4?

67

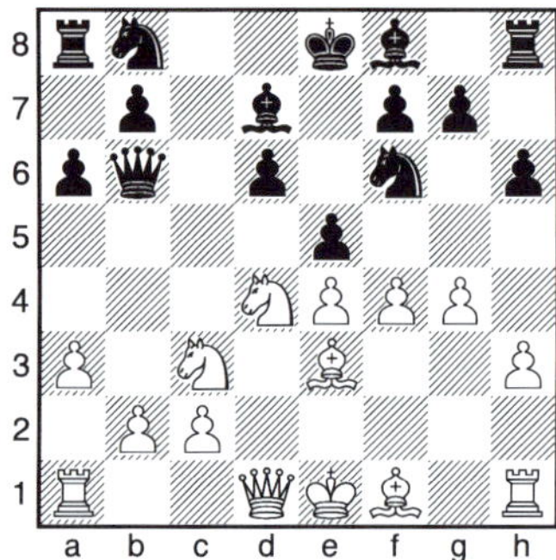

Falls noch mehr Pfeffer gewünscht, gibt es 16.g5, 16.♘f5 oder 16.♗g2?

68

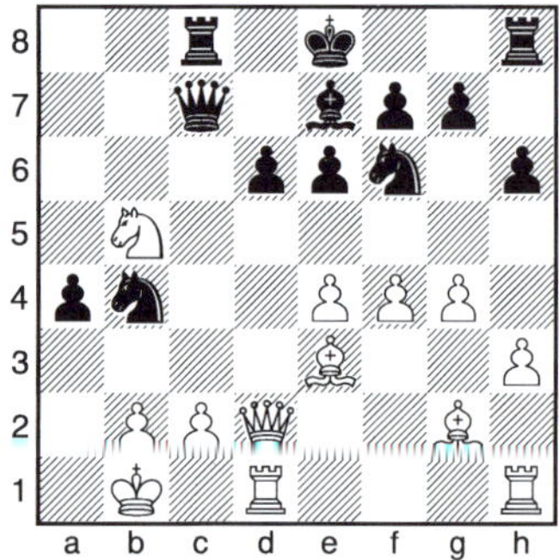

Ist 19...♕xc2+ oder 19...♕c4 besser?

Scherzartikel (Lösungen ab Seite 100)

69

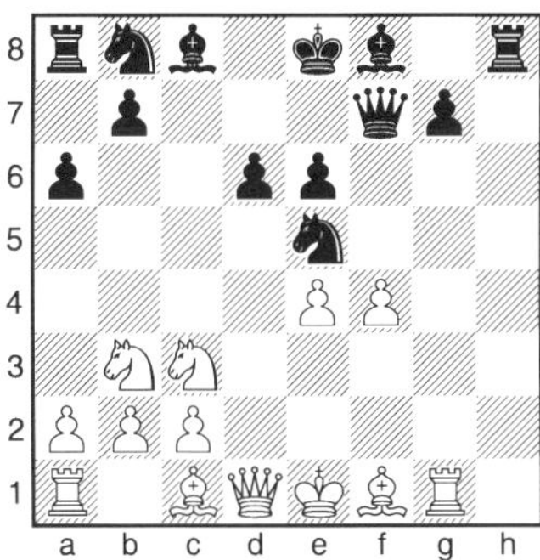

Schwarz kann deutlich nachweisen: Gegen Sizilianisch sollte man nicht im Stil des Königsgambits anrennen!

70

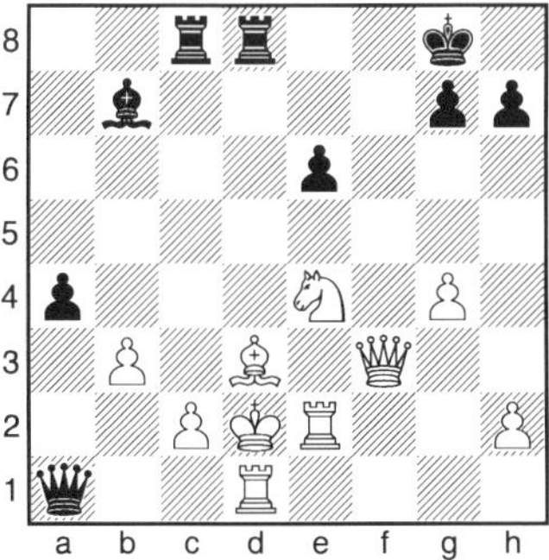

Hat Schwarz ein einfaches Remis sicher?

71

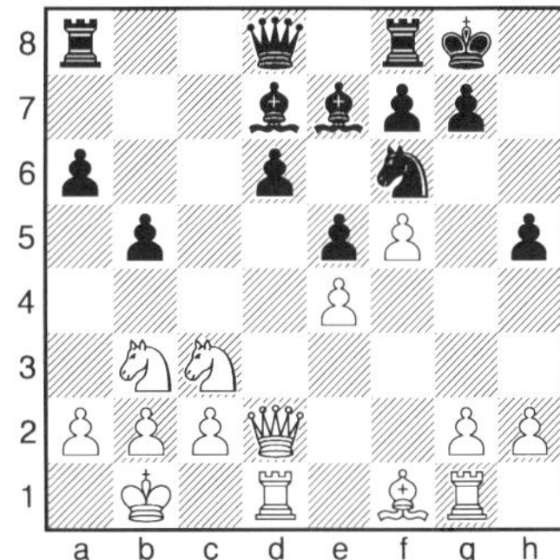

Ein Entwicklungszug wie 15.♗e2, 15.♗d3, etwas Prophylaxe mit 15.a3 – oder gibt es etwas Energischeres?

72

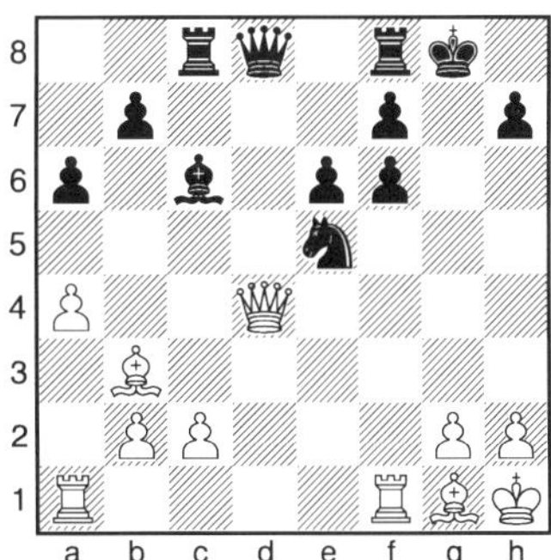

Schwarz hat einen Zug von der Sorte 'stiller Killer'.

Konkrete Frage (Lösungen ab Seite 103)

73

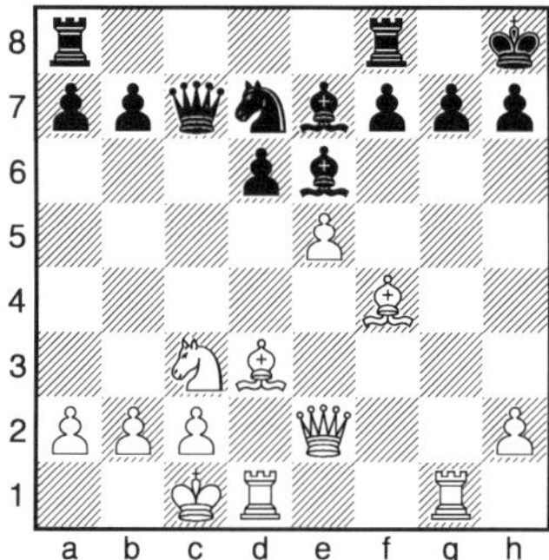

War 17.e5 eine Fehlkombination?
Ist es egal, wie man auf e5 schlägt?

74

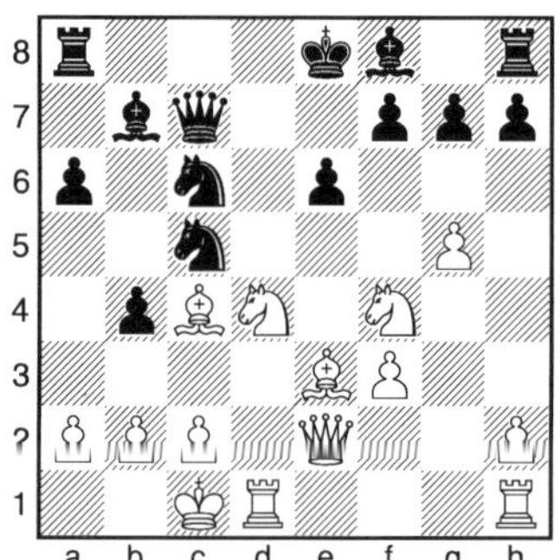

14.♘dxe6 ist ein
'verfehltes Schablonenopfer'
Stattdessen wird 14.♘xc6 empfohlen.
Was ist dazu zu sagen?

75

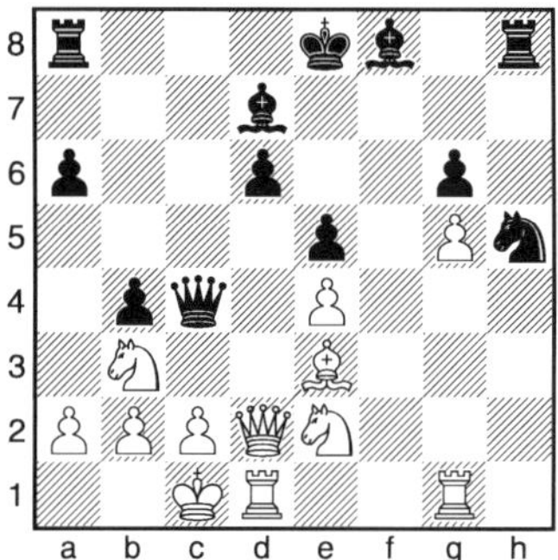

Sind die aktiven weißen Optionen
tatsächlich schon ausverkauft?

76

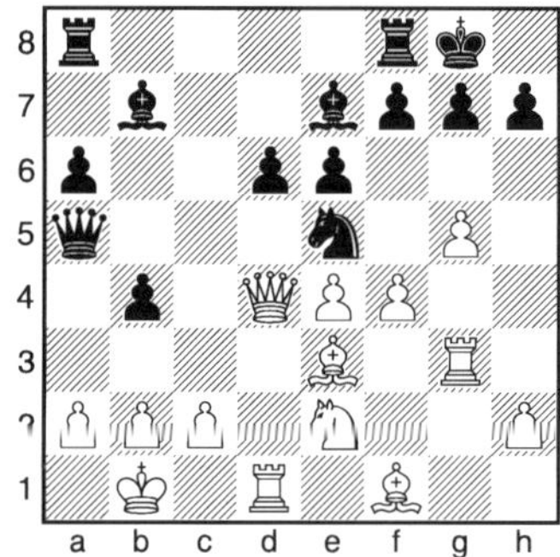

Muss der Springer e5 sich bewegen –
oder kommt anderes infrage?

Schnellschuss (Lösungen ab Seite 107)

77

Mit welcher Prophylaxe–Maßnahme kann Weiß dauerhaften Nachteil vermeiden?

78

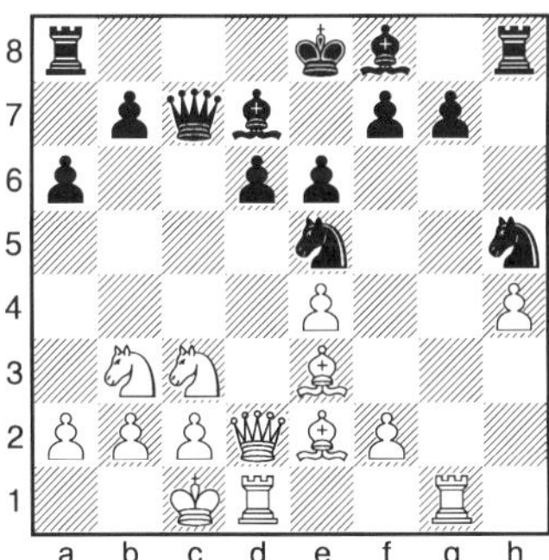

Welcher Kandidat ist ganz hoffnungslos:

15...b5 oder 15...♘c4?

79

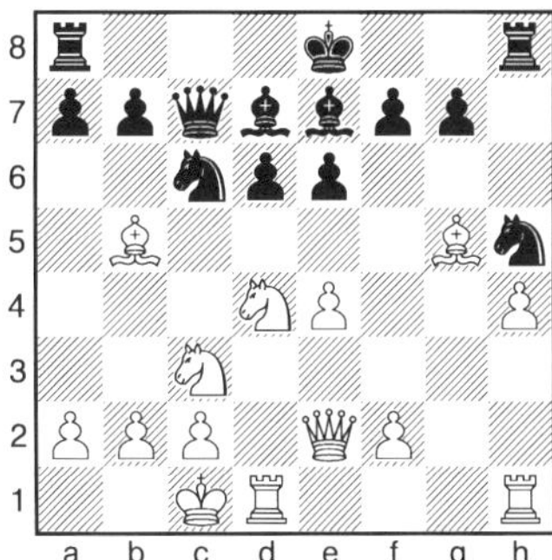

13.♗g5 war positonell erstklassig, hat jedoch eine taktische Schwäche, die Schwarz im Initiativkampf nutzen kann.

80

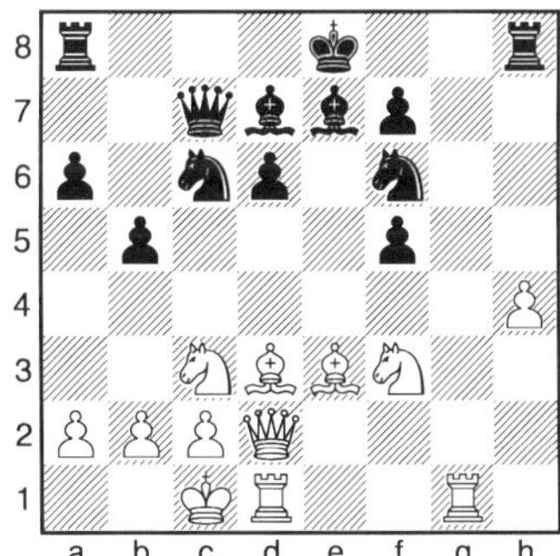

Man weise nach: 18...exf5 ist ein vielversprechender Selbstmordversuch.

Einziger Zug (Lösungen ab Seite 109)

81

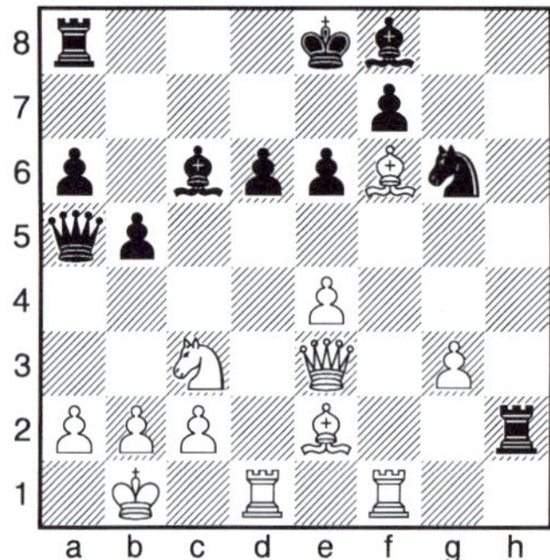

Welcher taktisch geprägte einzige Zug wahrt für Schwarz das Gleichgewicht?

82

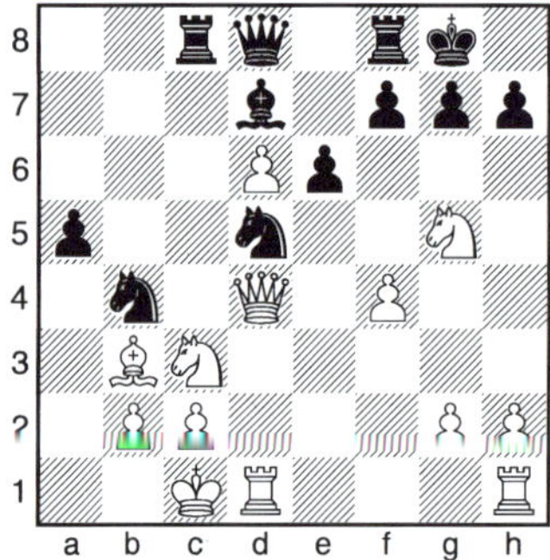

Welches ist der einzige schwarze Zug, um das Gleichgewicht zu wahren?

83

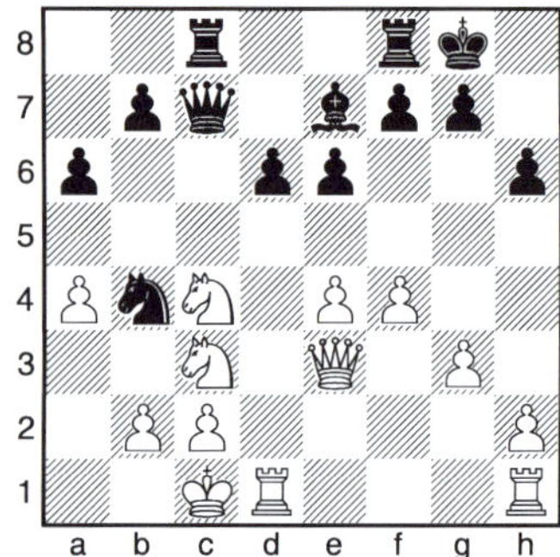

Ein einziger Zug hält den schwarzen Angriffsdruck halbwegs unter Kontrolle.

84

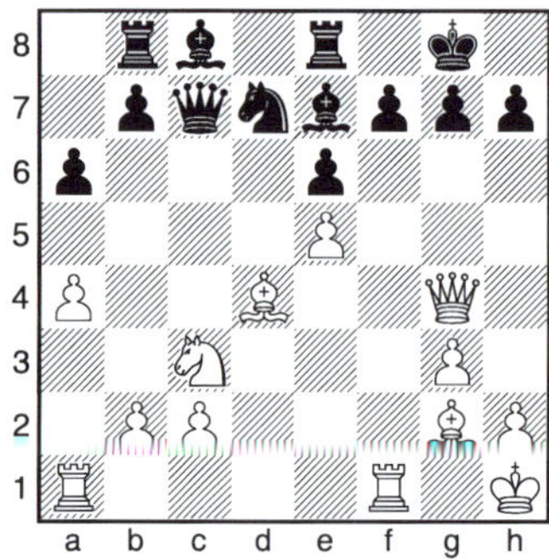

4 Kandidaten: ♘xe5, ♗c5, ♘f8, b6
Ist darunter der einzige Rettungszug?

Konkrete Frage (Lösungen ab Seite 113)

85

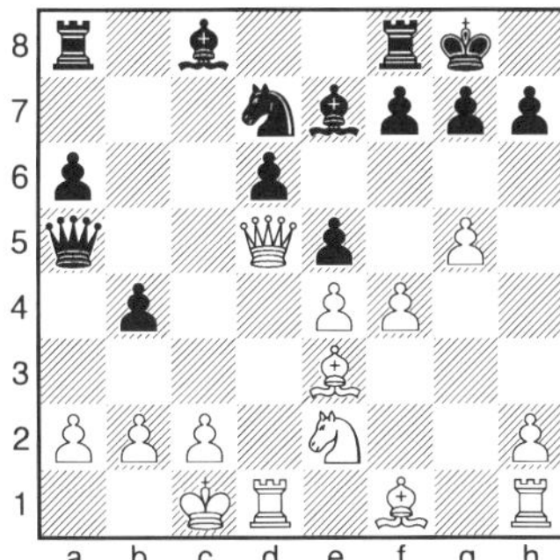

Nach dem erzwungenen 16...♕xd5 ist der weiße König außer Gefahr. Ist diese Aussage voll zutreffend?

86

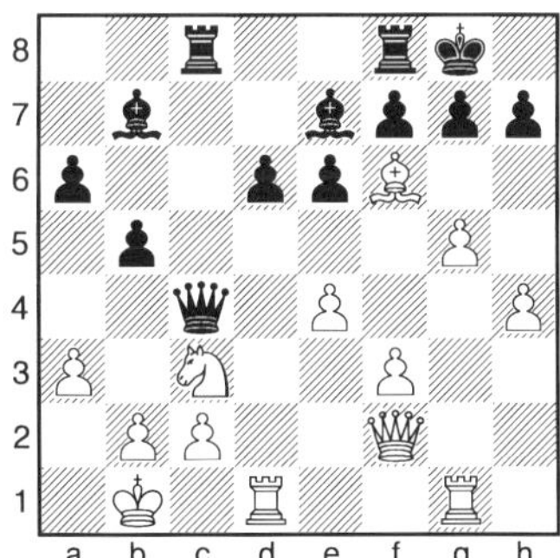

Wie reagiert man am besten auf den Überfallversuch 19.♗d4–f6?

87

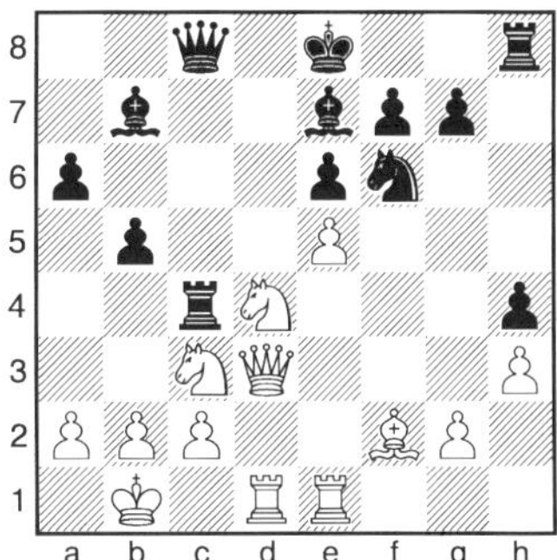

Wohin mit dem angegriffenen Springer f6?

88

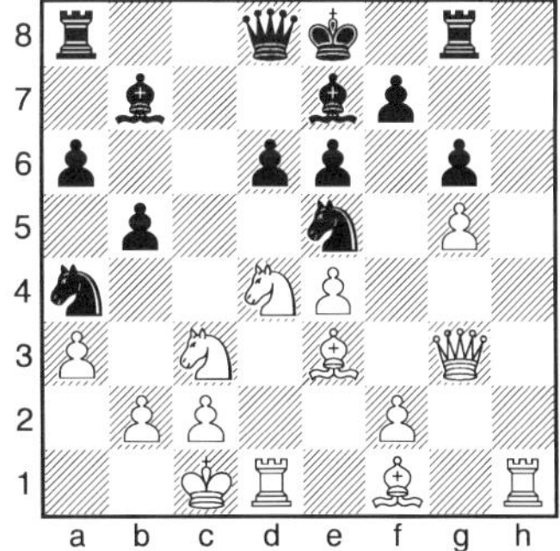

Wie viele Gründe sprechen gegen den letzten Zug 17...♘a4?

Kandidaten (Lösungen ab Seite 116)

(Lösungen ab Seite 116)

89

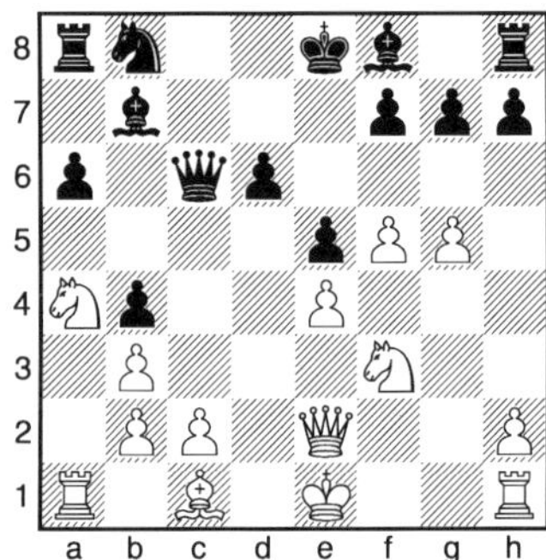

Beste Schadensbegrenzung bietet 16.♘d2, 16.♗e3 oder 16.0-0?

90

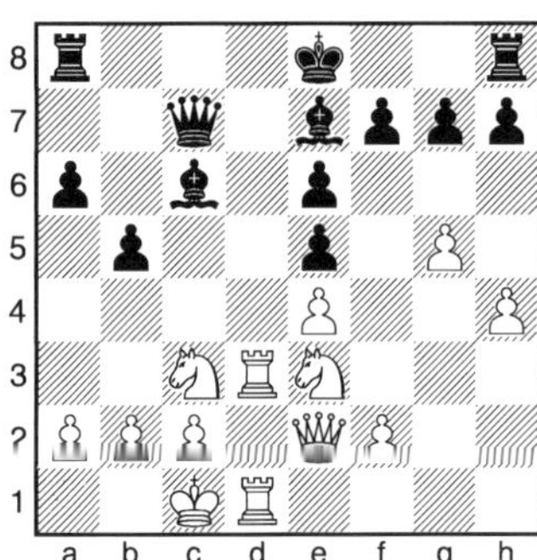

Ene Mene Muh! –
Welcher Zug gewinnt:
20.♘cd5 oder 20.♘ed5?

91

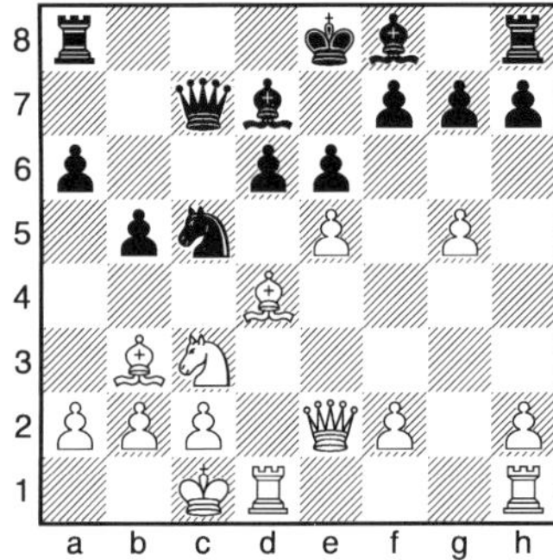

Schwarz erzielt bedeutenden Vorteil – mit 14...d5 oder 14...♘xb3+?

92

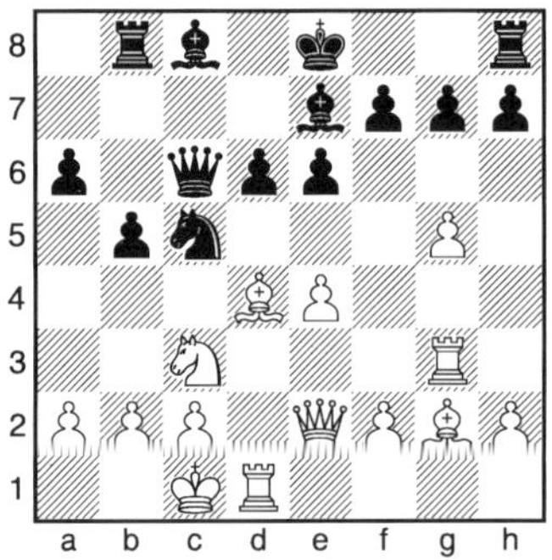

Ein einziger Zug hält
das Gleichgewicht:
15...0-0, 15...♔f8 oder 15...b4?

Abstiegskandidat (Lösungen ab Seite 119)

93

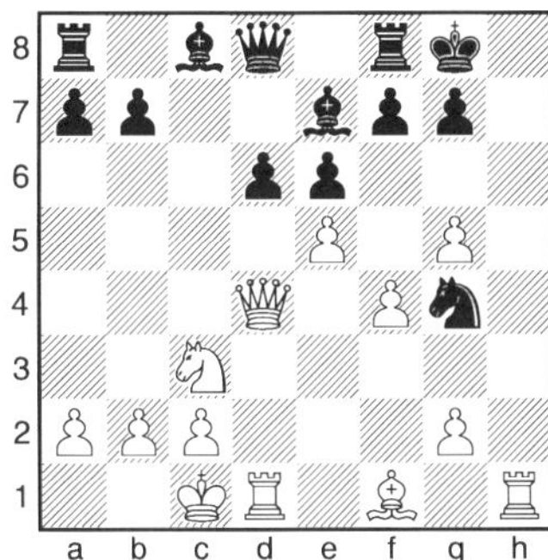

Der klare Abstiegskandidat ist:
13...dxe5, 13...d5, 13...♕b6, 13...♗xg5

94

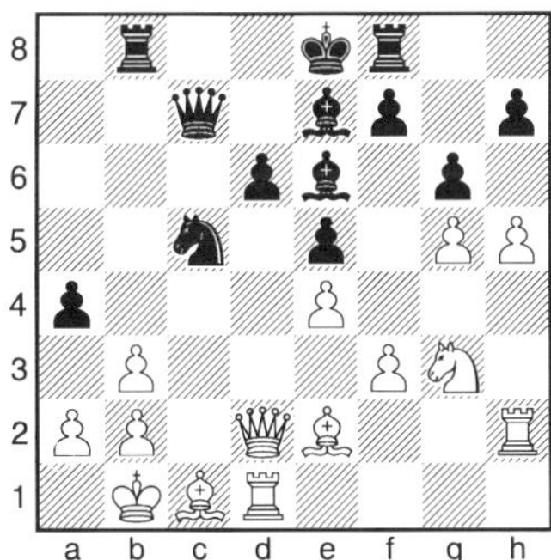

Welcher Ansatz geht nach hinten los?
23...♘xb3, 23...♗xb3, 23...axb3

95

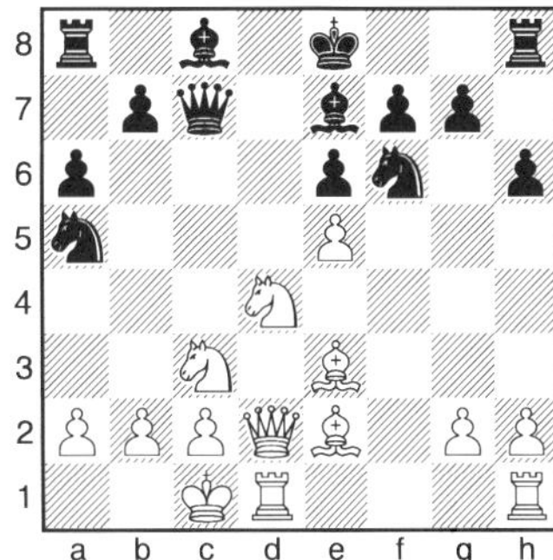

Nach welchem Zug ist es sofort aus?
13...♕xe5, 13...♘d7, 13...♘d5, 13...♘g4

96

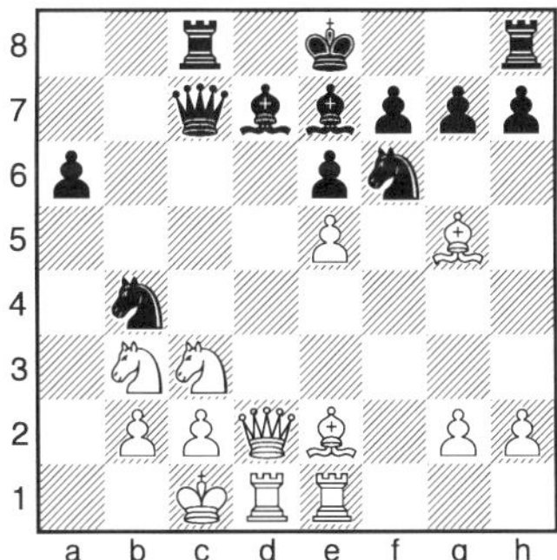

Schwarz hat vier denkbare Springerzüge.
Welcher ist der klare Abstiegskandidat?

Konkrete Frage (Lösungen ab Seite 123)

97

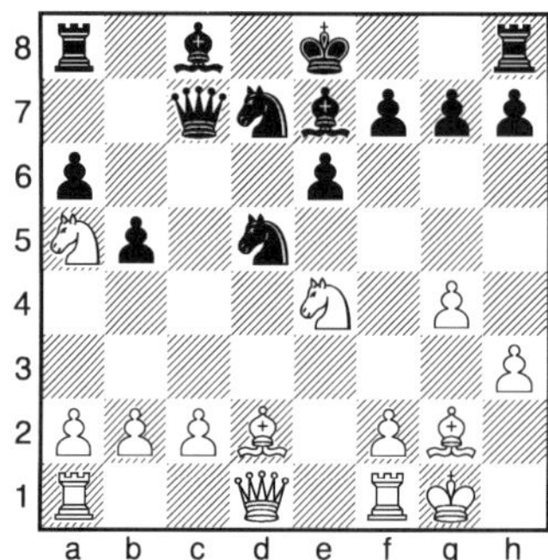

Am Damenflügel heißt es für Weiß: 'Action!' Welche 'action' – und in welcher Zugfolge?

98

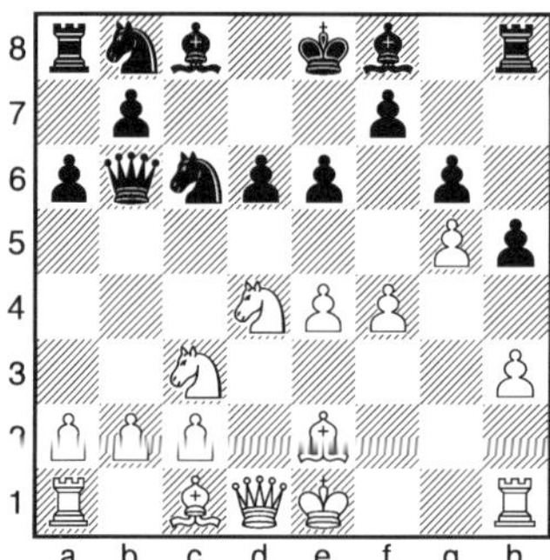

Muss der angegriffene Springer d4 ziehen?

99

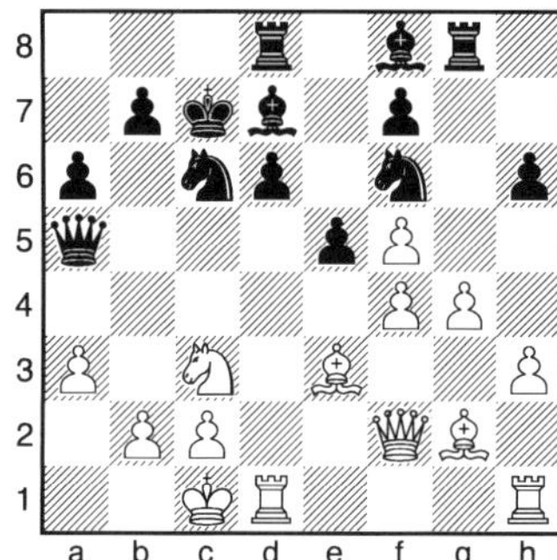

Hat Weiß auf diesem Tummelplatz für Taktiker nichts Geistreicheres als den plumpen Rückzug 17.♗d2?

100

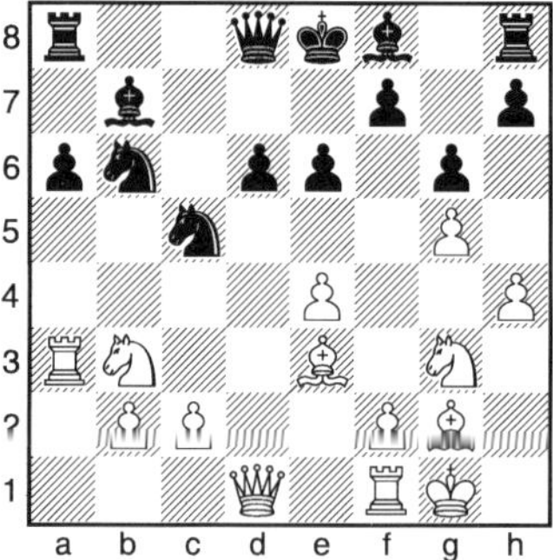

Was ist von der Behauptung zu halten, dass 16...♘c4 wegen 17.♕d4 verliert?

Gewaltmaßnahme oder Drucksteigerung? (Lösungen ab Seite 126)

101

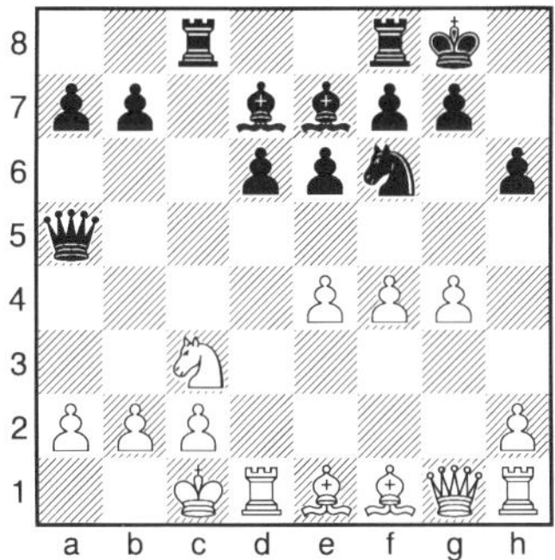

Schwarz am Zug

102

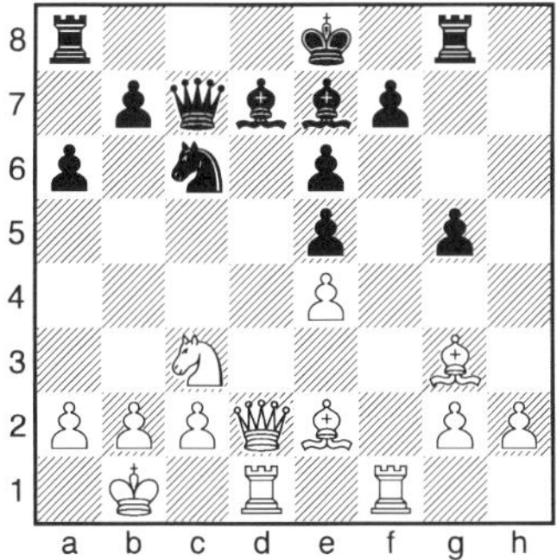

Weiß am Zug

103

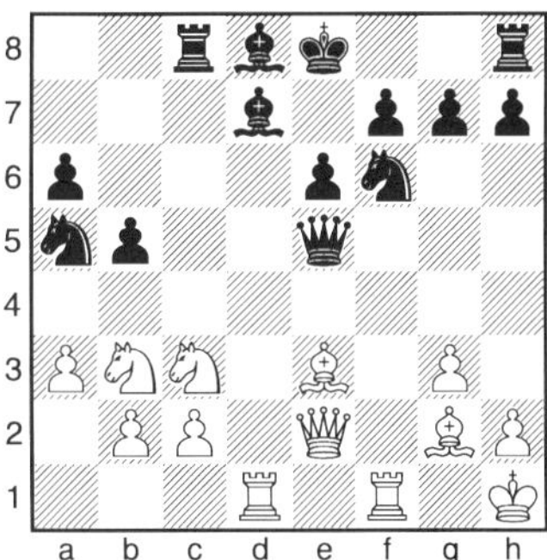

Weiß am Zug

104

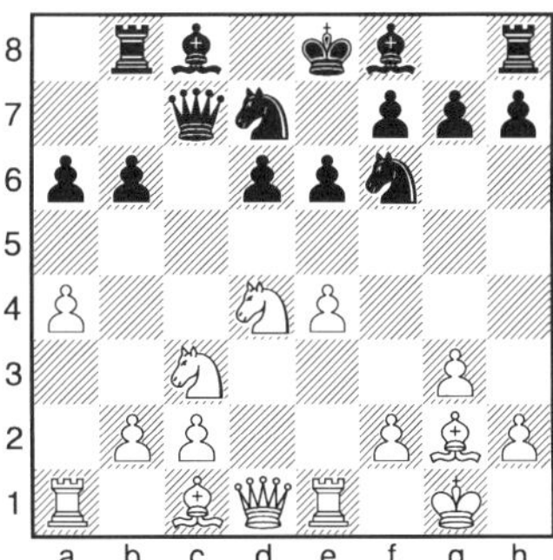

10...b6 lädt zu einer scharfen Attacke ein.

Sind die Folgen tatsächlich günstiger als bei systematischem Druckaufbau?

Schnellschuss (Lösungen ab Seite 129)

105

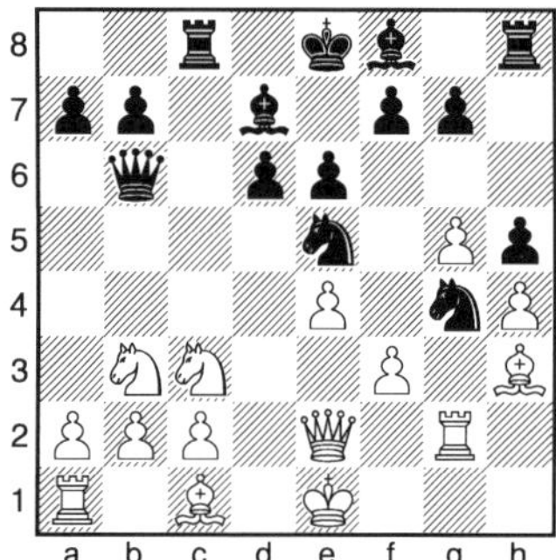

Wie kann man den kapitalen Fehler 14.f3 energisch bestrafen?

106

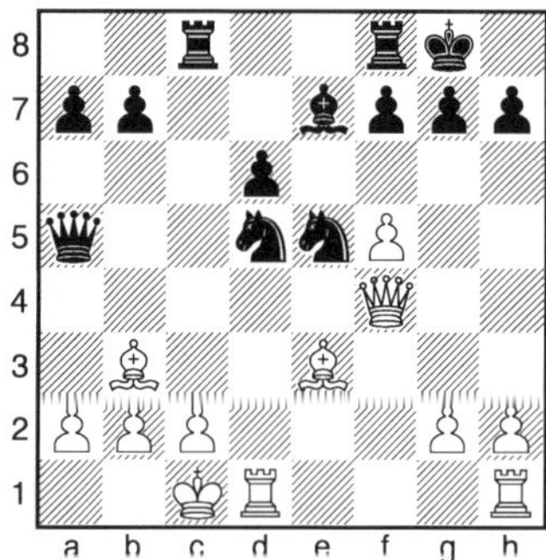

Womit muss Weiß auf d5 schlagen?

107

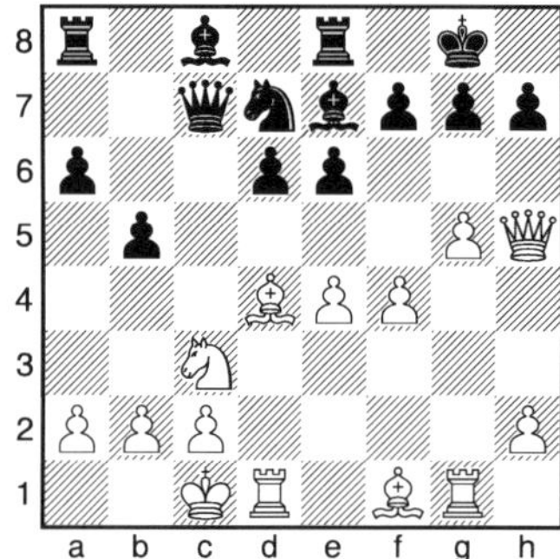

Welche Gewaltmaßnahme führt Weiß schnell und einfach zum Ziel?

108

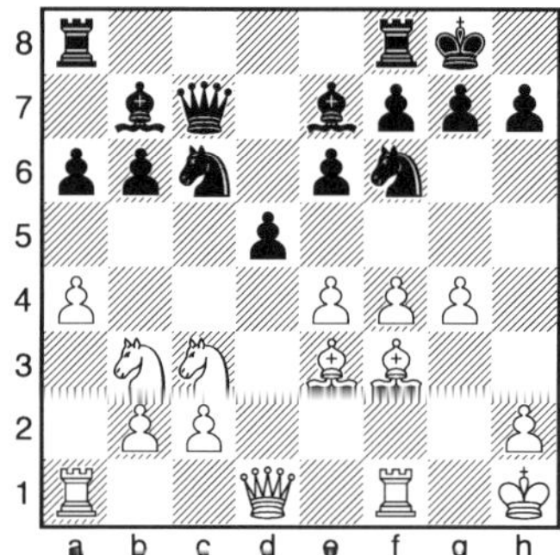

Ein grober Fehler ist: 15.e5 oder 15.exd5?

Konkrete Frage (Lösungen ab Seite 130)

109

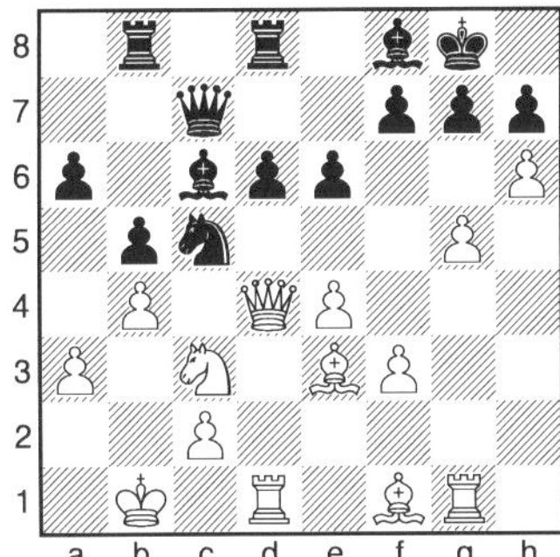

19.b4 verhindert radikal die Öffnung der b-Linie.

Wie kann man dies ad absurdum führen?

110

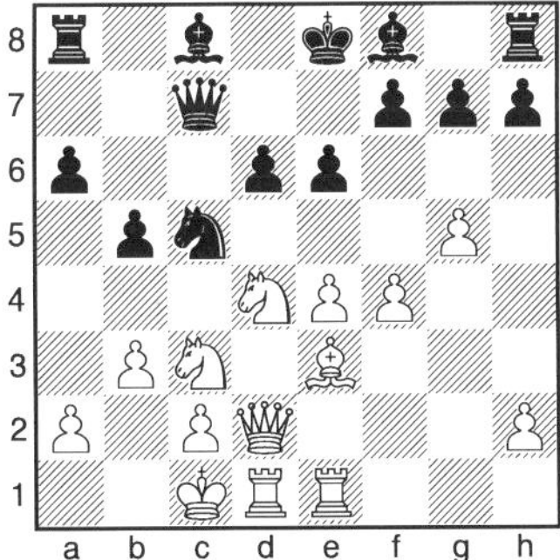

Wie wird die Ungenauigkeit 15...♘c5 bestraft?

111

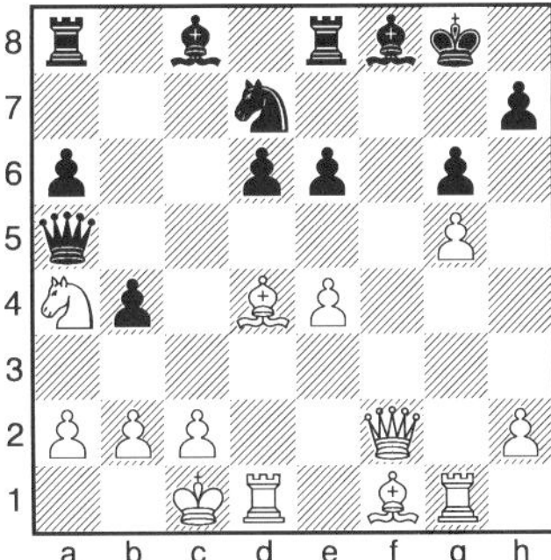

Welcher Kraftzug schlägt maximalen Profit aus den Schwächen e6 und f7?

112

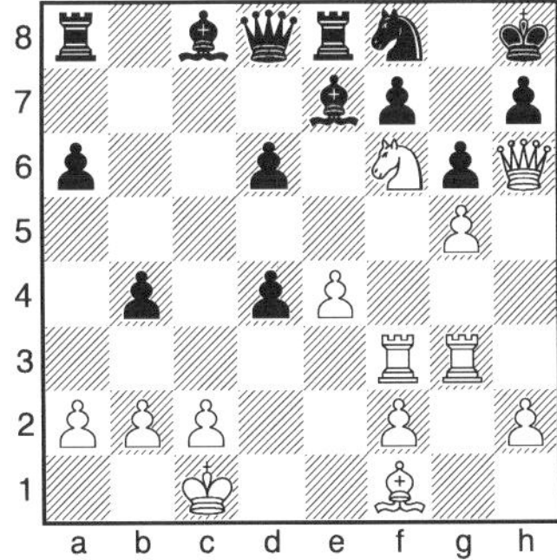

Wie ist die weiße Matt-Maschine entscheidend zu verstärken?

Kandidaten (Lösungen ab Seite 133)

113

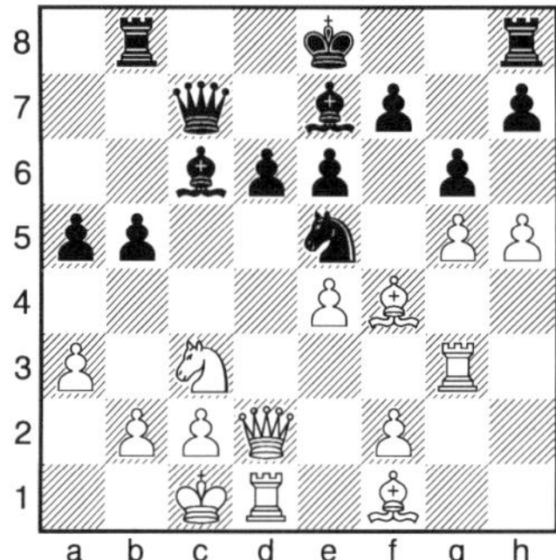

Das Opfer 18.♘d5 drängt sich auf.
Oder ist zuerst 18.♗xe5 besser?

114

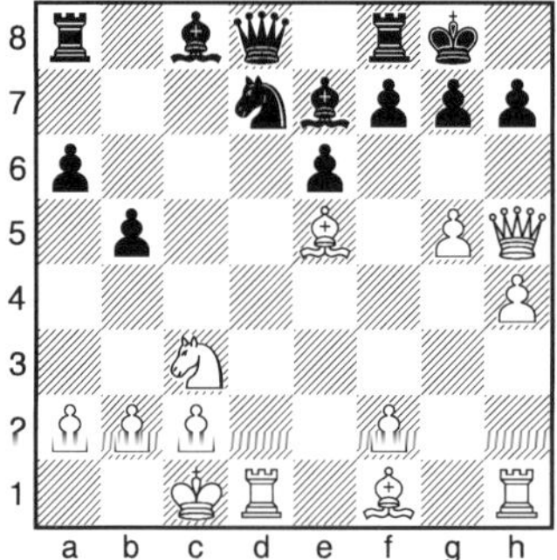

Gesucht ist ein Rettungsanker:
14...♗b7, 14...g6, 14...♕e8
oder ein ganz anderer Zug?

115

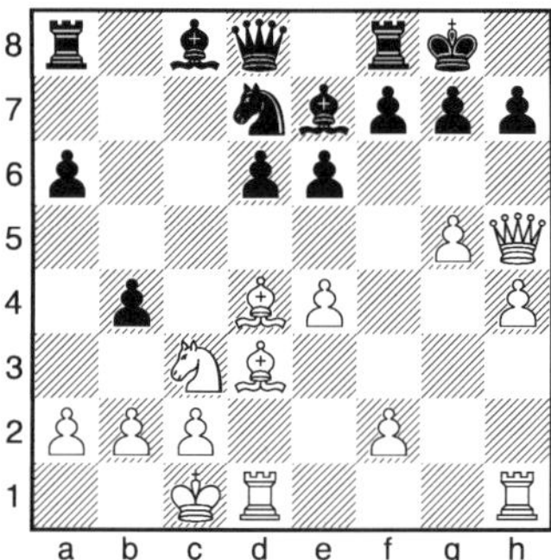

Das Opfer 14.♗xg7 drängt sich auf.
Oder ist zuerst 14.♘d5 besser?

116

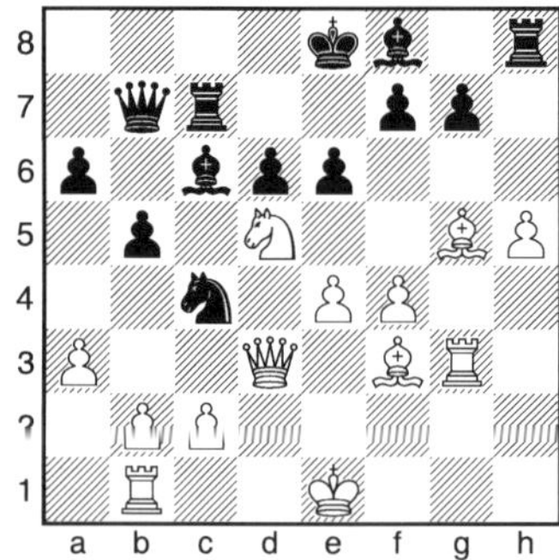

Für ein Spiel auf Gewinn muss der
♘d5 weg – und zwar mit 22...exd5
oder 22...♗xd5?

Wie schmeckt eigentlich … (Lösungen ab Seite 136)

117

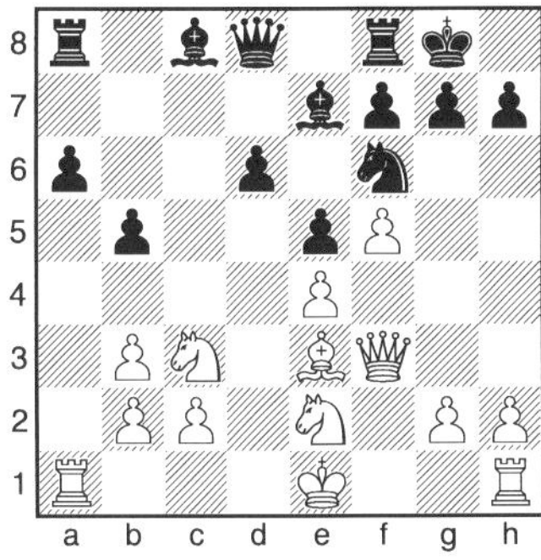

… der Bauer b5?

118

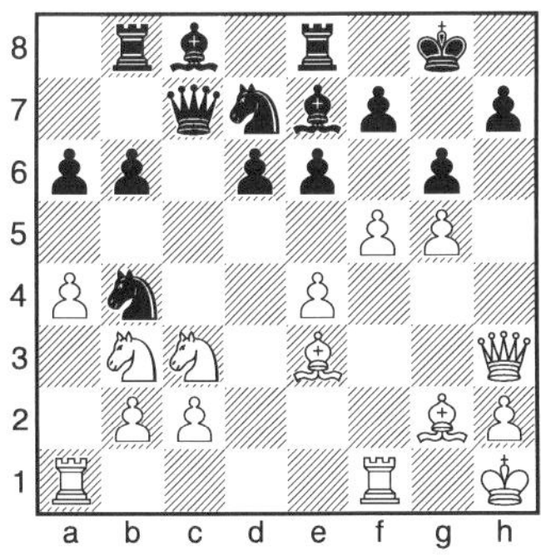

… der Bauer c2?

119

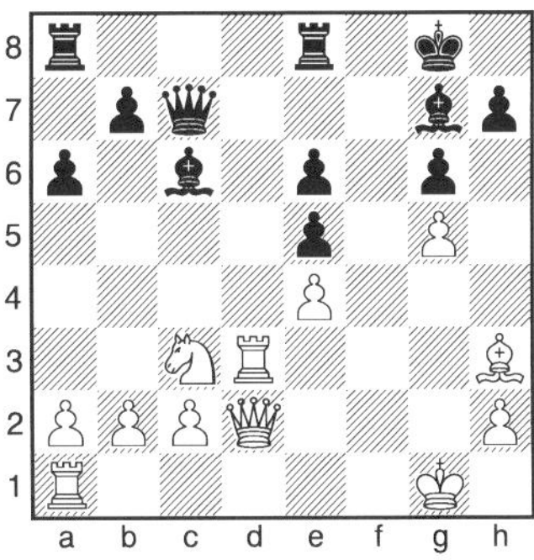

… der Bauer b2?

120

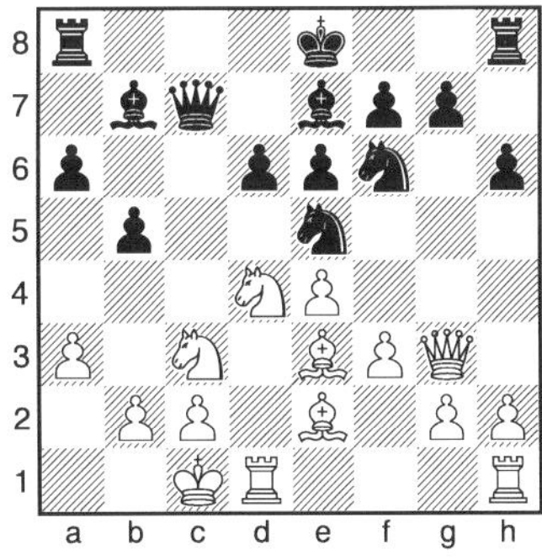

… der Bauer g7?

Konkrete Frage (Lösungen ab Seite 139)

121

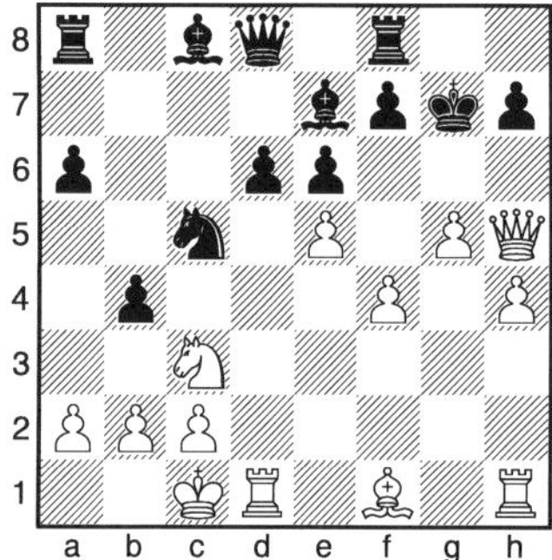

Hat Weiß sich völlig verausgabt – oder gibt es noch eine Rettung?

122

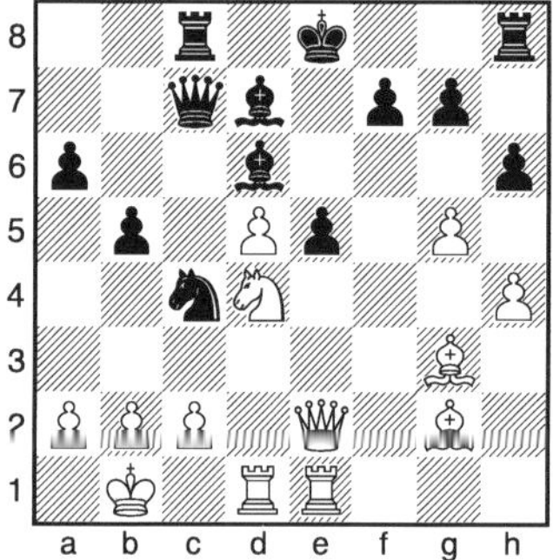

Welcher Zug bietet Schwarz die besten Schwindelchancen?

123

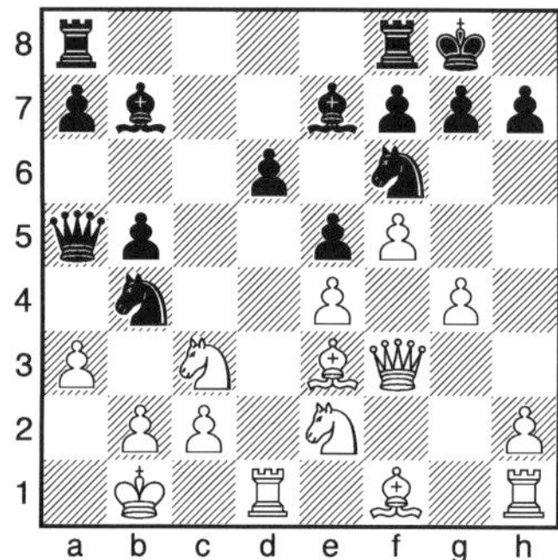

Wenn hier taktisch nichts ginge, wäre 13...♘b4 völlig sinnlos gewesen. Also – was geht?

124

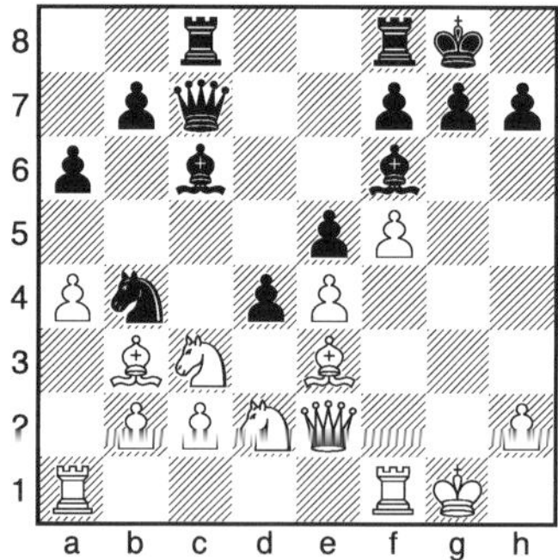

Verliert Weiß seine Mehrfigur – oder gewinnt er die Partie?

Einziger Zug (Lösungen ab Seite 141)

125

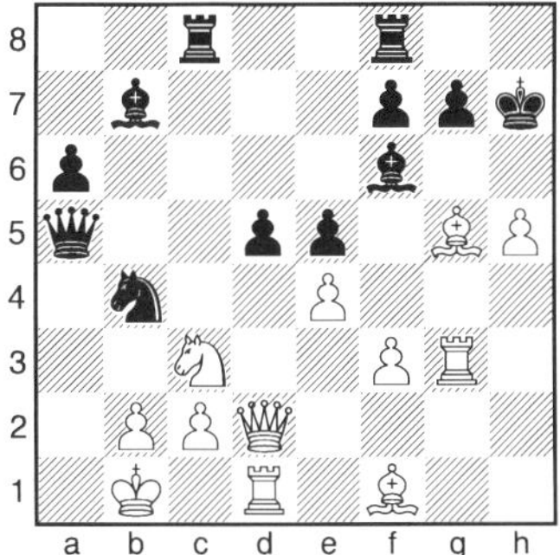

Schwarz hat genau *einen* Zug, um zu überleben.

126

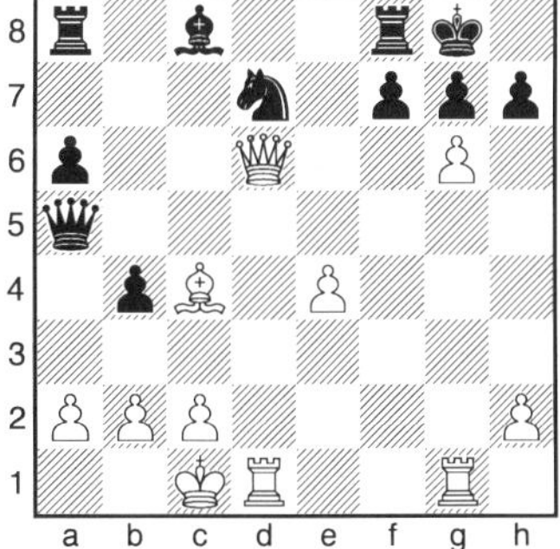

Nur *ein* Zug wehrt den brutalen Angriff ab: 20...♕c5 oder 20...♕e5?

127

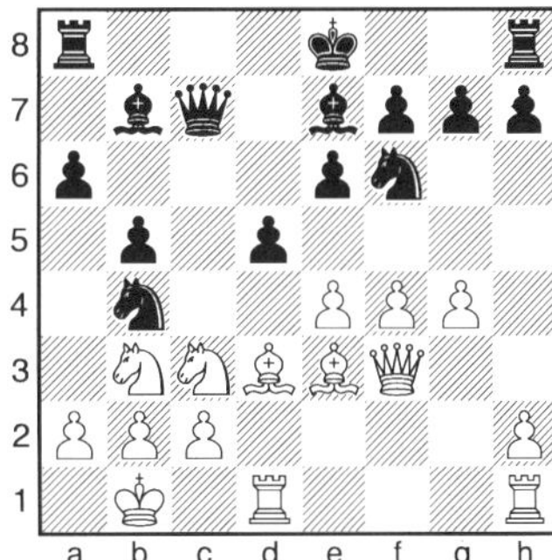

Nur ein Kandidat ist spielbar: 14.a3, 14.♖c1, 14.g5

128

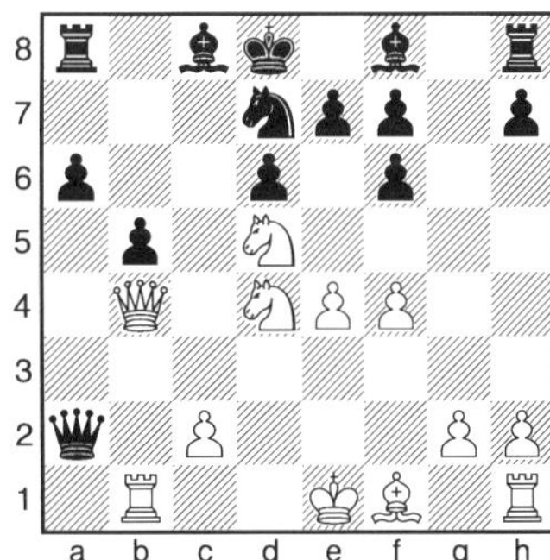

Schwarz hat nur einen einzigen Zug. Wie sehen die Konsequenzen aus?

Kandidaten (Lösungen ab Seite 144)

129

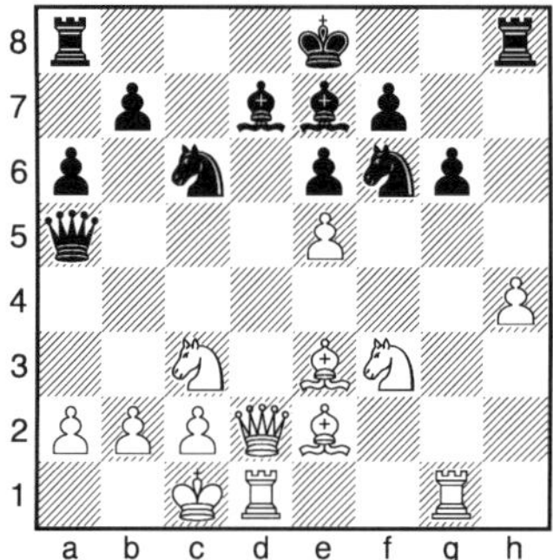

Mit 17...♘xe5 einen Bauern erobern oder mit 17...♘d5 einen opfern?

130

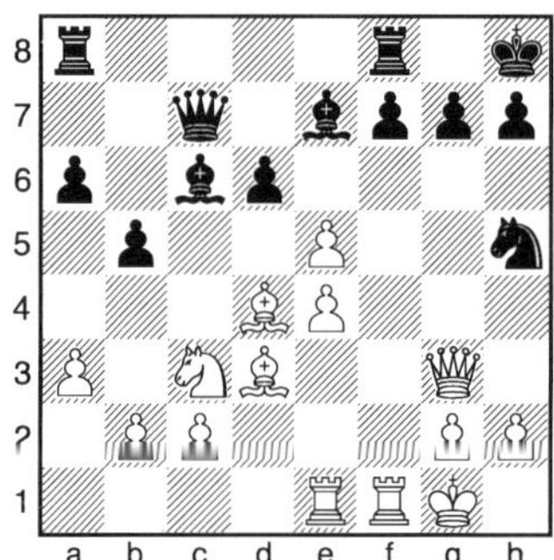

Das geringste Gewinnpotential hat: 17.♕f3, 17.♕h3 oder 17.exd6?

131

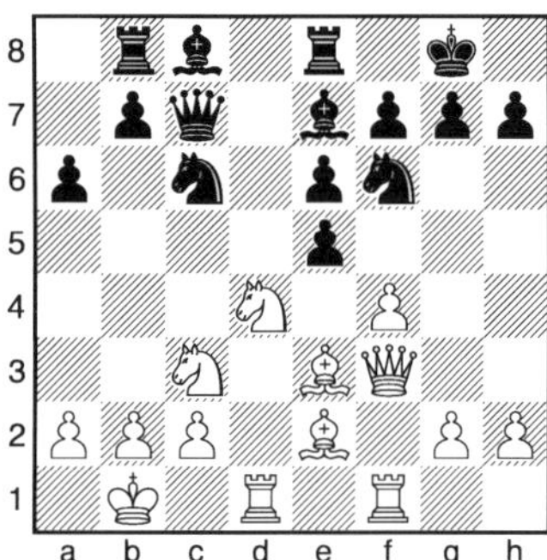

Welches ist der Spitzenkandidat: 14.fxe5 oder 14.♘xc6?

132

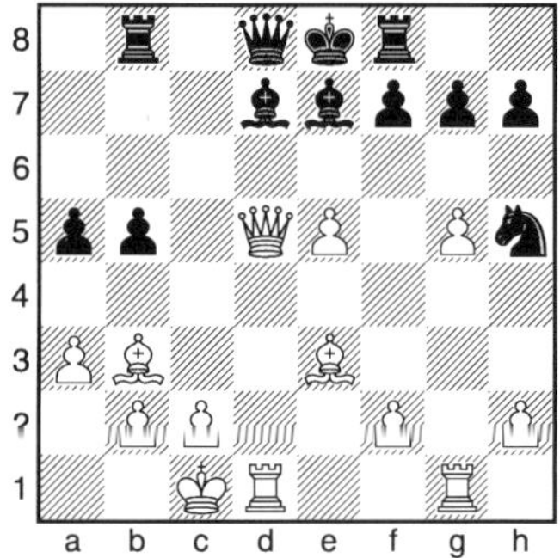

Welches ist der Spitzenkandidat: 10.♕e4 oder 10.e6?

Konkrete Frage (Lösungen ab Seite 147)

133

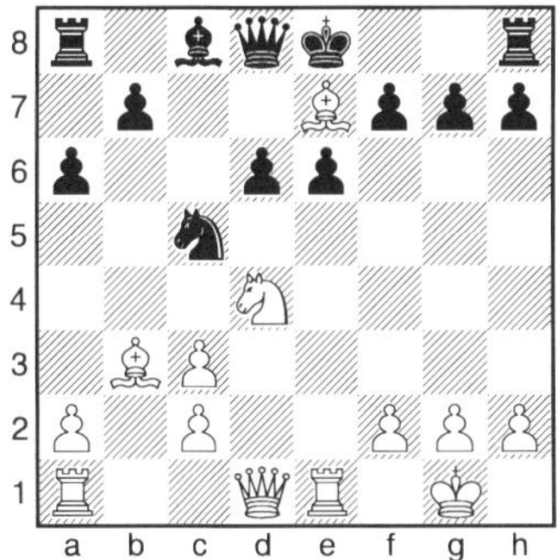

Ist es letztlich egal, wie man auf e7 zurückschlägt?

134

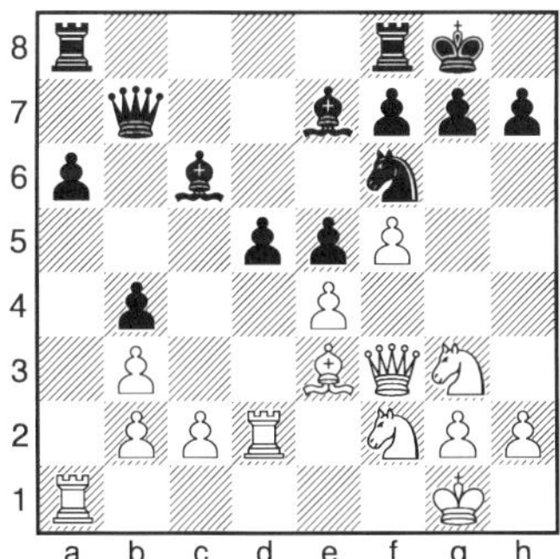

Wie kann Weiß den Stellungsdruck am ehesten auffangen?

135

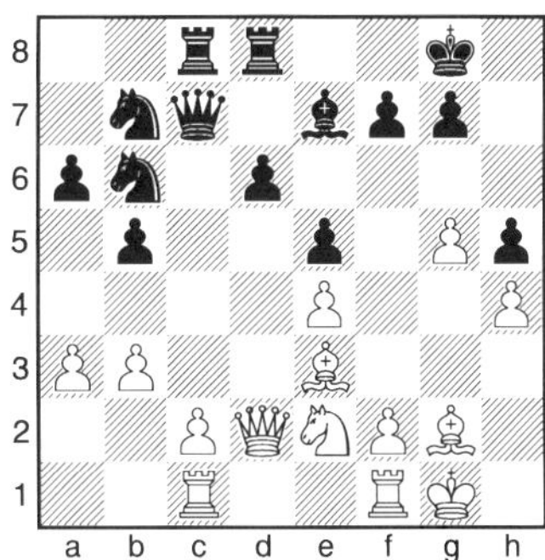

Sollte Weiß am Königsflügel angreifen – oder die Besetzung von d5 anstreben?

136

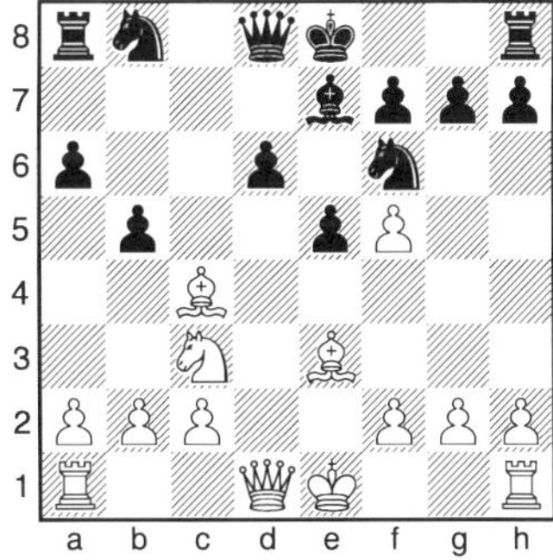

Mit dem Läuferpaar sollte der Standard-Rückzug 10.♗b3 gut genug sein – oder?

Schnellschuss (Lösungen ab Seite 148)

137

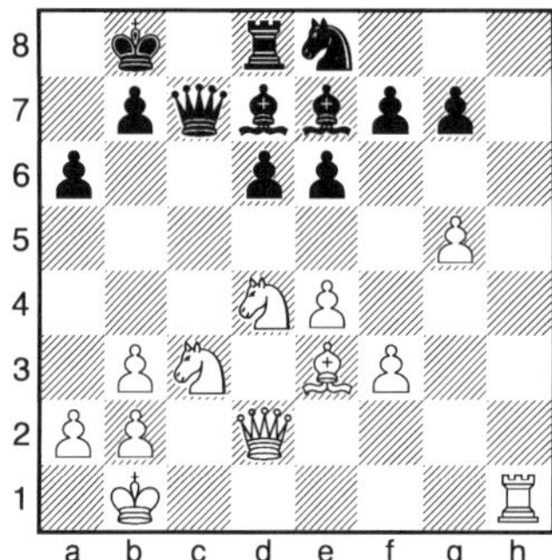

Welches Standardopfer gewinnt: 19.♘d5 oder 19.♘f5?

138

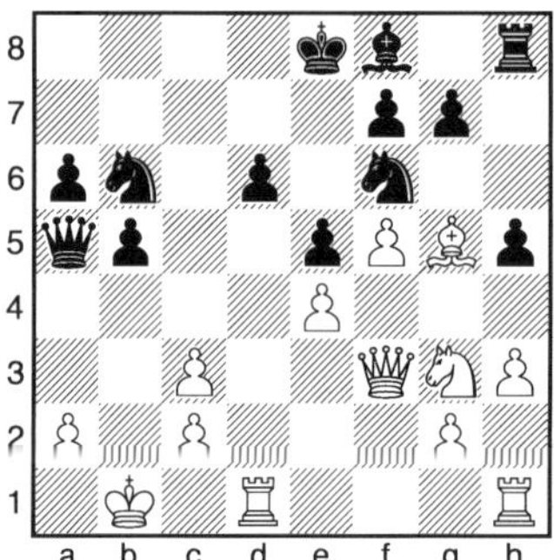

Darf Weiß auf Gewinn des Bauern h5 spielen?

139

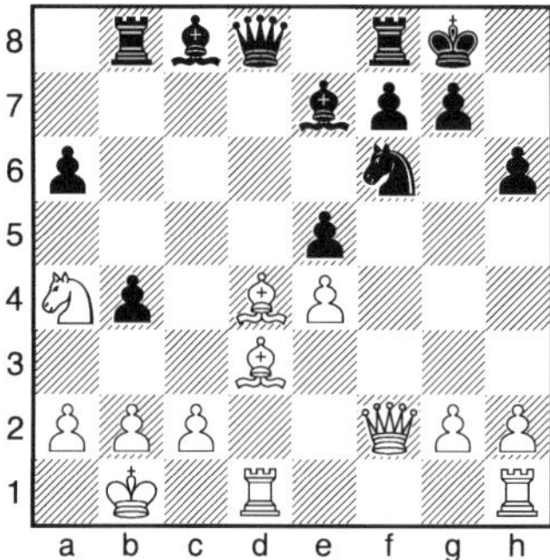

Der Bauer auf e5 ist *eine* Sache, aber wie steht es mit dem auf a6?

140

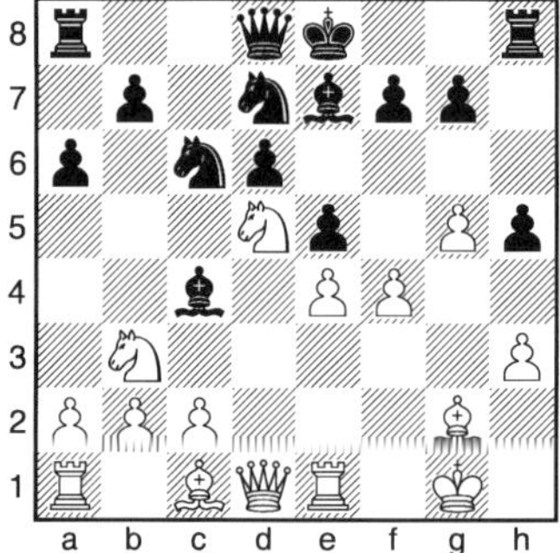

Wie bringt Weiß seinen Gegner an den Rand einer Niederlage?

Kandidaten (Lösungen ab Seite 150)

141

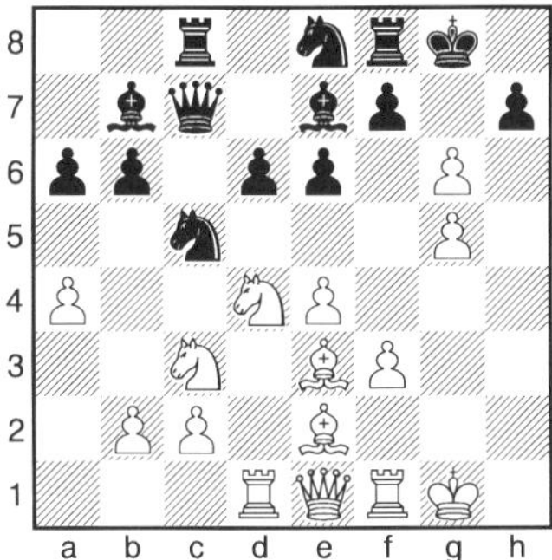

17...hxg6 oder 17...fxg6?
Das ist hier die Frage.

142

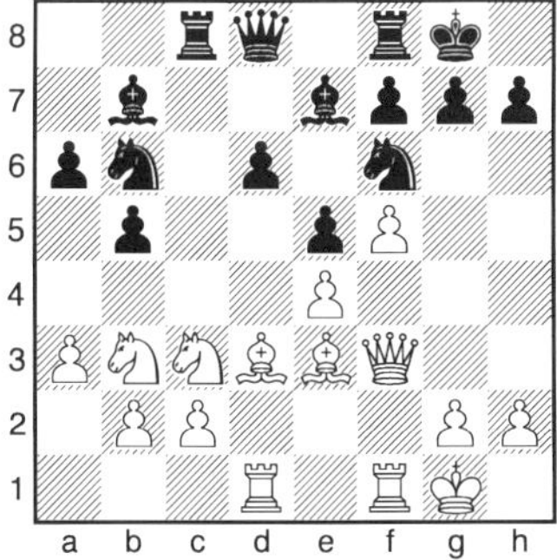

Wie holt man am meisten aus dieser sizilianischen Traumstellung heraus? Mit 14...♘c4, 14...d5 oder 14...♖xc3?

143

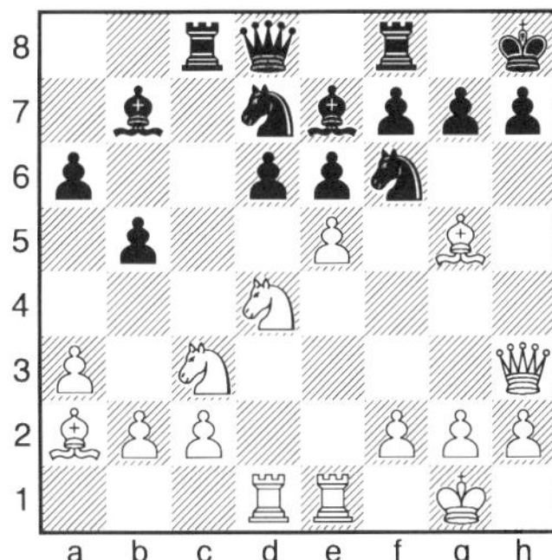

Womit sollte Schwarz auf e5 schlagen?

144

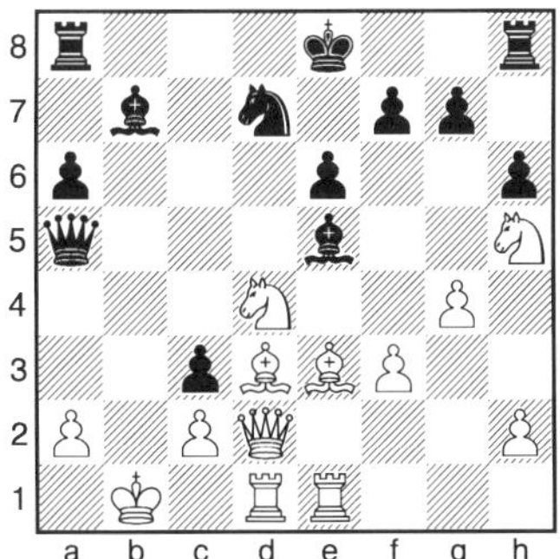

Deutlich besser ist die Verteidigung mit 19.♕c1 oder mit 19.♕e2?

Konkrete Frage (Lösungen ab Seite 152)

145

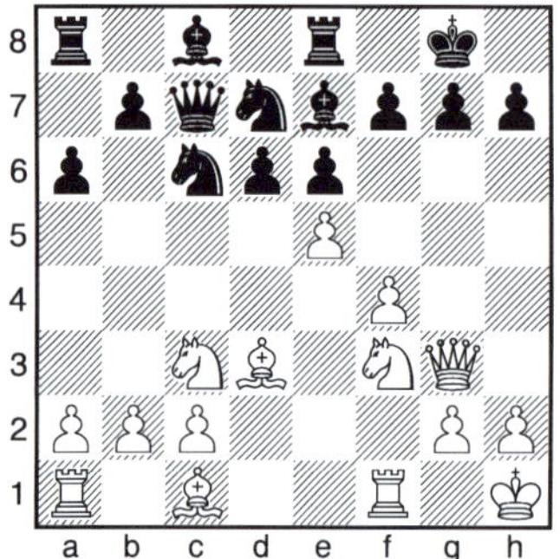

Im Kommentar heißt es:
Nach 13...dxe5 gerät Schwarz in massiven Angriff.

Ist das zutreffend?

146

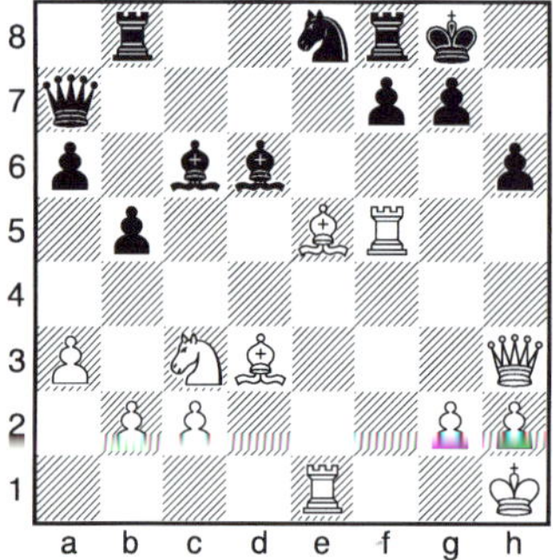

Der letzte Zug 21...♗d6 (zwecks Eliminierung des starken ♗e5) war aus gleich *zwei* Gründen katastrophal.

147

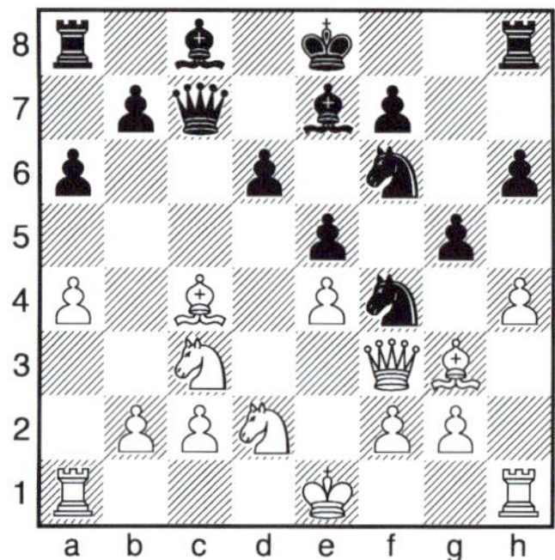

Nach 15.hxg5 ist die Dame weg – oder?

148

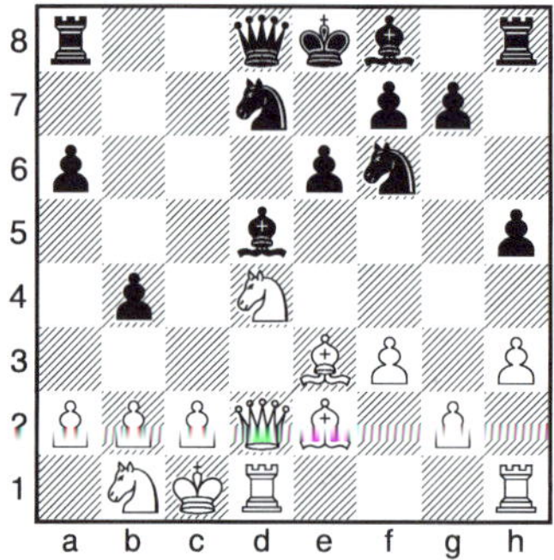

Wie kann Weiß langfristige Schwierigkeiten auf der c-Linie vermeiden?

Kandidaten (Lösungen ab Seite 155)

149

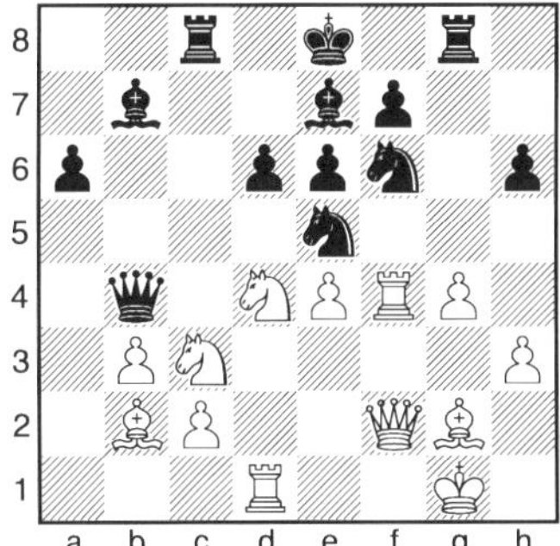

Was ist besser: 24...♘fd7 oder 24...♖xc3?

150

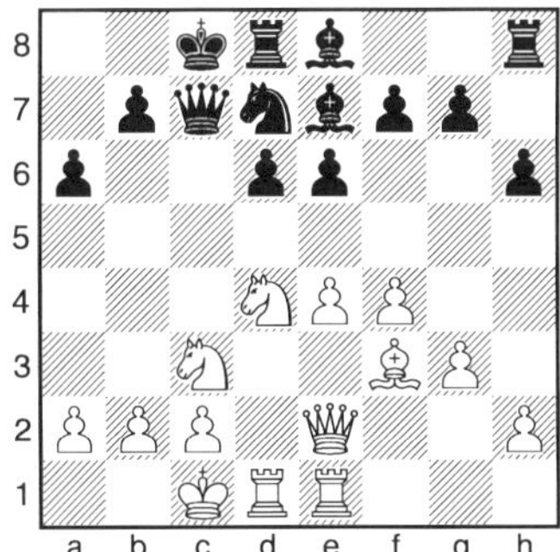

Warum war 15...♘d7 positionell verfehlt?

Wegen 16.f5, 16.♗g4 oder 16.♘f5?

Einziger Zug (Lösungen ab Seite 156)

151

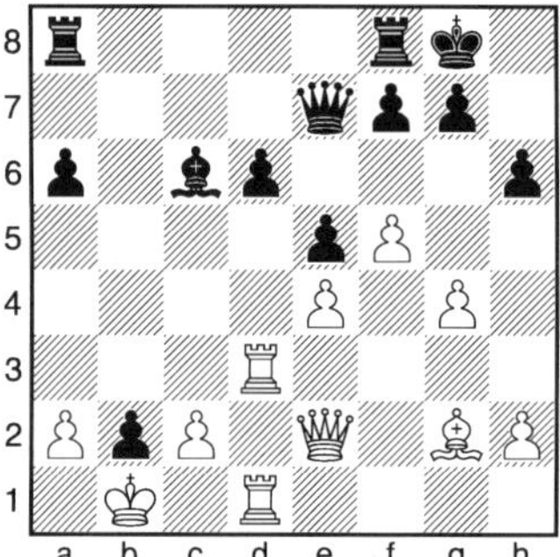

Gesucht ist der einzige weiße Zug, der das Gleichgewicht wahrt.

152

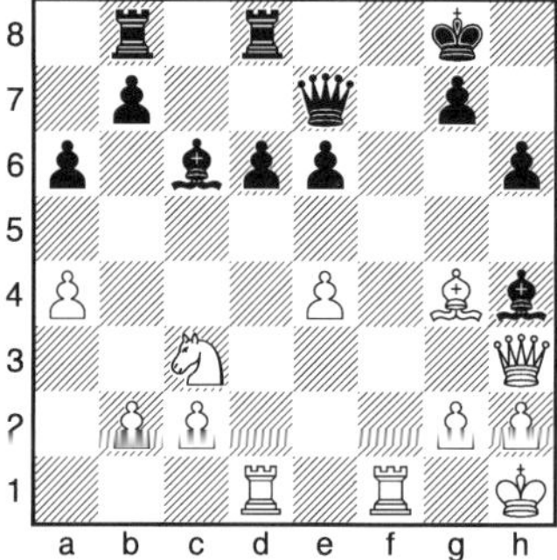

Mit welchem *einzigen* Zug sollte Schwarz auf die Bedrohung von e6 reagieren?

Abstiegskandidat (Lösungen ab Seite 157)

153

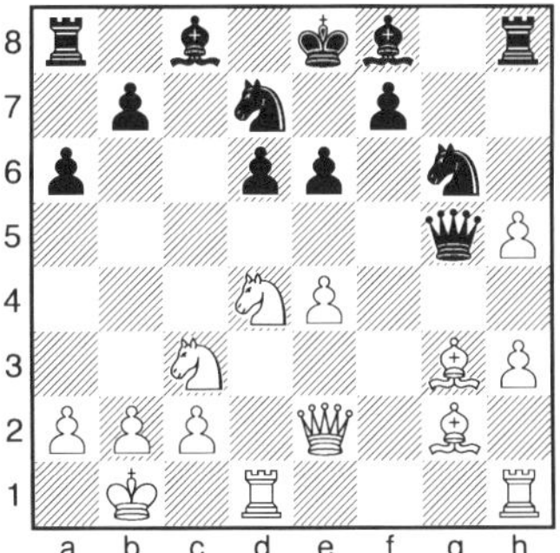

Wovon sollte Schwarz die Finger lassen?
Von 16...♕xg3 oder 16...♕xh5?

154

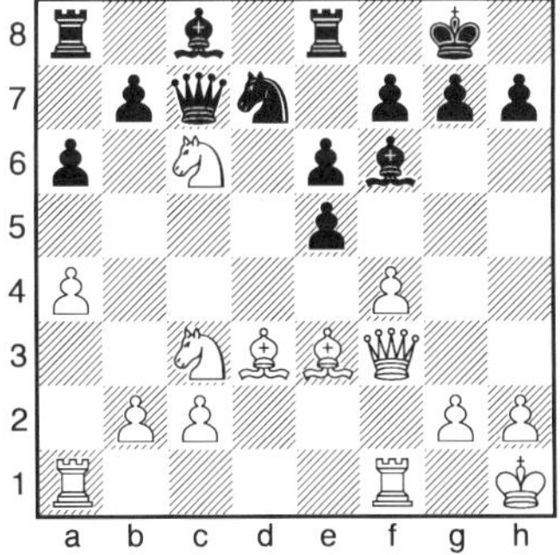

Was ist der klare Abstiegskandidat:
15...bxc6, 15...♕xc6 oder 15...exf4?

Gewaltmaßnahme oder Drucksteigerung? (Lösungen ab Seite 159)

155

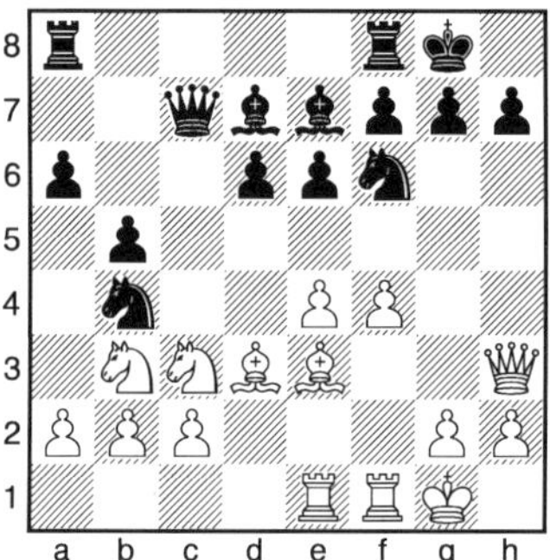

Weiß am Zug

156

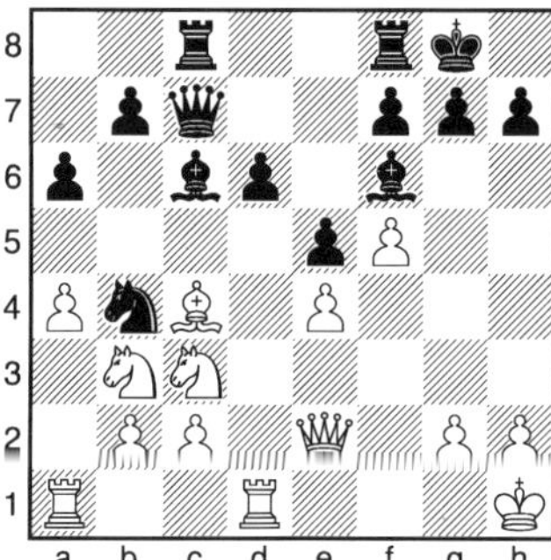

17...♗xe4 oder verstärken?

Lösungen

1

Mazzoni – Vieillefond

Paris 1954

1.e4 c5 2.♘f3 e6 3.d4 cxd4 4.♘xd4 ♘f6 5.♘c3 d6 6.♗g5 ♗e7 7.♕d2 0-0 8.0-0-0 ♘c6 9.♗e2 a6 10.h4 ♕c7 11.♗f3 ♖d8 12.g4 ♗d7 13.♗e3 ♘e5 14.♗e2 d5 15.exd5

1) In der Partie wählte Schwarz den klaren Abstiegskandidaten **15...exd5?**, weil er die Widerlegung im 17. Zug übersehen hatte.

16.g5 ♘e4

Auch 16...♘fg4 17.♘xd5 ♕d6 18.♘xe7+ ♕xe7 19.♖he1 ist ~+–.

17.♘xe4?

Allerdings war auch dem Gegner 17.♘xd5! ♕d6 18.♕a5 mit tendenzieller Gewinnstellung entgangen.

17...dxe4

2) 15...♘xd5 16.♘xd5 exd5 ist unklar – und nach **15...♘exg4 16.♗xg4 ♘xg4 17.♗g5** ist es belanglos, wie groß der weiße Vorteil ist, zumal Schwarz im 15. Zug eine viel stärkere Fortsetzung zur Verfügung hat, nach der sich die Frage stellt, wie groß der *schwarze* Vorteil ist.

3) 15...♗b4!

a) Nach **16.♗g5 ♘xd5! 17.♗xd8 ♖xd8 18.♖h3 ♘g6∓** hat Schwarz dank seiner gewaltigen Figurenaktivität doch schon mehr als nur Kompensation.

b) Und nach der draufgängerischen Alternative **16.dxe6 ♘e4!**

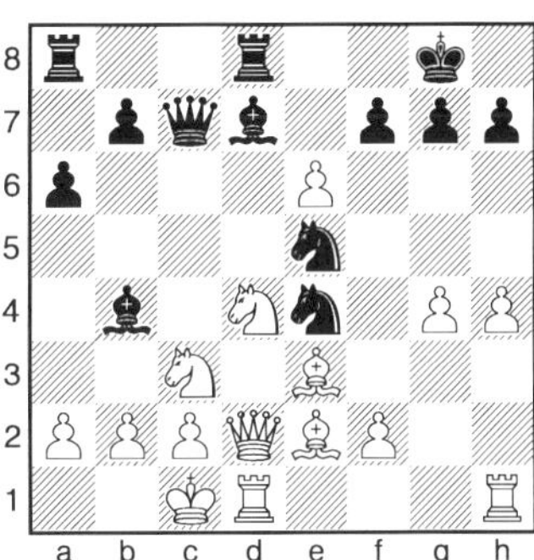

17.exf7+ ♔xf7 18.♘xe4! ♗xd2+ 19.♖xd2 verhält es sich ähnlich, wenngleich mit anderen Vorzeichen: Ungeachtet völlig unzureichender materieller Kompensation sorgt die gewaltige weiße Figurenaktivität dafür, dass der schwarze Vorteil noch nicht im Gewinnbereich anzusiedeln ist.

2

Kristjansson – Muir

Bulgarien 2003

1.e4 c5 2.♘f3 ♘c6 3.d4 cxd4 4.♘xd4 ♘f6 5.♘c3 d6 6.♗g5 e6 7.♕d2 ♗e7 8.0-0-0 0-0 9.f3 a6 10.♔b1 ♘xd4 11.♕xd4 b5 12.h4 ♕a5 13.♕d2 b4 14.♘e2 ♕c7 15.g4 ♗b7 16.♘d4 ♖ac8 17.h5

Die Konstellation ♕d2/♗g5 in Verbindung mit der latenten Schwäche c2 scheint nach einer recht einfachen Kombination zu rufen. Aber Vorsicht, denn womöglich verfügt Weiß über einen äußerst störenden Zwischenzug.

In der Partie ging Schwarz mit **17...♗xe4??** in die Falle (⌓17...h6 18.♗h4±).

18.h6!

Weiß nutzt die Tatsache, dass der kombinatorische Ansatz mit keiner konkreten Drohung einhergeht und entsprechend ignoriert werden kann.

Hingegen würde der schwarze Plan nach 18.♗xf6?? ♗xf6 19.fxe4 ♗xd4 20.♗xa6 ♖a8 21.♕xd4 ♖xa6 22.h6 e5 23.♕xb4 ♖fa8∓ voll aufgehen.

18...g6

1) Die vermeintliche Anschlusskombination 18...♗xf3? macht die Sache nur noch schlimmer, denn nach 19.♘xf3 ♘e4 20.♕h2! ♘xg5 21.hxg7 dringt der Angriff durch.

2) 18...♗g6 19.hxg7 ♖fe8 (19...♔xg7 20.♗d3!) 20.♗d3! Δ♕h2

3) 18...gxh6

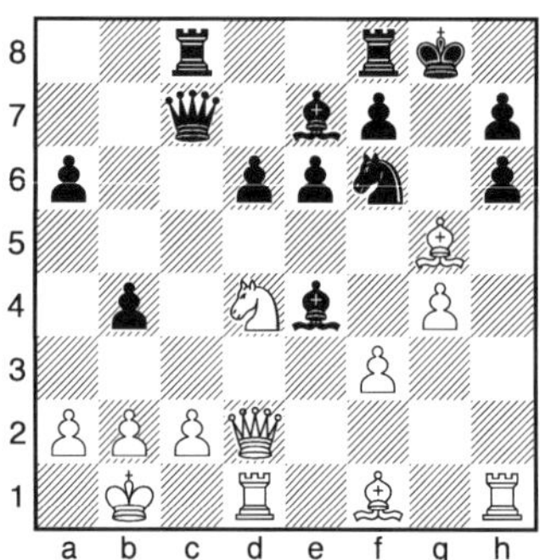

a) 19.♗xh6! ♗g6 20.♗d3!

b) 19.♖xh6!? ♗g6 20.♗d3!

c) 19.♗xf6!? ♗xf6 20.fxe4 ♗xd4 21.♗xa6!

19.♗xf6 ♗xf6 20.fxe4 ♗xd4 21.♗xa6!+−

Und da 21...♖a8? nach 22.♕xd4 eine Figur verliert, muss Schwarz sich ohne nennenswerte Kompensation von einer Qualität verabschieden.

3

Atalik – Collin

Frankreich 1983

1.e4 c5 2.♘f3 ♘c6 3.d4 cxd4 4.♘xd4 ♘f6 5.♘c3 d6 6.♗g5 e6 7.♕d2 ♗e7 8.0-0-0 0-0 9.♘b3 ♕b6 10.♗e3 ♕c7 11.f3 a6 12.g4 b5 13.g5 ♘d7 14.h4 ♘ce5 15.♕f2 ♘c5 16.♔b1 b4 17.♘e2 ♘a4 18.♘ed4 ♗d7 19.♗d2 a5 20.f4 ♖fc8 21.♗c1 ♘c4

Da sich außer den Springern ja auch noch drei Schwerfiguren und zwei Bauern ‘in der Gegend’ aufhalten, möchte man die Reduktion des Angriffspotenzials mittels Abtausch fast schon als Reflexhandlung ansehen. Und entsprechend würde man den Textzug **22.♗d3?** bei einer Internet-Partie womöglich für einen Maus-Slip halten.

⌓22.♗xc4 ♕xc4 23.h5; 23.f5±

22...♘cxb2!!

So trägt Schwarz der Tatsache Rechnung, dass die Springer zwar äußerst bedrohlich – dabei jedoch dem ganzen Rest der Truppe (speziell dem a-Bauern und der Batterie in der c-Linie) im Wege stehen.

23.♗xb2 ♘xb2 24.♔xb2 a4

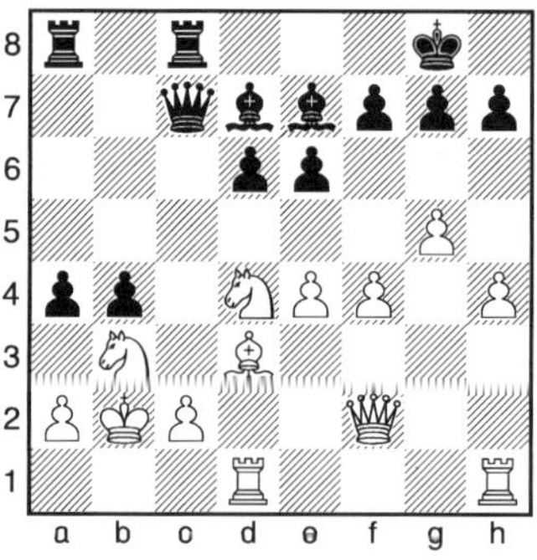

25.♘b5

1) Selbstverständlich kann der angegriffene Springer wegen der Drohung ♕c3+

nebst a3 nicht nach a1 oder c1 zurückweichen – und 25.♘d2? scheitert an 25...♕c3+ 26.♔c1 ♕xd3 oder 26...b3 −+.

2) Allerdings kam 25.♔b1 in Frage, um auf die Defensivkraft des ♘d4 zu setzen; z.B. 25...axb3 26.cxb3 ♕a7 (26...♕a5!?)

Nun droht offensichtlich 27...e5 – Turmzüge wie 27.♖hf1 oder 27.♖h2 können stark mit 27...d5!∓ Δ28.exd5 ♗c5 beantwortet werden – und auch nach 27.♕b2 ♖c3 (27...♖c5 Δ♖a5) Δ28.♘e2 ♖c5 dürfte angesichts von Initiative, Läuferpaar und Ankerfeld c3 wohl das Urteil ∓ gerechtfertigt sein.

25...♗xb5 26.♗xb5 axb3 27.cxb3 ♕a5

Erneut verdiente 27...d5!? große Aufmerksamkeit; z.B. 28.exd5 ♗c5 (28...♖a5!?) 29.♕e2 ♗d4+ 30.♖xd4 ♕c3+ 31.♔b1 ♕xd4∓.

28.♗a4 ♖c3∓ Δ♖ac8 usw.

4

Kaidanow – Fishbein

USA 2003

1.e4 c5 2.♘f3 d6 3.d4 cxd4 4.♘xd4 ♘f6 5.♘c3 ♘c6 6.♗g5 e6 7.♕d2 ♗e7 8.0-0-0 0-0 9.♘b3 ♕b6 10.f3 ♖d8 11.♘b5 ♘e5 12.♗e2 a6 13.♗e3 ♕c6 14.♘5d4 ♕a4 15.♔b1 d5 16.♕c3 ♘c4 17.♗xc4 dxc4

I) In der Partie hatte Weiß nach **18.♘d2 e5 19.♘e2 ♕b5** nicht viel vorzuweisen.

Nach 19...♗e6 20.♕xe5 ♗d6 mit der möglichen Folge 21.♕g5 h6 22.♕h4 ♗e5 hätte Schwarz ausgezeichnete Kompensation.

20.a4

20.♕xc4?? ♖xd2−+; 20.♘xc4 ♗e6⩱

20...♕xa4 21.♕xc4 ♕e8

II) Mit der Alternative **18.♘a5!?** kann Weiß keine Bäume ausreißen, aber zumindest kann er darauf hoffen, die Verwirrung darüber, dass dieser Zug überhaupt möglich ist, möge beim Gegner zu ungenauem Spiel führen.

A) Nach **18...♗b4??** stehen sogar zwei Gewinnwege zur Wahl.

1) 19.♘dc6!

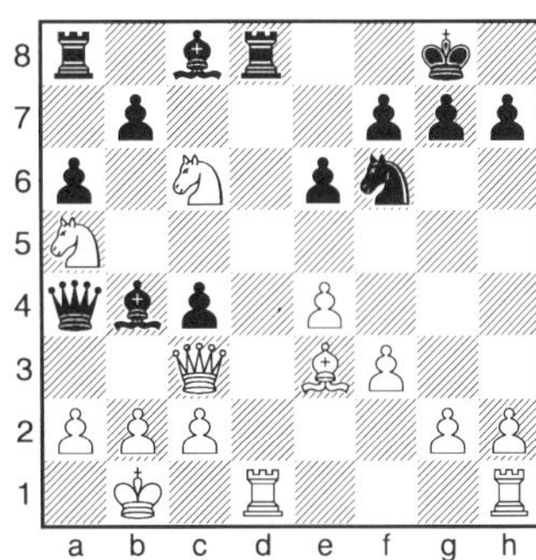

a) 19...♗xa5 20.♘xa5

– 20...♕e8 21.♘xc4

– 20...♖xd1+ 21.♖xd1 ♗d7 22.♘xb7; 22.♘xc4

– 20...♗d7 21.♘xb7; 21.♘xc4 +++

b) 19...♗d7 20.♕xb4 ♗xc6 21.♕xa4 ♗xa4 22.♖xd8+ ♖xd8 23.♘xb7

2) 19.♕xc4! ♕xa5 20.♘b3

a) 20...♖xd1+ 21.♖xd1 ♕b5 22.♖d8+ ♗f8 23.♗c5! und nun z.B. 23...♘d7 24.♗xf8 ♘xf8 25.♕c7!

b) 20...b5 21.♕c6 ♗b7 22.♕xb7 ♕a4 23.♖xd8+ ♖xd8 24.♘d4

B) Offenbar ist also **18...e5** der einzige Zug – und nach **19.♘e2** kann Schwarz mit einem echten oder einem vorübergehenden Bauernopfer fortsetzen.

1) 19...♕b5 20.a4! (20.♘xc4 ♗e6?) 20...♕xa4 21.♕xe5 ♖e8! 22.♗d2

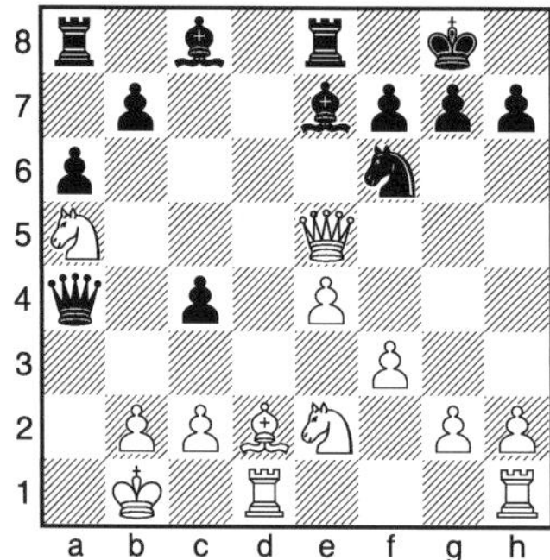

a) Nun führt 22...b6? 23.c3 xa5 d5± zu deutlichem Vorteil.

b) Hingegen bleibt der Vorteil nach 22...♗e6 23.♘c3, 22...♗d8 23.♕c3 oder 22...♕b5 23.♕c3 im Minimalbereich.

2) 19...♗e6 20.♕xe5 ♘d7 21.♘c3 ♕b4 22.a3 mit erneutem Minimalvorteil in den Abspielen

a) 22...♘xe5 23.axb4 ♗xb4 24.♗b6

b) 22...♕xb2+ 23.♔xb2 ♘xe5 24.f4 bzw. 24.♔a2!? (Δ♘xb7) Δ24...b5 25.h3 nebst f4 usw.

5

Gonzalez Garcia – Teran Alvarez

Spanien 2011

1.♘f3 c5 2.e4 d6 3.d4 cxd4 4.♘xd4 ♘f6 5.♘c3 ♘c6 6.♗g5 ♗d7 7.♕d2 ♖c8 8.♘xc6 ♗xc6 9.f3 a6 10.0-0-0 e6 11.♔b1 ♗e7 12.h4 0-0 13.♘e2 b5 14.♘d4 ♕b6 15.g4 b4 16.♗e3 ♕b7

Angesichts der Labilität des Bauern e4 sowie eines möglichen Doppelangriffs auf h1 und c2 ist die Frage, welcher Bauer zuerst vorgehen sollte, hier offenbar nicht von positionellen Faktoren abhängig, sondern klarerweise von taktischen.

1) In der Partie zwang Weiß seinen Gegner mit **17.g5?** quasi zu seinem Glück, mit **17...♘xe4!** die Initiative an sich zu reißen.

(Aus nicht ersichtlichen Gründen scheute dieser jedoch davor zurück und nach 17...♘d7? hatte Weiß die Qual der Wahl, ob er mit 18.g6, 18.h5 oder einem anderen Zug bedeutenden Vorteil davontragen wollte.)

Es hätte folgen können **18.fxe4 ♗xe4 19.♖h2 e5**

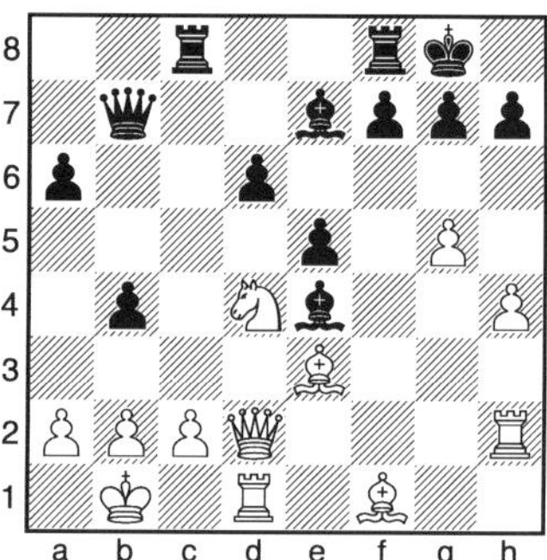

a) 20.♗g2 ♗xg2 21.♖xg2 exd4 22.♗xd4∞

b) 20.♘b3 ♖xc2 21.♕xc2 ♗xc2+ 22.♖xc2 ♕f3; 22...♕e4

2) Nach **17.h5! ♘xe4?** (⌓17...♘d7 18.g5±) **18.fxe4 ♗xe4 19.♖h2 e5** hätte sich der entscheidende Unterschied zu 17.g5 gezeigt.

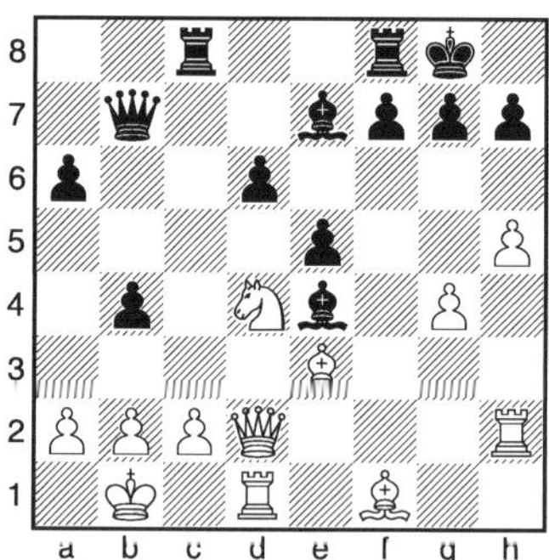

Denn der Springer kann mit **20.♘f5** vorwärts und nach **20...♗xc2+ 21.♕xc2 ♖xc2 22.♖xc2** hätte Weiß angesichts seiner extrem aktiven Figurenschar (und ungeachtet der halbwegs ausgeglichenen Materialverhältnisse) eine tendenzielle Gewinnstellung.

3) Es bleibt noch anzumerken, dass auch **17.♘xc6 ♕xc6/♖xc6 18.h5±** stark in Frage kommt, während **17.♗d3** nach der korrekten Folge **17...♘d7** Δ♘e5 nur zu Minimalvorteil führt.

17...d5? 18.g5 ♘h5 19.♘xc6± Δ19...♕xc6 20.exd5 ♕xd5? 21.♗xa6+-

6

Nilsson – Geller

Stockholm 1954

1.e4 c5 2.♘f3 ♘c6 3.d4 cxd4 4.♘xd4 ♘f6 5.♘c3 d6 6.♗g5 e6 7.♘xc6 bxc6 8.e5 ♕a5 9.♗b5 cxb5 10.exf6 b4 11.♘e4 ♕e5

Ob Weiß eine Figur verliert oder sinnvoll opfern kann, hängt davon ab, inwieweit das taktische Gegenspiel in der d-Linie zu nutzen ist.

1) In der Partie traf er mit **12.f3?** die 'mittelmäßige' Wahl.

12...d5 13.♕d2

Auf 13.0-0? folgt nicht schwach 13...dxe4?? 14.fxg7+- oder 13...♗a6? 14.c4! Δ♕a4+, sondern stark 13...♗d7 -+ nebst gefahrlosem Figurengewinn.

13...h6

13...dxe4?? 14.0-0-0+-

(14.fxg7?? exf3+ 15.♔d1 ♕e2+ -+)

- 14...♗xd6 15.♕xd6 ♕xd6 16.fxg7!

- 14...♕d5 15.fxg7 ♗xg7 16.♕e3 Δ♕a5? 17.♕c5!

a) Die Textfolge **14.♗h4?** hätte statt mit **14...g5!?** noch stärker mit 14...♕xb2! 15.♖d1 ♗a6!+- beantwortet werden können.

b) Stattdessen hätte **14.♗f4** den Schaden auf ∓ eingegrenzt; z.B. **14...♕xb2 15.♖d1 ♗a6 16.♘d6+ ♗xd6** und nun **17.♗xd6 gxf6; 17...♖c8** oder **17.fxg7**

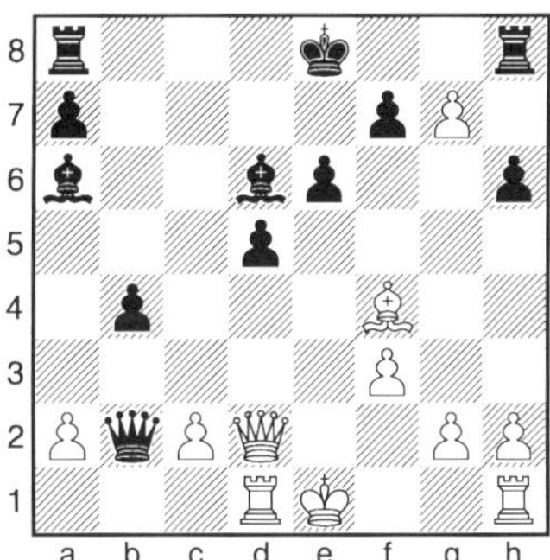

17...♗e5! 18.gxh8♕+ ♗xh8 19.♔f2 ♗c3 20.♕e3 ♕xa2 usw.

2) Am schlechtesten ist **12.♕e2??**, denn die Deckung und Entfesselung des Springers geht mit der Aufgabe der d-Linie inklusive der dort gegebenen taktischen Möglichkeiten einher.

a) 12...♗b7? 13.fxg7 (13.f3 ♖c8!) **13...♗xg7**

- 14.♕b5+?? ♕xb5 15.♘xd6+ ♔d7 16.♘xb5 ♔c6 17.a4 a6-+

- 14.♘f6+ ♗xf6 15.♗xf6 mit schwarzem Minimalvorteil in den Abspielen 15...♕xf6 16.♕b5+ ♔f8 17.♕xb7 ♕e5+ bzw. 15...♕xe2+ 16.♔xe2 ♖g8 17.♖hd1 ♖c8.

b) 12...d5 13.♖d1

Nach 13.0-0-0?! ♗d7 ist der weiße König u.U. für Schachgebote zu erreichen.

13...♗d7 14.fxg7 ♗xg7 15.♗f6! ♗xf6 16.♖xd5 ♕xb2 17.♖xd7 ♔xd7 18.♕b5+ ♔e7-+

- 19.♕b7+ ♔f8 20.♕xa8+ ♔g7 21.♕xa7 ♕c1+ 22.♔e2 ♕xh1; 22...♕xc2+ 23.♔f3 ♖d8

- 19.♕c5+ ♔e8 20.♘xf6+ ♕xf6 21.♕c6+ ♔e7 22.♕b7+ ♔d6 23.♕xb4+ ♔c7

3) Korrekt ist also **12.♕d3!**, um das besagte Gegenspiel in der d-Linie nicht zu verschenken.

12...d5

12...♗b7 13.f3 ♗xe4 14.♕xe4 ♕xe4+ 15.fxe4 gxf6 16.♗xf6 ♖g8 17.0-0 ♖c8∓

13.0-0-0 h6 (13...g6? 14.♖he1!±) **14.♕b5+ ♗d7 15.fxg7!**

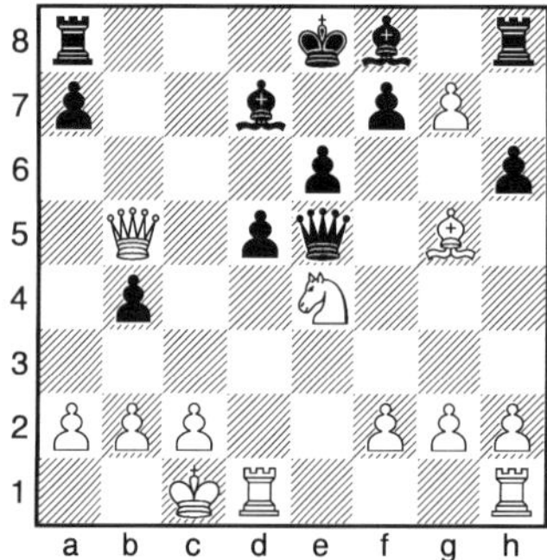

a) 15...♗xg7 16.♕xb4 ♕xb2+ 17.♕xb2 ♗xb2+ 18.♔xb2 ♖b8+ 19.♔a1 hxg5 20.♘f6+ (20.♘xg5? ♖g8 21.h4 f6∓) **20...♔e7 21.♘xd7 ♔xd7 22.c4 ♔d6∓**

b) 15...♗xb5 16.♘f6+

– 16...♕xf6 mit unklarer Stellung nach 17.gxf8♕+ bzw. 17.♗xf6 ♗xg7 18.♗xg7 ♖g8 19.♗xh6 ♖xg2.

– 16...♔e7 17.♘xd5+ ♔d6 18.♘f6+ ♔e7 mit Dauerschach nach 19.♘g8+ bzw. 19.g8♘+ ♖xg8 20.♘xg8+ ♔e8 21.♘f6+.

7
Keller – Bhend
Zürich 1959

1.e4 c5 2.♘e2 ♘c6 3.d4 cxd4 4.♘xd4 ♘f6 5.♘c3 d6 6.♗g5 e6 7.♕d3 ♗e7 8.0-0-0 a6 9.f4 ♗d7 10.♘xc6 ♗xc6 11.f5 exf5 12.exf5 0-0 13.♔b1 ♖e8 14.♕d4 ♕a5 15.♗d3 b5 16.♖he1 b4

1) In der Partie folgte anspruchslos **17.♘e4 ♘xe4**.

a) Bei der grob fehlerhaften Fortsetzung **18.♗xe4??** hatte Weiß übersehen, dass nach der forcierten Folge **18...♗xg5–+ 19.♗xc6 ♖xe1** das Zurückschlagen 20.♖xe1? an 20...b3! scheitert.

Und nach der Notlösung **20.♗xa8 ♕e5! 21.♕d3** hätte 21...♕e3 mit der 'Nebendrohung' ♕c1+! die Sache augenblicklich beenden können.

b) Der einzige Zug **18.♗xe7** hätte nach **18...♖xe7 19.♗xe4** zu unklarem Spiel geführt.

– 19...♖ae8 20.♗xc6 ♖xe1 21.♗xe8!

– 19...d5 20.♗d3 ♖xe1 21.♖xe1 b3 22.c3! ♕xa2+ 23.♔c1 Δ♕a1+ 24.♗b1⩲

2) Nach **17.♘e2** kann Schwarz das Spiel außer mit **17...♕c5** auf mannigfache Weise offen gestalten.

Vor 17...♗xg2?? 18.♖g1 scheut man quasi instinktiv zurück, obwohl die Gefahr für Schwarz darin besteht, nicht zu sehen, dass der verführerische Trick 18...♕d5 mit dem Gegentrick 19.♕h4!+– Δ♘f4; Δ♖xg2 nebst ♖g1 widerlegt werden kann.

3) Allerdings wird jeder versierte Taktiker ohne viel Federlesens zu **17.♖xe7! ♖xe7 18.♗xf6 gxf6 19.♕xf6** greifen und damit tatsächlich mehr oder weniger deutlichen Vorteil erzielen.

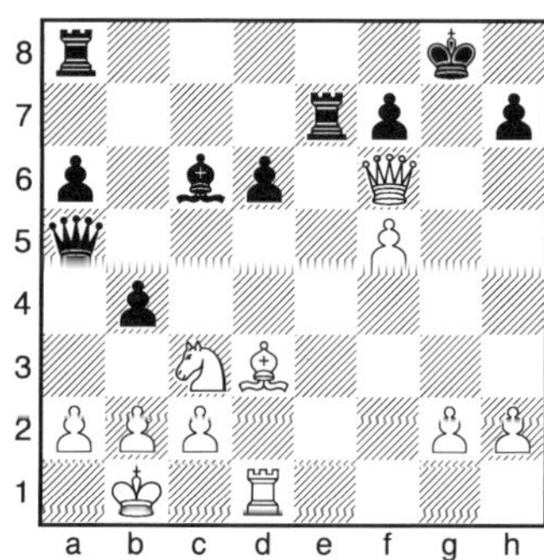

a) 19...bxc3? 20.♕xe7± Δ20...♕b4

21.b3 ♕a3 22.♕g5+ ♔f8 23.♕h6+ nebst ♕c1

b) ⌓**19...♕e5 20.♕h4!**± Δf6 nebst ♕g4+; Δ♕xb4

8

Akopian – Jobava

Israel 2005

1.e4 c5 2.♘f3 ♘c6 3.d4 cxd4 4.♘xd4 ♘f6 5.♘c3 d6 6.♗g5 e6 7.♕d2 ♗e7 8.0-0-0 ♘xd4 9.♕xd4 0-0 10.e5 dxe5 11.♕xe5 ♗d7 12.♕g3 ♖c8 13.♗d3 ♕a5

1) In der Partie folgte allzu optimistisch **14.♗xh7+?? ♔xh7 15.♖xd7**.

Nach 15.♗xf6 ♗xf6 16.♖xd7 ♗xc3 17.bxc3 ♖xc3 hat Schwarz eine tendenzielle Gewinnstellung – und zu 15.♕h4+ siehe Anmerkung **b)** weiter unten.

a) Und nun vergab Schwarz mit **15...♘xd7??** den Gewinn – und nach einem weiteren schweren Fehler verlor er sogar.

16.♗xe7 ♖xc3

16...♖fe8?? 17.♕d3+ ♕f5 18.♕xd7 ♕xf2 19.g3~+-

17.bxc3 ♕xa2??

⌓17...♖c8∞ Δ18.♕d3+ ♔g8 19.♕xd7 ♕xc3 20.♕d1 ♕a1+ 21.♔d2 ♕c3+ 22.♔e2 ♕b2!⩸

18.♕d3+ ♔g8 19.♕xd7 ♕a1+ 20.♔d2 ♕xh1 21.♗xf8+-

b) Zum Gewinn führte **15...♖xc3!**

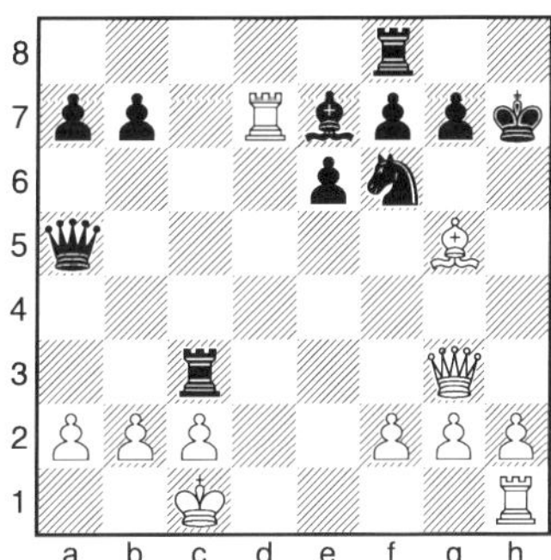

16.♕h4+

16.♗xf6 ♖xg3 17.hxg3+ ♔g6! 18.♗xe7 ♕xa2-+

16...♔g8 17.♖xe7 ♖xc2+! 18.♔xc2 ♕f5+!

18...♕c5+?? 19.♔b1 ♕xe7

19.♔b3 ♕d3+ 20.♔a4 b5+ 21.♔a5 ♕d8+ 22.♔b4 a5+! 23.♔c3 ♘d5+ und da nun 24.♔b3 ♘f4! Δ♕d3# oder 24.♔c2 ♘b4+ 25.♔c1 ♕d3 vollkommen hoffnungslos wäre, muss der König mit **24.♔d2** in den verheerenden Abzug **24...♘xe7+ 25.♔e2 f6** mit tendenzieller schwarzer Gewinnstellung.

2) Auch mit **14.♕h4** ist kein Vorteil zu erzielen.

a) Nach der vermeintlich einzigen Verteidigung **14...h6** könnte folgen **15.♘e4!**

– 15...♕d8?! 16.♘xf6+ ♗xf6 17.♗xf6+ ♕xf6 18.♕xf6 gxf6 19.♗h7+ ♔xh7 20.♖xd7±

– 15...♕xa2 16.♘xf6+ ♗xf6 17.♗xf6+ gxf6 18.♕x6 ♕a1+ 19.♔d2 ♕a5+ 20.c3 ♕g5+ 21.♕xg5 fxg5 22.h4±

b) Zwar führt der Amoklauf 14...♖xc3?? 15.♗xf6 ♖xd3 16.♗xe7 ♖xd1+ 17.♖xd1 zum Verlust, aber nach Räumung des Fluchtfelds f8 mit **14...♖fd8!** Δ15.♗xf6?? (⌓15.♗xh7+ ♔f8∞) 15...♗xf6 16.♕xh7+ ♔f8-+ hätte Schwarz nichts zu befürchten.

9

Trepp – Csom

Biel 1986

1.e4 c5 2.♘f3 d6 3.d4 cxd4 4.♘xd4 ♘f6 5.♘c3 ♘c6 6.♗g5 ♗d7 7.♘b3 a6 8.f4 e6 9.♕d3 h6 10.♗h4 g5 11.fxg5 ♘h5 12.♕d2 ♗e7 13.♗f2 hxg5 14.♘a4 ♘e5 15.♘b6 ♘g3 16.♗xg3 ♕xb6 17.0-0-0 ♕c7 18.♔b1 b5 19.♘d4 ♖c8 20.♗d3 ♕b7

Na schön, einerseits wird der schwarze König auf unbestimmte Zeit im Zentrum ausharren müssen, aber andererseits stellt sich doch die Frage, wer ihn dort gefährden sollte. Schließlich leisten die Leichtfiguren enorme Verteidigungsarbeit und die gegnerischen Zentrumshebel sind ausverkauft.

Allerdings ist da auch noch der Zeitfaktor, denn selbst wenn ein Zentralkönig ziemlich sicher steht, so erschwert er doch die Organisation von Gegenspiel. Entsprechend braucht Weiß nichts übers Knie zu brechen, sondern kann sich quasi gemütlich daran machen, dem Gegner einige Lockerungsübungen abzuverlangen.

21.♗xe5!?

Entfernt den wichtigsten Gegenspielfaktor und öffnet die d-Linie für die latent gefährliche Schwerfigurenbatterie.

Nach dem soliden 'Ziehzug' 21.♖hf1 hätte Schwarz sich u.a. mit der weiteren Zementierung 21...f6 jeglichen Ärger vom Leib halten können.

21...dxe5 22.♘f3 f6 23.h4! g4

23...gxh4? 24.♖xh4

– 24...♔f7? 25.♘xe5+ +– Δfxe5 26.♖f1+ ♗f6 27.♕f2

– 24...♖xh4 25.♘xh4± mit den Hauptdrohungen ♕h6, ♘g6 und ♗e2

24.♘h2!

Diese Methode, eine Bauernkette anzugreifen und immer weiter vorzulocken, ist ja speziell aus gewissen Varianten des Damengambits bekannt.

24...f5

24...♖xh4? 25.♕e1+–; 25.g3

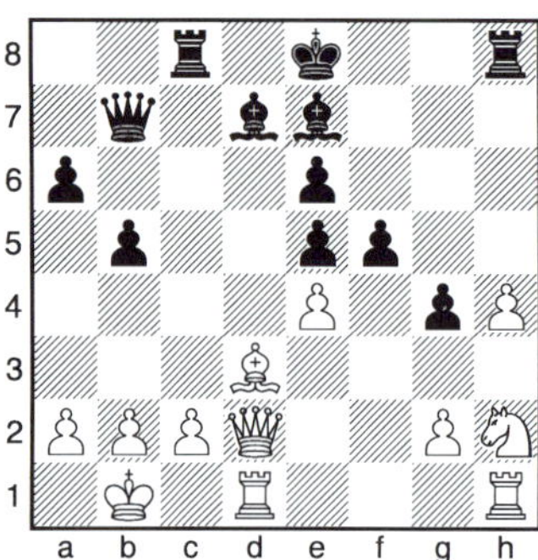

Und hier hat Weiß eine ganze Fülle aussichtsreicher Fortsetzungen, darunter alles Mögliche von 'hyperscharf' bis 'eher gemütlich'; z.B. **25.♕e2, 25.♖hf1, 25.h5, 25.♘f1, 25.g3** – obwohl am stärksten wohl die Zentralisationsmaßnahme **25.♖hf1!** mit deutlichem weißem Vorteil sein sollte.

10

Unzicker – Larsen

USA 1966

1.e4 c5 2.♘f3 ♘c6 3.d4 cxd4 4.♘xd4 ♘f6 5.♘c3 d6 6.♗g5 ♗d7 7.♕d2 ♘xd4 8.♕xd4 ♗c6 9.0-0-0 ♕a5 10.h4 h6 11.♗xf6 gxf6 12.♖h3!? ♕e5 13.♕e3 e6

Zwar macht die schwarze Dame im Rauser-System häufig eine gute Figur auf e5, allerdings nur, wenn der weiße f-Bauer bereits bis f5 vorgegangen ist. Da dies im gegebenen Fall nicht der Fall ist und die Dame unversehens in Atemnot geraten kann, stehen Weiß allerlei taktisch geprägte Ansätze zur Wahl.

1) In der Partie traf Weiß mit **14.♗b5?** nicht das Beste, denn statt **14...♖g8? 15.f4 ♕c5** (15...♕h5? 16.♘d5!±) **16.♕e2±** hätte Schwarz sich mit **14...♗xb5** weit besser verteidigen können; z.B. **15.f4**

a) 15...♕c5? 16.♕xc5 dxc5 17.♘xb5± 17...♖d8 (17...♔e7? 18.♖hd3+–) **18.♖xd8+ ♔xd8 19.♖d3+ ♔e8 20.♘xa7**

b) 15...♕h5 16.g4

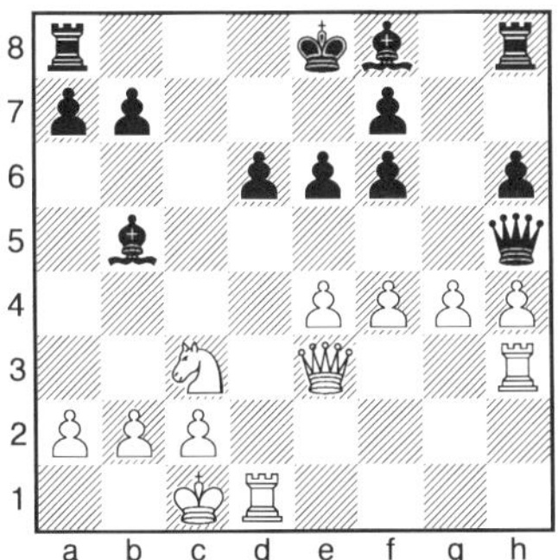

– 16...♕xg4? 17.♘xb5 ♖c8 18.♖g3± Δ♕xh4? 19.♖h3 ♕g4 20.♖g1

– 16...♕c5! 17.♕xc5 dxc5 18.♘xb5 ♖d8 19.♖xd8+ ♔xd8 nebst ♖g8, wonach der Druck auf die Schwäche g4 ausreichendes Gegenspiel ermöglicht.

2) Schon deutlich besser ist **14.♘b5!?**

a) 14...♗xb5? 15.f4 ♕h5 16.g4+–

b) 14...♔d7? 15.♘xa7~+– Δ♘xc6 nebst f4 und a3

c) 14...h5 (Δ♗h6) **15.f4 ♕xe4 16.♘c7+ ♔d7 17.♘xa8 ♕xe3+ 18.♖xe3 ♗h6 19.g3 ♖xa8 20.♗e2±**

d) 14...♖d8 15.♘xa7 ♕xe4 16.♕xe4± (16.♕b6!?± Δ♖e3) **16...♗xe4 17.♗b5+ ♔e7 18.♖c3**

3) Am stärksten ist jedoch der unerwartete Seitenhieb **14.b4!**, ...

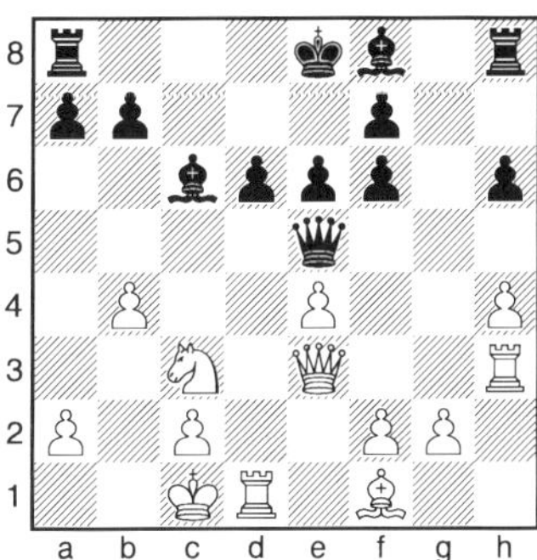

... um der Dame die beiden Fluchtfelder a5 und c5 zu nehmen und entsprechend die Drohung 15.f4 ♕h5 16.♗e2 ♕g6 17.♖g3 ♕h7 18.♘d5!+– aufzustellen. Hier ein Überblick über die mehr oder weniger verlustträchtigen Folgen.

a) 14...♗e7 15.f4 ♕h5 16.f5; 16.♗e2 ♕g6 17.f5

b) 14...♖g8 15.f4 ♕h5 16.♘d5

16.♗e2!? ♕g6 17.g4; 16.f5!?

16...♗xd5 17.exd5 e5 18.♗e2 ♕g6 19.g4

c) 14...f5 15.f4 ♕f6

– 16.exf5 Δ♕xf5 17.b5 ♗d7 18.♘e4

– 16.e5 dxe5 17.♘b5!

11

Swidler – Drejew

Russland 2004

1.e4 c5 2.♘f3 d6 3.d4 ♘f6 4.♘c3 cxd4 5.♘xd4 ♘c6 6.♗g5 ♗d7 7.♕d2 ♖c8 8.♘xc6 ♗xc6 9.f3 a6 10.0-0-0 e6 11.♘e2 ♗e7 12.h4 ♗b5 13.♘d4 ♗xf1 14.♖hxf1 h6 15.♗e3 ♘d7 16.h5 ♘e5 17.b3 d5 18.exd5 ♕xd5 19.♔b1 b5 20.g4 ♘c6

Nach der Ungenauigkeit im letzten Zug (⌓20...♕b7; 20...♗f6; 20...♘d7!?) ist die aktive Zentrumsposition der schwarzen Dame plötzlich eine sehr zwiespältige Angelegenheit, an der Weiß unmittelbar ansetzen sollte.

Nach dem giftigen Rückzug **21.♕c1!** kann Schwarz nur dann das Gleichgewicht halten, wenn er einen kühlen Kopf bewahrt.

1) So führt die Panikreaktion **21...♘xd4?** (um den Rückzug ♕c6 zu ermöglichen) nach **22.♗xd4 e5 23.♗b2**± zu neuen Kalamitäten in der e-Linie; z.B. **23...♕e6** (Δ♗g5) **24.♖de1** oder **23...♕c5** (Δ♗g5) **24.f4; 24.♖de1**.

2) In der Partie hatte Schwarz ganz richtig erkannt, dass ein Abzug des weißen Springers nicht zu befürchten ist.

21...0-0! 22.♘f5 ♕e5

a) Dort folgte **23.♗f4 ♕c3 24.♖d3 ♕a5**.

b) Nach stattdessen **23.♗d4!? ♘xd4 24.♘xe7+ ♔h8 25.♘xc8 ♘e2! 26.♖de1 ♖xc8**...

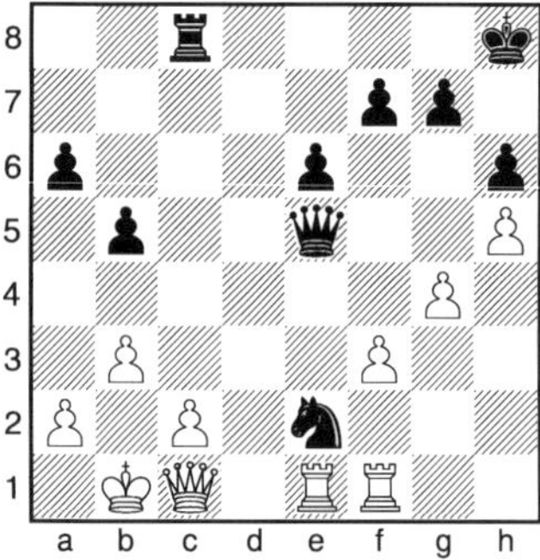

... müsste Weiß allerlei dubiose Klimmzüge machen und die schwarze Kompensation wäre offensichtlich.

– 27.f4 ♘c3+ 28.♔a1 ♕d4 29.♕b2 ♖d8; 29.♕e3 ♕b4

– 27.c4 bxc4 28.♕b2 ♘c3+ 29.♔a1 ♕d4

12

Sergeant – Israel

England 1952

1.e4 c5 2.♘f3 ♘c6 3.d4 cxd4 4.♘xd4 ♘f6 5.♘c3 d6 6.♗g5 e6 7.♗e2 ♗e7 8.0-0 0-0 9.♕d2 a6 10.♖ad1 ♕b6 11.♘b3 ♖d8 12.♕e3 ♕c7 13.♘a4 b5 14.♘b6 ♖b8 15.♘xc8 ♖bxc8

Angesichts seiner nicht gerade schlagkräftigen Figurenstellung (♘b3, ♖f1) hat Weiß offenbar herzlich wenig, worauf er stolz sein könnte. Die Gewaltmaßnahme 16.c4 (die vor allem das Manöver ♘e5–c4 vereiteln soll) ist verdächtig unsolide, zumal in der Folge außer dem losen Läufer auf c4 auch das Überlastungs-Motiv ♘g4 mit verdecktem Angriff auf h2 ins Auge sticht.

16.c4? ⌓16.c3 **16...bxc4 17.♗xc4**

1) In der Partie ließ Schwarz sich zu der weniger effektiven 'Strafexpedition' **17...♘b4?!** verleiten und mit **18.♖c1?** reagierte Weiß fehlerhaft.

(⌓18.♗e2 ♘xa2∓ Δ19.♗xa6?! ♖b8∓ Δ♘xe4; Δ♘g4)

Denn nun hätte der zweite Springerausfall **18...♘g4** mit der möglichen Folge **19.♕f4 ♗xg5 20.♕xg5 d5 21.♕xg4 dxc4 22.♕e2 ♘xa2 23.♖c2 ♘b4 24.♖c3 ♘d3** zu einer tendenziellen Gewinnstellung geführt.

2) Der bessere Ansatz **17...♘g4** hätte nach der Folge **18.♕f4 ♗xg5** in allen Varianten zu kräftigem Vorteil geführt.

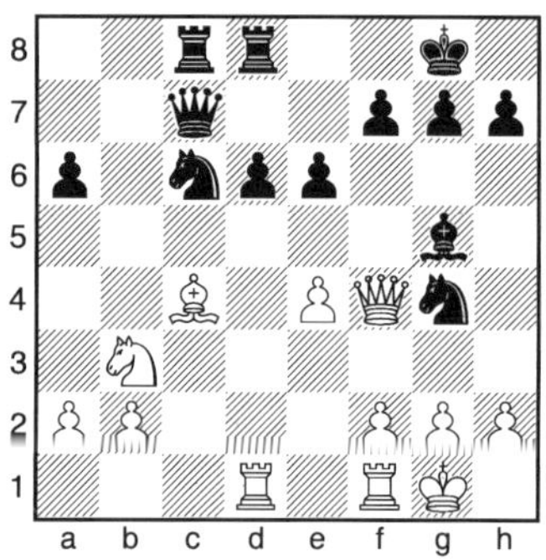

a) 19.♕xg4 ♗f6∓ (19...h6!?) **Δ20.♗xa6 ♖a8 21.♕e2 ♕b6** bzw. **21.♗b5 ♖xa2 22.♖c1 ♕b6!**

b) 19.♕xg5 d5 20.♕xg4 dxc4∓

– 21.♘c5? ♕e7–+ Δ22.♘xa6 ♕a7; 22.♘a4 ♕b4

– 21.♘d2 ♘e5; 21.♘c1 ♕b6; 21...♘d4

13

Gitzinger – Vilpoux

Frankreich 2004

1.e4 c5 2.♘f3 ♘c6 3.d4 cxd4 4.♘xd4 ♘f6 5.♘c3 d6 6.♗g5 e6 7.♕d2 ♗e7 8.0-0-0 ♘xd4 9.♕xd4 ♕a5

Nach dem allzu optimistischen letzten Zug 9...♕a5 (⌓9...0-0 Δ10.♗xf6 ♗xf6 11.♕xd6 ♕a5⯹) verdient offenbar speziell die taktische Nutzung der Diagonale a4–e8 größte Aufmerksamkeit. Bleibt nur die Frage nach der Art und Weise.

1) In der Partie schaltete Weiß den Abtausch **10.♗xf6** vor, obwohl die Hergabe des Läufers an dieser Stelle noch keinen nachhaltigen Sinn macht.

10...gxf6

Auf 10...♗xf6? sollte Weiß kaum ernsthaft gehofft haben, zumal gleich zwei Fortsetzungen zu deutlichem Vorteil führen.

– 11.♗b5+ ♔f8 12.♕xd6+ ♗e7 13.♕g3±

– 11.♕xd6 a6 (11...♗xc3?? 12.♗b5+) 12.♔b1± Δ12...♗xc3?! 13.bxc3 ♕g5 14.e5~+–

11.♗b5+ 11.♘b5 0-0 **11...♗d7** 11...♔f8!? **12.♗xd7+ ♔xd7 13.f4** und ungeachtet des gegnerischen Zentralkönigs hat Weiß kaum mehr als soliden Minimalvorteil.

2) ⌓**10.♗b5+**

a) 10...♗d7? 11.♗xd7+ ♔xd7 12.e5+– ♔e8 13.♗xf6 gxf6 14.exd6

b) Nach dem einzigen Zug **10...♔f8** führen allerlei Fortsetzungen zu deutlichem Vorteil; z.B. 11.f4; 11.♗h4; 11.h4; 11.♗xf6.

14

Malakhow – Tschernischow

Elista 2001

1.e4 c5 2.♘f3 ♘c6 3.d4 cxd4 4.♘xd4 ♘f6 5.♘c3 d6 6.♗g5 e6 7.♕d2 a6 8.0-0-0 h6 9.♘xc6 bxc6 10.♗f4 d5 11.♕e3 ♕e7 12.♗e2 ♕a7 13.♕f3 ♗e7 14.♕g3

Zunächst sei gesagt, dass der Nachteil nach 14...♔f8 noch nicht besorgniserregend wäre, denn angesichts des soliden Zentrums ist der Verlust des Rochaderechts durchaus zu verkraften.

Hingegen geriet die Stellung nach dem pseudo-aktiven **14...d4?** und dem wohldurchdachten Konter **15.e5!**+– vollkommen aus den Fugen.

15...dxc3

15...♘d5 16.♘xd5 nebst ♕xg7 bzw. 16.♕xg7 ♖f8 17.♘xd5 usw.

16.♕xg7! ♘d5

Nach 16...♖g8 schüttelt Weiß den Scherzartikel 17.exf6! aus dem Ärmel.

17.♕xh8+ ♔d7 18.♗e3 ♕b7 19.bxc3 ♖b8

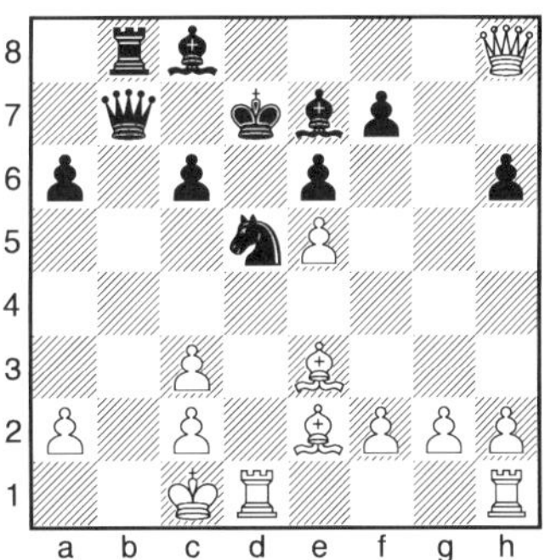

Und hier wäre (statt der Gewaltmaßnahme 20.♖xd5+!?) der betont ruhige Sicherungszug 20.♔d2! mit einer skurrilen Art von ‘Fernopposition’ noch besser gewesen; z.B. 20...♕b2 21.♗d3! ♕xc3+ 22.♔e2 oder 20...♗b4 21.♗d4 (21.♔e1!?) 21...c5 22.♕f8; 22.♖b1 usw.

15

Hitzgerova – Cvek

Tschechien 1999

1.e4 c5 2.♘f3 ♘c6 3.d4 cxd4 4.♘xd4 ♘f6 5.♘c3 d6 6.♗g5 e6 7.♕d2 a6 8.0-0-0 h6 9.♗e3 ♕c7 10.f4 ♗d7 11.♔b1 ♗e7 12.♗e2 ♘a5 13.g4 ♘c4 14.♗xc4 ♕xc4 15.♖hg1 ♘h7 16.h4 0-0-0

Nachdem Schwarz offenbar die ein oder andere Kleinigkeit nicht 'nach Vorschrift' gemacht hat, ist der Partiezug **17.g5** selbstverständlich stark genug, um die Sache mit Anstand über die Bühne zu bringen.

Allerdings wäre dies im Hinblick auf die gegebenen taktischen Umstände viel schneller mit dem geradezu unanständig starken Zug **17.♘f5!+– Δ17...exf5 18.♘d5** möglich gewesen.

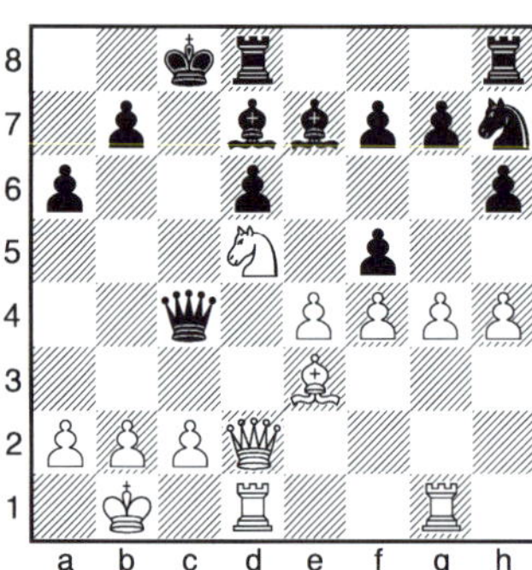

Und nun z.B. **18...♕xe4 19.♕a5 ♔b8 20.♕c7+ ♔a8 21.♕b6** usw.

16

Moreno Carnero – Leitao

Pamplona 2002

1.e4 c5 2.♘f3 e6 3.d4 cxd4 4.♘xd4 ♘c6 5.♘c3 ♕c7 6.♗e3 a6 7.♕d2 ♘f6 8.0-0-0 ♗e7 9.f3 d6 10.g4 0-0 11.h4 b5 12.♘xc6 ♕xc6 13.♘e2 ♘d7 14.♘d4 ♕c7 15.g5 ♘c5 16.h5 b4 17.♔b1 ♖b8 18.♕h2 ♘a4 19.♗d3 e5 20.♘b3 f5 21.f4

Den wohl übersehenen Einschlag **21...♘xb2!** beantwortete Weiß mit dem Zwischenzug **22.h6?** und verschlimmerte die Sache dadurch beträchtlich.

Nach sofort 22.♔xb2 fxe4 23.♗xe4 ♕c3+ 24.♔b1 ♕xe3 25.♗d5+ ♔h8 26.fxe5 scheint 26...♕xe5 (26...dxe5; 26...♗xg5) am deutlichsten aus dem Minimalbereich herauszuragen.

22...g6

Auf die Falle 22...♘xd1?? 23.hxg7! ♘c3+ 24.♔a1+– dürfte Weiß wohl kaum gehofft haben.

23.♔xb2 fxe4

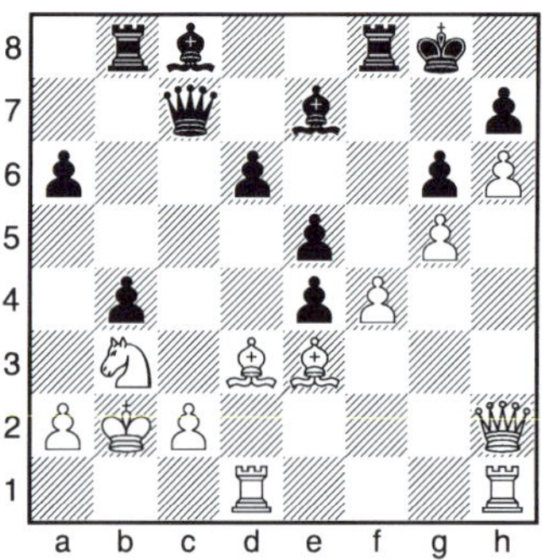

Nach diesmal 24.♗xe4 ♕c3+ 25.♔b1 ♕xe3 26.♗d5+ ♔h8 27.fxe5 ♕xe5∓ ist der Vorteil bereits deutlich aus dem Minimalbereich heraus.

Allerdings wäre dies deutlich besser gewesen als die Partiefolge **24.fxe5? exd3 25.cxd3 ♕c3+ 26.♔b1 ♗f5–+.**

17

Arzukjewitsch – Eisenstadt

Leningrad 1958

1.e4 c5 2.♘f3 ♘c6 3.d4 cxd4 4.♘xd4 ♘f6 5.♘c3 d6 6.♗g5 e6 7.♕d2 ♗e7 8.0-0-0 ♘xd4 9.♕xd4 0-0 10.f4 h6 11.♗h4 ♕a5 12.♕d3 a6 13.♗e2 b5 14.♗f3 ♖a7 15.e5 dxe5 16.fxe5 ♘d5

1) In der Partie geriet Weiß nach dem einleitenden Fehler **17.♘xd5?** und der Antwort **17...♗xh4** ins Wanken.

a) Nach der anschließenden Fehlkombination **18.♔b1? exd5 19.♕d4** ging das Gleichgewicht gründlich verloren und nach **19...♖c7 20.♕xh4 ♗f5 21.♖c1 ♖fc8** warf Weiß mit **22.♗xd5 ♖xc2** das Handtuch, um sich die blamable Stellung nach 22.♗d1 ♕d2 23.♕e1 ♕xg2 usw. nicht aus der Nähe anschauen zu müssen.

b) Mit **18.♕d4** war der Schaden nach **18...♕xa2!** auf ∓ einzudämmen; z.B. **19.♕xh4**

Nach 19.♕xa7? exd5 droht u.a. ♗g5+.

19...exd5 20.♕d4 ♕a1+ 21.♔d2 ♕a5+ und da die Heimkehr 22.♔c1? an 22...♖c7–+ nebst ♗f5 und ♖fc8 scheitert, muss der König in der Mitte bleiben, so dass es nach 22.♔e2 ♖c7 in der c-Linie weitergeht – nach 22.c3 ♖e7 in der e-Linie.

2) Nicht minder schlecht ist **17.♗f2?**, denn nach dem Störzug **17...♘b4!** ist der Schaden nur mit **18.♕e2** auf ∓ einzudämmen (18.♕d4? ♖d7–+); z.B. **18...♖c7 19.♗d4**

19.a3? ♖xc3!–+ Δ20.axb4 ♕a1+ 21.♔d2 ♕xb2

19...♘xa2+

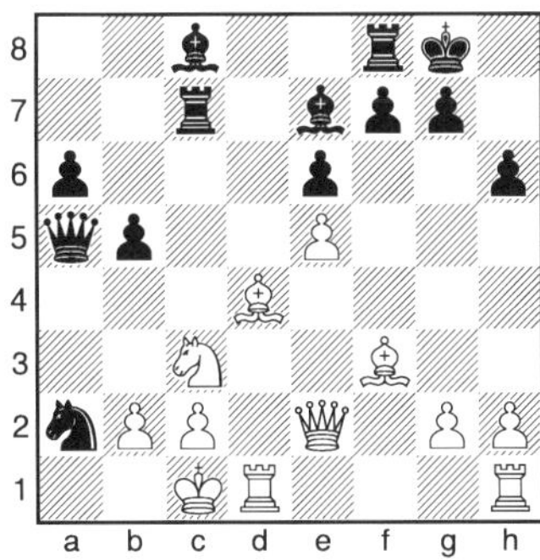

a) Nach **20.♘xa2? ♕xa2–+** geht Weiß im Opferangriff unter; z.B. 21.c3 b4 oder 21.♔d2 ♖d8 22.♔e1 ♖xd4! 23.♖xd4 ♕xb2 bzw. 22.c3 ♖xd4+! 23.cxd4 ♕xb2+ nebst ♖c2 usw.

b) Und nach **20.♔b1 ♘xc3+ 21.♗xc3** ist Schwarz keineswegs zu der Gewaltmaßnahme **21...♖xc3 22.bxc3 ♕xc3∓** gezwungen, sondern kann den Angriff auch 'gemütlich' mit **21...b4∓ 22.♗d4 ♗b7**; **22.♗e1 ♗d7** Δ♗b5 fortsetzen.

3) Nach dem einzig richtigen Zug **17.♗xe7** kann Schwarz mit **17...♖xe7 18.♘xd5 exd5 19.♗xd5 ♖xe5∞** auf Remis spielen – oder mit **17...♘xe7 18.a3 ♖d7∞** den Kampf suchen.

18

Braga – Batres

Mexico 1980

1.e4 c5 2.♘f3 d6 3.♘c3 ♘c6 4.d4 cxd4 5.♘xd4 ♘f6 6.♗g5 e6 7.♕d2 a6 8.0-0-0 h6 9.♗e3 ♕c7 10.f3 ♖b8 11.g4 ♘xd4 12.♗xd4 b5 13.e5 ♘d7 14.exd6 ♗xd6 15.♘e4 ♗f4 16.♗e3 ♗xe3 17.♕xe3 0-0 18.g5 hxg5 19.♕xg5

1) Gegen die Drohung ♖xd7 traf Schwarz in der Partie die schlechteste Wahl, indem er versuchte, mit **19...♕e5??** seine Dame ins Spiel zu bringen, denn nach dem minimalen Ausweichen **20.♕h4!** fand er sich erneut mit einer ganzen Reihe übler Drohungen konfrontiert – nämlich ♖g1, ♗d3 und vorneweg ♘g5.

a) In der Partie folgte **20...f5 21.♘g5 ♘f6**

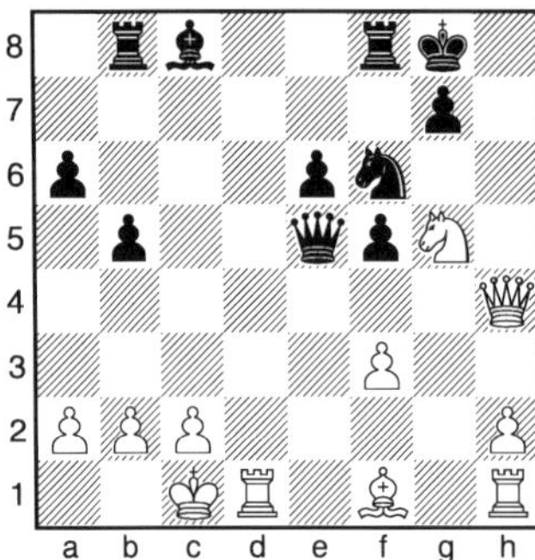

Und nun hätte (statt 22.♗d3±) der Kraftzug **22.♖d3!!** Δf4 nebst ♖h3 die Sache zu einem schnellen Ende gebracht.

b) Nach der Hauptalternative **20...g6** muss Weiß zunächst eine Falle vermeiden.

(Nach 20...f6 ist 21.♗d3+− Δf4; Δ♖hg1 wohl noch stärker als 21.♖g1.)

Nämlich 21.♖xd7?? ♗xd7 Δ22.♘f6+? (⌓22.♕f6⩲) 22...♔g7 23.♘xd7 ♕e3+ 24.♔b1 ♕xf3 25.♗g2 ♕xg2∓.

Nach dem richtigen Ansatz **21.♖g1**+− Δ♖g3−h3 kann er sich nach Herzenslust auf den schwarzen Feldern austoben.

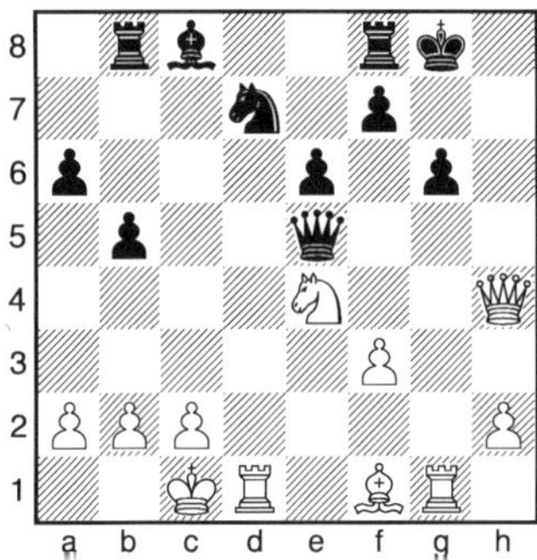

21...♕h8

21...♔g7 22.♔b1! ♖h8 23.♕e7 ♖b7 24.♘d6

22.♕g5 Δ♖xd7 **22...♖b7** (22...♕o6? 23.♖xd7) **23.♖g3** (23.♗e2; 23.f4) **23...♕e5 24.♕e7 ♖c7 25.♗h3 ♔g7 26.♖dg1**

2) Auch mit **19...♕d8?** ist das Problem 'gegnerische Dame vor der Haustür' nicht zu beheben.

(Noch schlechter ist 19...f5?? 20.♖g1+− Δ♖f7 21.♘d6.)

Denn mit **20.♕g3** bleibt die Dame nicht nur 'vor der Haustür' des gegnerischen Königs, sondern wirkt zusätzlich stark in die linke Bretthälfte hinein, was nach **20...f5 21.♘g5 ♕e7 22.♖g1**± oder **20...♕e7 21.♖g1**± Δ21...f5 22.♘g5 bzw. 21...f6 22.♗h3 zu bedeutendem Vorteil führt.

3) Nur mit **19...f6** kann Schwarz den Schaden in Grenzen halten.

a) 20.♕h4 ♗b7 21.♖g1 (21.♗d3 ♘e5) 21...♖bc8; 21...♗xe4; 21...♗d5

b) ⌓**20.♕g3 ♕xg3 21.hxg3 ♘e5! 22.♗g2**⩲

19

Wang – Bu

China 2017

1.e4 c5 2.♘f3 d6 3.d4 cxd4 4.♘xd4 ♘f6 5.♘c3 ♘c6 6.♗g5 e6 7.♕d2 a6 8.0-0-0 h6 9.♗e3 ♕c7 10.f4 ♗d7 11.h3 b5 12.♗d3 ♘a5 13.♔b1 ♘c4 14.♗xc4 ♕xc4 15.e5

1) Am schlechtesten ist **15...♘d5?? 16.♘xd5 ♕xd5**

16...exd5? 17.♕e1!+− Δ♕g3; 17.g4

17.♕f2! (17.♖hf1!?) **17...dxe5 18.♘f3 ♕b7 19.♘xe5 ♗c6 20.f5**+−

2) Unbefriedigend ist auch **15...dxe5? 16.fxe5**

a) 16...♘d5? 17.♘xd5 ♕xd5 18.♖hf1! Δ**18...♕xe5 19.♘f3 ♕c7 20.♘e5!**+−

b) 16...b4 17.exf6 bxc3 18.fxg7 ♗xg7 19.♘f5! cxd2 20.♘d6+ ♔e7 21.♘xc4±

3) In der Partie traf Schwarz mit **15...b4!** die richtige Wahl, keinerlei Linienöffnung im Zentrum zu bewirken; es folgte **16.exf6**

– 16.♘ce2 ♘e4 17.♕e1

– 16.♕e1!? Δbxc3 17.b3 nebst exf6

16...bxc3 17.fxg7 ♗xg7 18.♕xc3 ♕xc3 19.bxc3 ♔e7 mit offensichtlicher Kompensation.

20

Carlsen – Wladimirow

Dubai 2004

1.e4 c5 2.♘f3 ♘c6 3.d4 cxd4 4.♘xd4 ♘f6 5.♘c3 d6 6.♗g5 e6 7.♕d2 a6 8.0-0-0 ♗d7 9.f3 ♖c8 10.♗e3 ♘e5 11.g4 h6 12.h4 b5 13.♗d3 b4 14.♘ce2 d5 15.exd5 ♘xd5 16.♘f4 ♕a5 17.♔b1 ♘xf3

1) Die Frage ist ziemlich einfach zu beantworten, wenn man sich vor Augen führt, worauf das schwarze Figurenopfer überhaupt beruht. Dies wird nach **18.♘xf3?? ♘c3+!** deutlich: Die b-Linie wird zwangsläufig geöffnet und kann nicht mit einem Springer auf b3 verstopft werden. **19.bxc3 bxc3 20.♕c1 ♖b8+** –+ (20...♗a3) **21.♔a1 ♗a3 22.♗c4 ♗xc1** und nun **23.♗xc1 ♗a4** oder **23.♖xc1 ♖b2**; **23...♗c6**.

2) Und sobald feststeht, dass ein Damenzug erforderlich ist, muss nur noch derjenige gesucht werden, der nichts einstellt. Also folgte **18.♕f2 ♘xe3 19.♕xe3 ♘xd4 20.♕xd4 ♕c5 21.♕e4!** mit ausreichender Kompensation angesichts des unrochierten Königs; z.B. 21...♗c6 22.♕e2 Δ22...♗xh1?? 23.♘xe6!+–.

21

Hjartarson – Tal

Manila 1990

1.e4 c5 2.♘f3 d6 3.d4 cxd4 4.♘xd4 ♘f6 5.♘c3 ♘c6 6.♗g5 e6 7.♕d2 ♗e7 8.0-0-0 0-0 9.♗e2 a6 10.h4 ♗d7 11.h5 ♘xd4 12.♕xd4 h6 13.♗e3 ♗c6 14.f4 b5 15.♗f3 ♕a5 16.a3 ♖ab8 17.♗d2 ♕c7 18.g4

1) In der Partie ließ **18...♘d7** dem Weißen größere Handlungsfreiheit.

19.g5 hxg5

Schwarz sollte besser mit 19...♕b6 Δ20.♕d3? (⌓20.♕xb6 ♘xb6 21.gxh6±) 20...b4 bzw. 20...♘c5 nebst b4∓ auf Damentausch abzielen.

20.h6! ♗f6

20...e5!? 21.♕g1 exf4 22.♗xf4 fxg5 23.♗xg5 ♘e5

21.♕f2

Besser erscheint 21.♕g1!?, denn nach dem Textzug hätte Schwarz mit 21...g6!∞ voll im Spiel bleiben können.

2) Nach **18...e5 19.♕d3 exf4 20.♗xf4** wahrt **20...♖fe8!** mit Gegenspiel gegen die Schwäche e4 das Gleichgewicht.

3) Nach **18...d5** scheitert 19.e5?! an 19...b4!∓ – und nach **19.exd5** stellt **19...♖fd8!** Chancengleichheit sicher.

4) Von größtem Interesse ist aber außer dem energischen Ansatz **18...b4! 19.axb4 d5** auch die noch schärfere Alternative **18...a5! 19.g5 b4! 20.axb4**

20.gxf6? ♗xf6∓ Δ♖c8; z.B. 21.♕c4 ♖fc8!!

20...axb4 21.gxh6!!

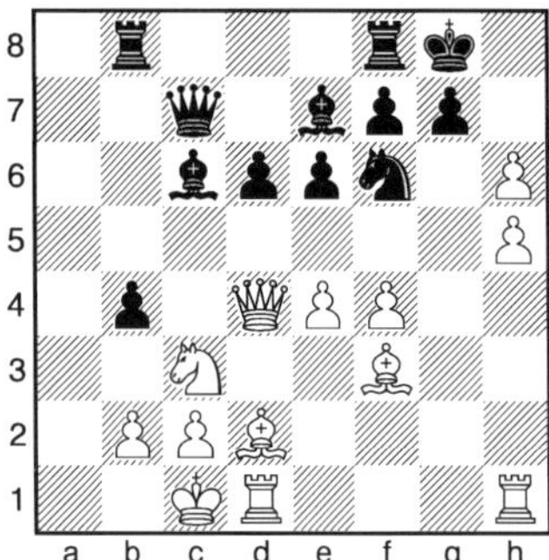

Mit dem spektakulären Abspiel **21...bxc3 22.♗xc3 gxh6 23.♖hg1+ ♔h7 24.e5 dxe5 25.♕c4**

a) 25...e4 26.♗xe4+! ♘xe4 27.♖g7+ ♔h8 28.♖xf7+ ♘xc3 29.♕xc3+ e5 30.♖d7? ♖xf7 31.♖xc7 ♗e8

b) 25...♖bc8 26.♗xe5 ♕b7 27.♕d3+ ♗e4 28.♗xe4+ ♕xe4 29.♕xe4+ (29.♖g7+ ♔h8) **29...♘xe4 30.♖g7+ ♔h8 31.♖xf7+ ♗f6 32.♖xf8+ ♖xf8 33.b4⩲**

22

Koch – Müller, Klaus

DDR 1952

1.e4 c5 2.♘f3 ♘c6 3.d4 cxd4 4.♘xd4 ♘f6 5.♘c3 d6 6.♗g5 e6 7.♕d2 ♗e7 8.0-0-0 0-0 9.f4 ♘xd4 10.♕xd4 ♕a5 11.♗c4 h6 12.♗h4 a6 13.e5 dxe5 14.fxe5 ♗c5 15.♕f4 ♘d7

1) In der Partie bemerkte Schwarz nicht, warum die Bereitstellung eines Turms auf der 3. Reihe mit **16.♖d3?** fehlerhaft bzw. die falsche Zugfolge war.

a) Und nach **16...b5?** revanchierte Weiß sich, indem er nicht bemerkte, worin das mörderische Potential seines letzten Zuges bestanden hatte, denn dort hätte 17.♖g3! Δ♗f6 oder auch sogleich 17.♗f6!? zu einer Gewinnstellung geführt.

b) Nach der ebenso ‘primitiven’ wie effektiven Belästigung des weißen Zentrumsbauern mit **16...♗b6!∞** (Δ♗c7) Δ**17.♖e1** (17.♗e7 ♕xe5!) **17...♗c7 18.♖de3 ♕c5** nebst b5 hätte Schwarz bestens mithalten können.

2) Vor **16.♘e4!** scheute Weiß womöglich zurück, weil er sich in diesem Fall dann doch Sorgen um den Bauern e5 gemacht hatte.

a) Zu Unrecht, wie die Variante **16...♘xe5** ...

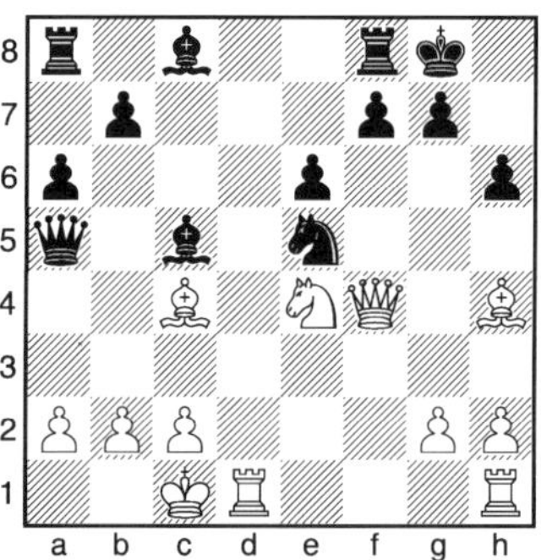

... **17.♘f6+! gxf6 18.♗xf6**+– veranschaulicht.

Und in den übrigen Varianten nimmt das Schicksal wie folgt seinen Lauf.

b) 16...b5 17.♖xd7 ♗xd7 18.♘f6+!+–

18.♘xc5!? bxc4 19.♘xd7 ♕xa2 20.♘f6+ gxf6 21.♕g4+ ♔h7 22.♗xf6 ♖g8 23.♕e4+

18...♔h8 19.♕e4 g6 20.♕f4 ♔g7 21.♘g4

c) 16...♔h8 17.♗f6! ♔g8 18.♗xg7! ♔xg7 19.♖d3+–

d) 16...♕b6 17.♖d3+– Δ♘f6+; ♗f6; ♖hd1

23

Timofejew – Zeitlin

Griechenland 2003

1.e4 c5 2.♘f3 d6 3.d4 cxd4 4.♘xd4 ♘f6 5.♘c3 ♘c6 6.♗g5 e6 7.♕d2 a6 8.0-0-0 ♗e7 9.f3 ♘xd4 10.♕xd4 b5 11.♔b1 ♗b7 12.h4 ♕c7 13.g4 ♖c8 14.♗e3 d5 15.g5

1) In der Partie erwies sich die Fortsetzung **15...e5?** nach **16.♕d2** als unzureichend berechnet.

Nach dem verfehlten Ansatz 16.♕b6? ♕xb6 17.♗xb6 ♘d7 nebst d4 hat Schwarz keine Schwierigkeiten.

a) Nach **16...d4 17.gxf6** ...

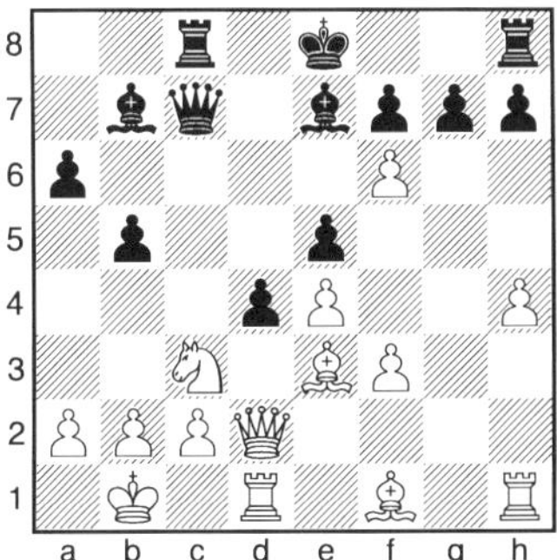

... führte der weitere Fehler **17...dxe3?** bereits zu einer Verluststellung.

⌓17...♗xf6 18.♘xb5 axb5

– 19.♗xb5+ ♗c6 20.♗xc6+ ♕xc6⩱ 21.♗g5 0-0 22.♖dg1±

– ⌓19.♗g5!± Δ19...♗xg5? 20.♗xb5+ ♗c6 21.♗xc6+ ♕xc6 22.hxg5~+–

18.fxg7! ♖g8 19.♕xe3 ♖xg7

19...b4 20.♕h6!

20.♗h3+–

b) Auch der Ansatz **16...♘xe4 17.fxe4 d4** führt zu beträchtlichem Nachteil.

– 18.♗xd4 exd4 19.♘d5± (19.♕xd4 0-0 20.♗h3) Δ19...♗xd5 20.exd5 Δ20...♗c5 21.♖e1+

– 18.♗h3!?

– 18...dxc3? 19.♗d7+ ♔f8 20.♕f2+–

– 18...dxe3 19.♗d7+ ♔f8 20.♕xe3±

– 18...♖d8 19.♘d5 ♗xd5 20.exd5 dxe3 21.♕xe3±

Die verbleibenden Alternativen laufen beide auf weißen Minimalvorteil hinaus, wobei Schwarz zu entscheiden hat, ob er lieber eine Figur für zwei bis drei Bauern opfert, wenn dabei auch die gegnerische Rochadestellung demoliert wird (2) – oder ob er lieber materiellen Gleichstand gewährleistet, wobei der Gegner jedoch die Initiative behält (3).

2) 15...dxe4!? 16.gxf6 ♗xf6 17.♕d2

a) 17...exf3?

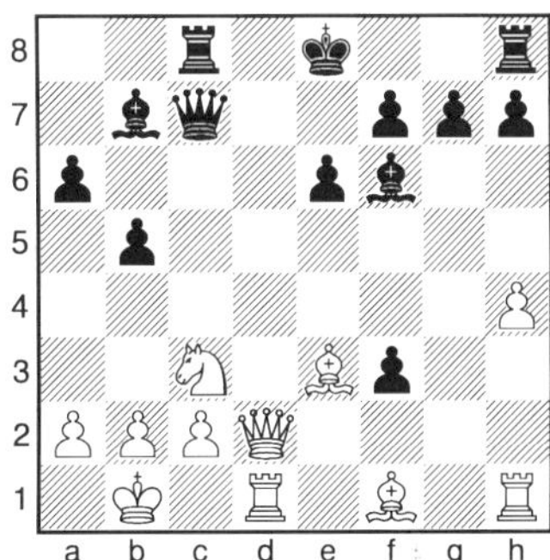

18.♗xb5+! axb5 19.♘xb5 ♕c6

– 20.♘d6+? ♔e7 21.♘xc8+ ♖xc8⩱

– ⌓20.♘a7! ♕c7 21.♘xc8 ♗xc8 (♕xc8? 22.♗g5!+–) 22.♗g5!±

b) 17...♗xc3 18.bxc3 0-0 (18...exf3? 19.♗d4±) **19.fxe4 ♗xe4 20.♖g1±**

3) 15...♘h5!? 16.exd5

a) 16...♗xd5?? 17.♘xd5 ♕xc2+ 18.♔a1 exd5 19.♗h3+–

b) 16...b4 17.d6 ♗xd6 18.♕xd6 bxc3

– 19.♖h2!?± Δ19...♗xf3? 20.♗xa6 ♕xd6 21.♖xd6±

– 19.♗xa6!? ♗xa6 20.♕xa6 0-0 21.♕d6±

24

Fercec – Palac

Kroatien 1998

1.e4 c5 2.♘f3 ♘c6 3.d4 cxd4 4.♘xd4 ♘f6 5.♘c3 d6 6.♗g5 e6 7.♕d2 a6 8.0-0-0 h6 9.♗e3 ♗e7 10.f4 ♕c7 11.♗e2 ♗d7 12.♗f3 ♘a5 13.♔b1 ♖c8 14.♕f2 ♘c4 15.♗c1 ♕b6 16.♖hf1 ♘a3+ 17.♔a1 ♖xc3 18.e5 ♘d5 19.♗xd5 exd5 20.exd6 ♗f6 **(V)**

1) Nach **21.♖fe1+?!** hat Schwarz scheinbar nur *einen* Zug, aber wie so oft trügt der Schein!

a) Zunächst sei gesagt, dass der scheinbar einzige Zug **21...♗e6** nach **22.bxc3 0–0** zu einer Stellung führt, in der Schwarz auf durchaus nennenswerten Vorteil hoffen darf.

b) Mit dem vermeintlichen Einsteller **21...♔f8?!** kann Schwarz paradoxerweise auf 'Nummer Sicher' gehen, denn auf **22.♘e6+ ♗xe6 23.♕xb6** folgt **23...♘xc2+ 24.♔b1 ♘a3+** mit Dauerschach, da Schwarz nach **25.bxa3? ♗f5+ 26.♔b2 ♖e3+!** (26...♖c6+? 27.♕d4∞) **27.♖d4 ♖xe1∓** sogar auf Gewinn spielen kann.

2) Der bessere Ansatz **21.♕e1+** führt ziemlich forciert zum Remis – und zwar durch einen Alleingang des schwarzen Springers: **21...♔f8 22.♕xc3 ♘b5 23.♕b3!**

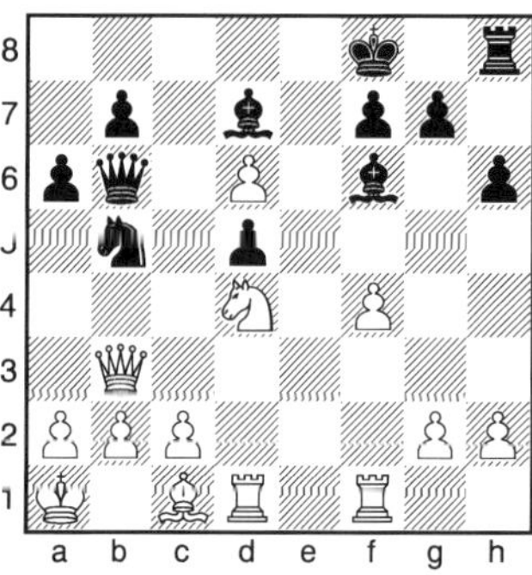

23...♘xd4! 24.♕xb6 ♘xc2+ 25.♔b1 ♘a3+ mit Zugwiederholung, da 26.bxa3?? ♗f5+ zum Matt führt.

25

Schirow – Gurevich

Biel 1993

1.e4 c5 2.♘f3 ♘c6 3.d4 cxd4 4.♘xd4 ♘f6 5.♘c3 d6 6.♗g5 e6 7.♕d2 ♗e7 8.0-0-0 0-0 9.f4 h6 10.♗xf6 ♗xf6 11.♘db5 ♕a5 12.♘xd6 ♖d8 13.♔b1 e5 14.♗c4 ♗g4

Aufgrund der irrigen Annahme (im zitierten Kommentar) folgte in der Partie 15.♕d5 ♖d7?; 15...♗xd1?! 16.♕xf7+ nebst ♘xb7±.

Hier ein Blick auf die Konsequenzen von **15.♗xf7+**.

I) Nach der Ungenauigkeit **15...♔h8?!** und der Antwort **16.♗g6** (Δ♘f7+) **Δ16...♖xd6 17.♕xd6 ♗xd1 18.♖xd1 exf4 19.♘d5 ♗e5** hat Schwarz gewisse Kompensation.

II) Hingegen bleibt nach dem besseren **15...♔h7!?** und der möglichen Folge **16.f5 ♗xd1 17.♖xd1** diesmal *Weiß* auf 'gewisse Kompensation' eingeschränkt.

III) Nach **15...♔f8** hat Schwarz (im klaren Kontrast zu dem Urteil '–+') sogar *zwei* interessante Möglichkeiten, um die Partie in dynamischem Gleichgewicht zu halten.

A) Nach **16.♗b3!? ♗xd1 17.♕xd1!** Δ♕h5 ergibt sich ein spannendes Powerplay auf weißen Feldern, bei dem Schwarz *sechs* 'einzige Züge' in Folge aufspüren muss; und zwar **17...exf4 18.♘cb5!** (Δ♕h5) **18...♘d4 19.♕h5!**

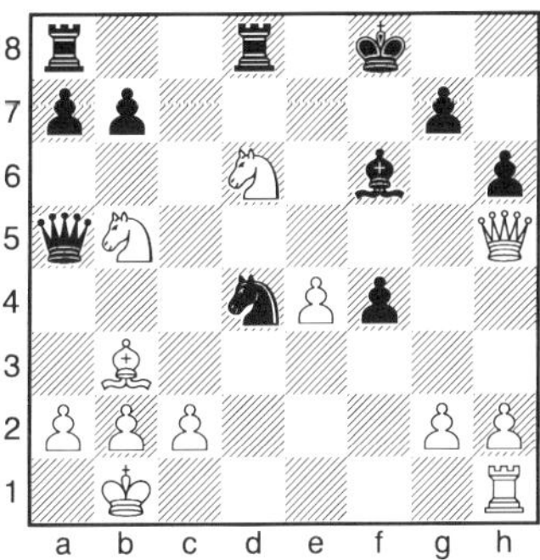

19...♖d7 20.♕h3! ♖ad8 21.♘xd4 ♗xd4 (21...♖xd6? 22.♘e6+±) **22.♕e6! ♕e5 23.♕c4!** mit verteilten Chancen in völlig undurchsichtiger Stellung; z.B. **23...♗xb2 24.c3!** (24.♖d1? ♕f6∓) **24...b5** (24...♗xc3?? ♘f5+−) **25.♘xb5 ♖b8**∞.

B) Und nach **16.♕f2!?** kann vor allem auch das Gegenüber von Dame und König in der f-Linie eine entscheidende Rolle spielen.

1) Ganz indiskutabel ist **16...♖xd6?? 17.♖xd6 ♔xf7**, denn nach **18.f5**+− Δh3 geht es alsbald bei dem deplatzierten ♗g4 weiter; z.B. **18...♕b4 19.♖xf6+! gxf6 20.h3** usw.

2) 16...exf4? beruht auf dem Wunschdenken **17.♘xb7?** (⌓17.d5±) **17...♖xd1+** mit bester Kompensation nach **18.♖xd1 ♕b4** bzw. **18.♘xd1 ♕e5** usw.

3) Nach **16...♗xd1?! 17.♘xb7** ...

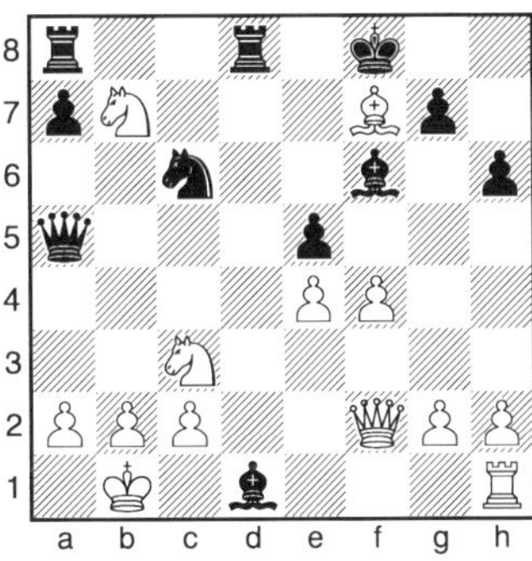

... bleibt Weiß ein mehr oder weniger kräftiger Minimalvorteil in den Abspielen:

a) 17...♕b6 18.♕xb6 axb6 19.♘xd8 ♖xd8 20.♗d5 ♗xc2+ 21.♔xc2 ♘d4+ 22.♔d3 exf4 23.♖c1

b) 17...♕a6 18.♘xd8 ♖xd8 19.♗d5 ♗xc2+ (19...♗g4?? 20.♗xc6+− Δfxe5) 20.♕xc2 ♘b4 21.♕d2 exf4 22.♖d1

4) Die besten Rettungschancen verspricht **16...♕c7!**, um die Dame unverzüglich dem bedrängten König zur Seite zu stellen; z.B. **17.♘cb5**

17.♖d5 ♖xd6 18.♘b5 ♕xf7 19.♘xd6 ♕e7; ♕c7∞

17...♕e7 18.♗b3 ♗xd1 19.♖xd1

a) Nun würde 19...exf4 nach 20.♕xf4 ♖d7 21.♕f5 ♕e5 22.♕xe5 ♘xe5 23.♗e6; 22...♗xe5 23.♖f1+ ♗f6 24.♗e6 doch noch auf weißen Minimalvorteil hinauslaufen.

b) Also muss Schwarz sich wohl auf die etwas abenteuerlich erscheinende Verteidigung 19...a6 20.♕d2 (Δ♕d5) 20...g6□ einlassen.

(20...♘d4? 21.♘xd4 ♖xd6 22.fxe5± Δ22...♕xe5 23.♕b4; 22...♗xe5 23.♗d5)

Diese führt nach 21.fxe5 ♕xe5 22.♕xh6+ ♔e7 23.♕h7+ ♗g7 24.c3 axb5 25.♕xg6 ♖xd6 26.♖xd6 ♕xd6 27.♕g7+ zum Dauerschach.

26

Alsina Leal – Wittmann

Frankreich 2011

1.e4 c5 2.♘f3 d6 3.d4 cxd4 4.♘xd4 ♘f6 5.♘c3 ♘c6 6.♗g5 e6 7.♕d2 ♗e7 8.0-0-0 ♘xd4 9.♕xd4 0-0 10.f4 h6 11.h4 hxg5 12.hxg5 ♘g4 13.♗e2 e5 14.♕d3 **(V)**

Von dem Spiel auf Vorteil mit **14...♘f2?** ist dringend abzuraten.

Nach der vernünftigen Alternative

14...♗xg5 15.fxg5 ♕xg5+ 16.♕d2 ♕xd2+ 17.♖xd2⩲ bekommt Weiß selbstredend seinen Bauern zurück, aber auch nicht mehr.

Denn nach **15.♕g3** geht die Sache kräftig nach hinten los; z.B. **15...exf4**

Nach 15...♘xh1?? 16.♖xh1+- nebst ♕h4 kostet die Abwehr des Mattangriffs enorme Mengen an Material.

16.♕xf2 (16.♕h4?? ♘h3!∓) **16...♗xg5 17.♔b1** mit bedeutendem Vorteil, wie die Folgen in der Beispielvariante **17...♗e6** veranschaulichen.

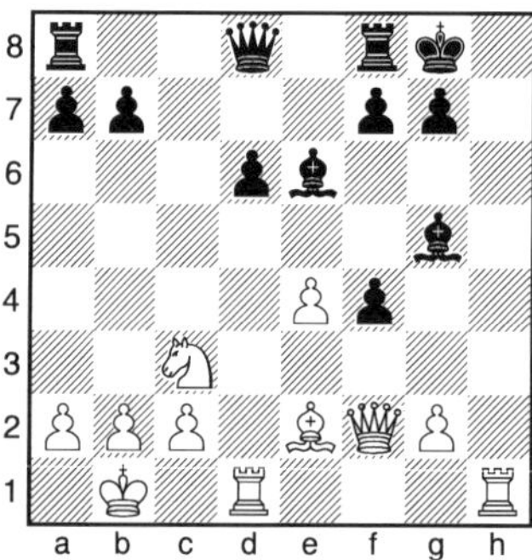

1) Ein Fehlgriff wäre das überstürzte Spiel auf Materialgewinn mit **18.e5?** wegen des pointierten Konters **18...♕a5!∞** Δ19.exd6? ♖fc8∓; 19.♖xd6 ♕xe5∓.

2) Von großer Kraft ist hingegen der Einsatz des g-Bauern mit **18.g4!** (18.g3!?) mit bedeutendem Vorteil nach beispielsweise **18...♗h6** (18...fxg3 19.♕xg3±) **19.e5**, denn nach dem zu oben analogen Gegenspiel **19...♕a5 20.exd6 ♖ac8** verfügt Weiß über den kräftigen Störzug **21.♖h5!** mit annähernder Gewinnstellung.

27

Anand – Pelletier

Biel 1997

1.e4 c5 2.♘f3 d6 3.d4 cxd4 4.♘xd4 ♘f6 5.♘c3 ♘c6 6.♗g5 e6 7.♕d2 ♗e7 8.0-0-0 ♘xd4 9.♕xd4 a6 10.f3 ♕c7 11.g4 b5 12.♕d2 0-0 13.♘e2 ♖d8 14.h4 ♗b7 15.♔b1 ♖ab8 16.♗g2 b4 17.♘d4 a5 18.h5 a4 19.♗e3 ♘d7 20.g5 ♘e5 21.b3 ♗a6 22.g6 ♗f6 23.gxf7+ ♕xf7 24.♗h3

1) Von subtiler Kraft ist der Zwischenzug **24...axb3!**, der genauer gesagt ein längeres Zwischen*spiel* einleitet, bei dem es darum geht, die verletzliche Position des weißen Königs auszunutzen.

a) Zunächst scheitert **25.♗xe6?** an **25...♕xe6! 26.♘xe6 bxa2+**.

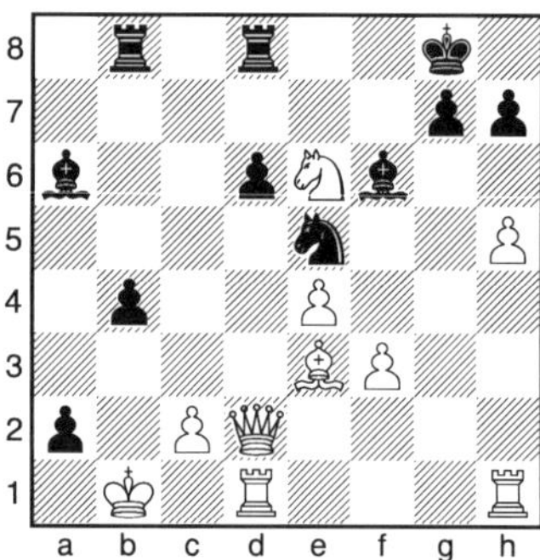

– Nach 27.♔a1?? ♘xf3+ 28.♗d4 ♗xd4+ 29.♘xd4 ♘xd2 30.♖xd2 ♗b7 gerät Weiß sogar an den Rand einer Verluststellung.

– Und nach 27.♔xa2 ♗c4+ 28.♔b1 ♗xe6 hat Schwarz angesichts der zahlreichen Drohungen (b3; ♘c4; ♖a8) mit nur zwei Leichtfiguren für die Dame erstklassige Kompensation.

b) 25.cxb3 ♖e8∞ (25...♗c8?? 26.f4+-) **Δ26.f4?! ♗d3+∓**

c) 25.axb3 ♗c8∞ (25...♖e8?! 26.f4±) **Δ26.f4 ♖a8! 27.♕xb4 ♕a7⩲**

2) In der Partie stimmte Schwarz der eingangs erwähnten Annahme zu, wählte **24...♖e8** und ließ nach **25.f4** mit **25...♘d7** auch die zweite Chance verstreichen, wonach Weiß mit **26.e5!?±** die Initiative an sich reißen konnte.

Die zweite Chance bestand in **25...axb3!**

a) 26.fxe5 bxa2+ mit zumindest guter Kompensation nach **27.♔xa2 ♗xe5** bzw. **27.♔a1 ♗xe5**.

b) 26.axb3 (26.cxb3 ♗d3+ nebst ♗xe4∞) **26...♘c4!!**

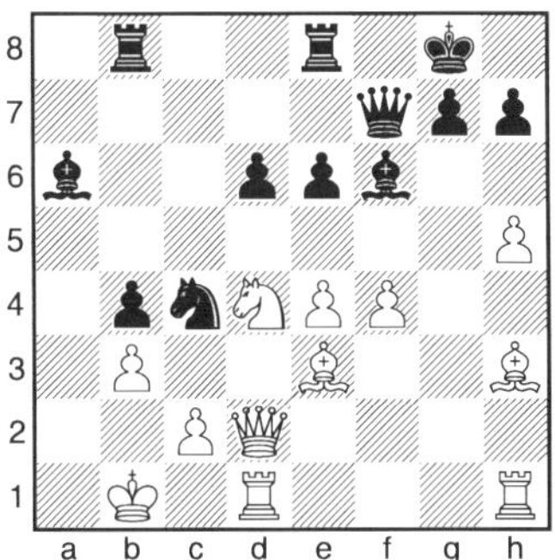

27.bxc4 b3 28.c3 ♗xc4⩲ Δ♖a8 nebst ♕a7; Δb2 nebst ♗a2+

28

Naiditsch – Wells

Deutschland 2000

1.e4 c5 2.♘f3 ♘c6 3.d4 cxd4 4.♘xd4 ♘f6 5.♘c3 d6 6.♗g5 e6 7.♕d2 a6 8.0-0-0 ♘xd4 9.♕xd4 ♗e7 10.f3 b5 11.♔b1 ♕a5 12.e5 dxe5 13.♕xe5 ♗b7 14.♗d2 ♕b6 15.♗e3 ♕a5 16.♗d2 ♕b6 17.♗e3 ♕a5 18.♗c4

Zur einleitenden Frage ist zweierlei zu sagen.

1) Es trifft zu, dass die Schwebestellung des Läufers c4 *nicht* auszunutzen ist, da **18...♘d7?** an **19.♕xg7!** scheitert.

Dies ist noch stärker als sogleich 19.♖xd7!? ♔xd7 20.♖d1+ ♔e8 21.♕xg7 ♖f8 22.♗d3 und Weiß hat 'nur' kräftigen Minimalvorteil.

Nach **19...♗f6 20.♕h6** ergeben sich zwei längere forcierte Varianten.

a) 20...♗xc3? 21.♗xe6+− 0-0-0 22.♗xd7+ ♖xd7 23.♖xd7 ♕b4 24.b3 ♔xd7 25.♖d1+ ♔c8 26.♕h3+ ♔b8 27.♕g3+ ♔a8 (27...♔c8 28.♗a7!) **28.♕c7** (Δ♖d8+) Δ**28...♗f6 29.♕b6**

b) 20...bxc4 21.♖xd7 ♗xc3 22.♖xb7 ♕d5 23.♖b6 ♗a5 24.♕g7 ♗xb6 25.♕xh8+ ♔d7 26.♕c3 ♗xe3 27.♕xe3±

2) Und Schwarz sollte *nicht* **18...0-0?** spielen (wie in der Partie geschehen), weil der Einschlag **19.♗xe6!** nach **19...♗b4 20.♗b3±** deutlichen Vorteil erzielt – während die Annahme 19...fxe6? nach 20.♕xe6+ ♖f7 21.♗b6! ♕b4 22.♖d4 sogar zum Gewinn führt.

3) Richtig ist die Vorschaltung des Tempogewinns **18...♖c8** und erst nach **19.♗b3 0-0** mit gut spielbarer Stellung, denn diesmal würde **20.♗xe6?! fxe6 21.♕xe6+ ♖f7 22.♗b6 ♕b4 23.♖d4** den Konter **23...♖c6!** ermöglichen, ...

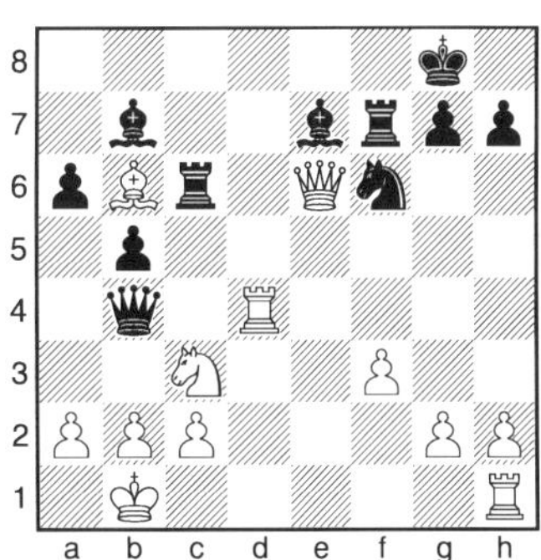

... der nach beispielsweise **24.♕e5 ♗d6** (24...♖xb6!? 25.♖xb4 ♗xb4) **25.♕e3 ♖c4 26.a3 ♖xc3 27.♕xc3 ♕xc3 28.bxc3 ♗xa3** zu schwarzem Minimalvorteil führen würde.

29

Van der Weide – Sosonko

Rotterdam 1998

1.e4 c5 2.♘f3 d6 3.d4 cxd4 4.♘xd4 ♘f6 5.♘c3 ♘c6 6.♗g5 e6 7.♕d2 ♗e7 8.0-0-0 ♘xd4 9.♕xd4 0-0 10.f3 ♗d7 11.h4 ♗c6 12.♔b1 ♕a5 13.♕d2 ♕c7 14.♗d3 ♖fd8 15.h5

1) Mit **15...h6??** lädt Schwarz seinen Gegner zu einem typisch sizilianischen Opferreigen ein.

16.♗xh6! gxh6 17.♕xh6+– Δ♖h3-g3

a) Nach **17...d5 18.exd5** greift auch noch der ♗d3 in den Angriff ein, was die Verteidigung hoffnungslos macht; z.B. **18...exd5 19.♖h3** (Δf4 nebst ♖g3+) **19...♕d6 20.f4 e4 21.♖g3+! ♗g5 22.♕xd6**; **♖xg5+**

b) Und nach **17...♕a5** ...

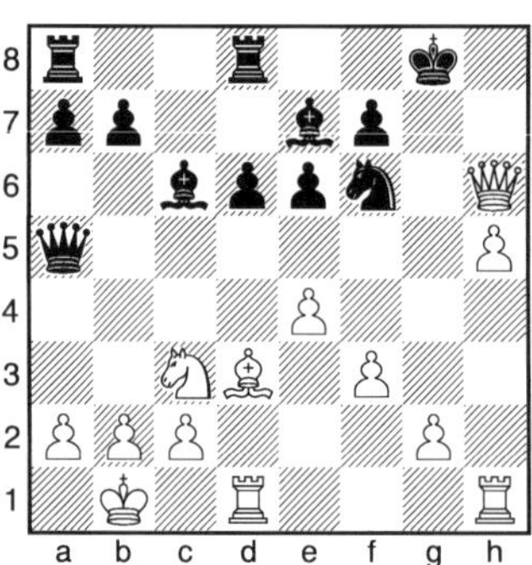

... steht Weiß mit **18.♘d5!** ein siegreicher Sperrzug zur Verfügung.

(18.e5!? ♕xe5 19.♖h4 Δf4 nebst ♖g4+!)

18...exd5 19.♖h3

2) Nach dem bereits wesentlich besseren Ansatz **15...a6** ist nicht klar, ob die Lockerungsübung **16.h6 g6** nach beispielsweise **17.♕f4** zu mehr als Minimalvorteil führt.

a) Allerdings muss Schwarz von dem verlockenden Gegenangriff **17...♘h5??** die Finger lassen, weil dieser den ganz ähnlichen Opferreigen **18.♖xh5! gxh5 19.♘d5!**+– heraufbeschwört.

Hingegen hat Weiß nach 19.♗f6? ♔f8 20.♖e1 o.ä. nicht viel mehr als ausgezeichnete Kompensation.

19...exd5 20.exd5 ♗xd5 21.♗xh7+!

Für 21.♕f5? ♗xg5 22.♕xg5+ ♔f8 23.♕xd5 ♕c5 24.♕e4 gilt wie in der letzten Anmerkung: kaum mehr als gute Kompensation.

21...♔f8 22.♖xd5; **21...♔xh7 22.♕f5+ ♔g8 23.♗f6 ♔f8 24.h7**

b) Hingegen bleibt die Stellung nach **17...♘e8** mit der möglichen Folge **18.♕h4 ♗xg5 19.♕xg5 b5** usw. äußerst resistent.

3) Die Kraft des Zentrumskonters **15...d5!** zeigt sich erst im nächsten Zug.

a) 16.e5 ♘e4!

Die Falle 16...♕xe5?? 17.♗f4 ♕d4 18.♗xh7+ war natürlich zu durchsichtig.

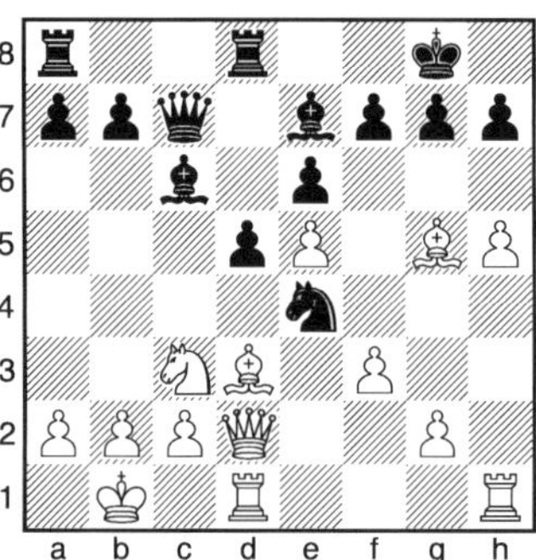

17.fxe4 dxe4 18.h6 g6 mit vollkommen unklarer Stellung.

b) Auch nach **16.exd5 ♘xd5** ist die Sache unklar, und höchstens nach **16.h6!** könnte Weiß noch auf etwas Vorteil hoffen; z.B. **16...dxe4**

– 16...g6 17.♕e1!± Δ♕h4

– 16...d4 17.♘e2 g6 18.♕e1!± Δ♕h4

17.fxe4 ♘xe4 18.♘xe4 ♗xe4 19.♗xe7

♕xe7 20.♕c3 f5 21.♗xe4 mit Minimalvorteil in den Abspielen **21...♖xd1+ 22.♖xd1 fxe4 23.♕e5** oder **21...fxe4 22.♖de1**; **22.a3** usw.

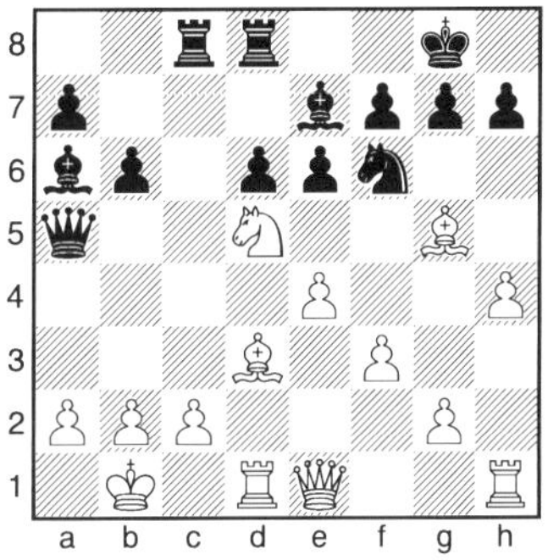

30

Moreno Carnero – Norris

Spanien 2000

1.e4 c5 2.♘f3 d6 3.d4 cxd4 4.♘xd4 ♘f6 5.♘c3 ♘c6 6.♗g5 e6 7.♕d2 ♗e7 8.0-0-0 0-0 9.f3 ♘xd4 10.♕xd4 ♕a5 11.♕d2 ♖d8 12.♔b1 b6 13.h4 ♗b7 14.♕e1 ♖ac8 15.♗d3

1) Nach **15...a6** (wie auch nach einigen weiteren Zügen wie z.B. 15...♗c6 oder 15...♖e8) rangiert die Fortsetzung des Standardangriffs mit **16.g4** (Δ16...b5? 17.♘d5±) in der Liste der Kandidaten ganz weit oben.

2) Auch nach **15...♕c5** kommt dieser Vorstoß in Frage, obwohl am anderen Flügel die konkrete Alternative **16.♘b5!?** womöglich größere Aufmerksamkeit verdient.

3) In der Partie ließ Weiß auch nach **15...♗a6?** die Schablone 16.g4? folgen und gestattete Schwarz den annähernden Stellungsausgleich mit 16...♗xd3 17.♖xd3 b5 usw.

Somit verpasste er den pointierten Schlag **16.♘d5!** ...

... zur Erreichung positioneller Ziele mit taktischen Mitteln; z.B. **16...exd5**.

Ganz schlecht wäre 16...♘xd5? 17.♕xa5 ♗xd3 (17...bxa5 18.♗xa6+-) 18.♕a3! ♗xc2+ 19.♔a1 ♗xd1 20.♖xd1 mit relativ leichtem Gewinn nach der möglichen Folge 20...♗xg5 21.hxg5 ♘f4 22.♕xa7 ♘xg2 23.♕xb6 usw.

17.♕xa5 ♗xd3

17...bxa5? 18.♗xa6+- Δ18...♖c6 19.♗b7 ♖c7 20.♗xd5

18.♕xa7 ♗xc2+

a) Nun führt das halbherzige **19.♔a1?** nach **19...♖a8 20.♕b7** (20.♕xb6?? ♖xa2+ nebst #) **20...♖db8 21.♕c6 ♖c8** zu einer forcierten Zugwiederholung.

b) Hingegen führt der tapfere Schritt in alle möglichen Abzüge **19.♔c1!** nach **19...♖d7 20.♕xb6** bzw. **19...dxe4 20.♖d2** (und nicht 20.♕xe7? ♗d3+ 21.♔d2 ♖c2+ 22.♔e1 ♖e8!⩱) in komplizierten Varianten zum Vorteil in der Größenordnung ±.

31

Tarascio – Wittmann

BRD 1977

1.e4 c5 2.♘f3 ♘c6 3.d4 cxd4 4.♘xd4 ♘f6 5.♘c3 d6 6.♗g5 e6 7.♕d2 ♗e7 8.0-0-0 0-0 9.f4 ♘xd4 10.♕xd4 h6 11.♗h4 ♕a5 12.g4 e5 13.fxe5 dxe5 14.♕g1 b5 15.g5 hxg5

1) In der Partie traf Weiß (womöglich ja in irrationaler Furcht vor einem möglichen Springerabzug) die vollkommen falsche Entscheidung **16.♗xg5??** und hatte nach der unscheinbaren Verstärkung **16...♗e6!∓** bereits so viel Nachteil, wie er nach der richtigen hätte *Vorteil* haben können.

Womöglich hatte er nur mit 16...b4? 17.♗xf6 ♗xf6 18.♘d5 mit unklaren Verhältnissen gerechnet – und womöglich hatte er bereits davon geträumt, seinen Gegner nach 18...♗h4 (18...♗d8?! 19.♗c4±) mit dem Scherzartikel 19.♕g3!? fassungslos zu machen ...

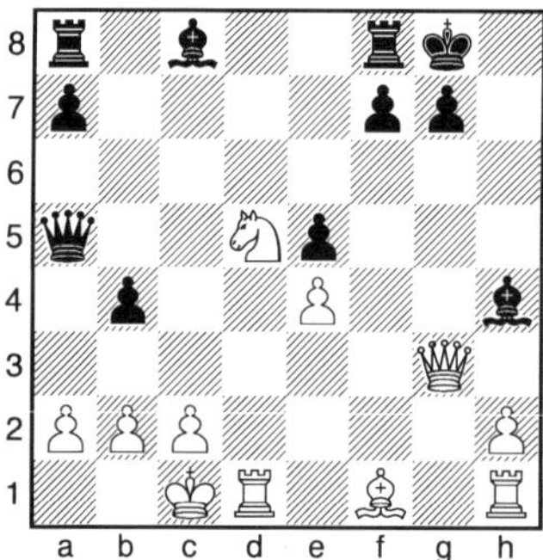

... und die Schockreaktion 19...♗xg3?? 20.♘e7+ gefolgt von hxg3+ nebst # auszulösen.

17.♗xf6

17.♗xb5 ♖ac8!∓ Δ♖xc3

17...♗xf6

Und hier wäre Weiß mit **18.♔b1** (statt 18.♘d5? ♗xd5 19.♖xd5 ♕xa2–+) **18...♖ac8**; **18...♖fd8∓** besser beraten gewesen.

2) Nach dem korrekten Ansatz **16.♕xg5** (Δ♖g1; Δ♕xe5) ergibt sich folgendes Bild.

a) 16...♘d5? 17.♕xe5+–

– 17...♘xc3 18.♖g1 g6 19.♗xe7 ♘xd1 20.♗c4!

– 17...♗xh4 18.♘xd5 ♕xa2 19.♖g1! g6 20.♕h5! Δ♕xh4; Δ♖xg6+ Δ20...♕a1+ 21.♔d2 ♕xb2 22.♕xh4; 21...♕a5+ 22.♔e3!

b) 16...b4? 17.♖g1 ♘e8

– 17...♘g4? 18.♕xe7 bxc3 19.♗c4!+– Δ20.♗xf7+ ♖xf7 21.♖d8+

– 17...♗g4? 18.♘d5+– Δ♘xd5 19.♕xg4

– 17...g6? 18.♗c4 ♔g7 19.♗xf7!+–

18.♕xe7 bxc3 19.♗c4!~+–

c) Am besten ist noch **16...♕b6!** mit der möglichen Folge **17.♖g1** (17.♕xe5? b4≅) **17...g6**

17...♘e8 18.♕xe7 ♕xg1 19.♕xe5± Δ♗e7; Δ♗xb5

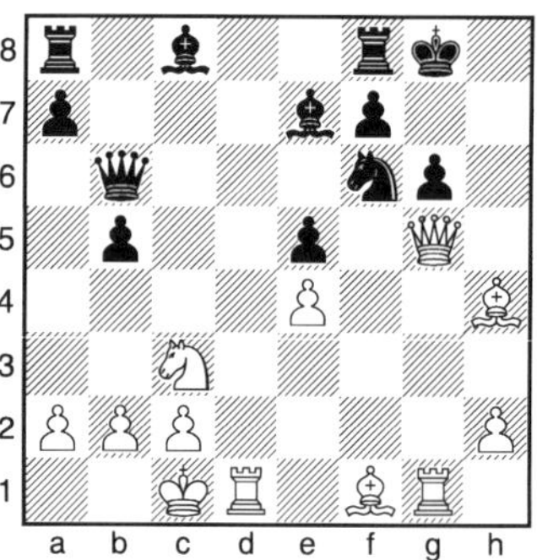

Und nun muss Weiß entscheiden, ob der Vorteil ± besser bei vollerem Brett nach **18.♕xe5!? ♕xg1 19.♕xe7** – oder nach allerlei Abtauschen zu verwerten ist: **18.♗xb5!? ♘xe4 19.♕xe7 ♘xc3 20.bxc3 ♕xb5 21.♖d8! ♖xd8 22.♕xd8+ ♔h7 23.♗f6 ♗b7 24.♕e7 ♗d5 25.♗xe5 ♕e2 26.♕h4+ ♕h5 27.♕f6**.

32

Wojtkiewic – Rovner

Riga 1961

1.e4 c5 2.♘f3 ♘c6 3.d4 cxd4 4.♘xd4 ♘f6 5.♘c3 d6 6.♗g5 e6 7.♕d2 ♗e7

8.0-0-0 0-0 9.f4 h6 10.♗h4 ♘xd4 11.♕xd4 ♕a5 12.♗c4 ♖d8 13.♖hf1 ♗d7 14.f5

1) In der Partie führte die ebenso stürmische wie unbedachte Aktion **14...b5?** nach zwei unmittelbar folgenden Fehlgriffen zu einer aufgabereifen Stellung im 17. Zug.

15.fxe6! fxe6?!

Besser war 15...bxc4 16.exd7 ♖xd7 17.♖xf6!? (17.♕xc4)

– 17...gxf6? 18.♘d5+– Δ18...♕xa2 19.♗xf6 ♕a1+ 20.♔d2 ♕a5+ 21.♔e2)

– 17...♗xf6 18.♗xf6 gxf6 19.♘d5 ♖b7 20.♘xf6+± mit zumindest noch geringer Hoffnung.

16.e5!

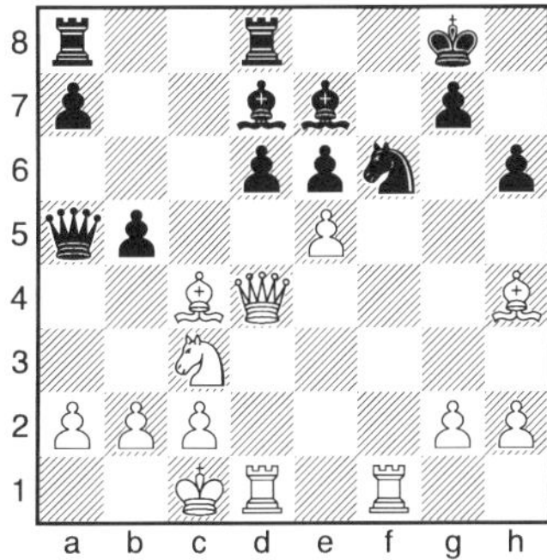

16...bxc4?!

Nach 16...dxe5 17.♕xe5 ♕b6 18.♖xd7 ♘xd7 19.♕xe6+ ♔h8 20.♗xe7 bxc4 21.♕xb6 ♘xb6 22.♗xd8 ♖xd8 23.♖f7 oder 23.a4+– hätte Schwarz wenigstens noch auf mangelnde Endspielkenntnis des Gegners hoffen können. Nach der Textfortsetzung konnte er hingegen nur noch darauf hoffen, von einem solchen Debakel zukünftig verschont zu bleiben.

Allerdings wäre nach **17.exf6+– ♗xf6** die Folge 18.♖xf6! gxf6 19.♗xf6 ein stilechterer Abschluss gewesen als die Textfolge **18.♗xf6** usw.

Hier ein Blick auf einige plausible Alternativen in der eingangs erwähnten Reihenfolge.

2) Nach **14...e5 15.♕d3** und nun z.B. **15...♖ac8 16.♗b3±** trägt Weiß wegen der Schwächung in der d-Linie einen quasi ‘automatischen’ Minimalvorteil davon.

3) Auch **14...♕e5** ist geringfügig besser für Weiß.

a) Allerdings nicht in der Version **15.♕xe5 dxe5** und nun:

– 16.fxe6 ♗xe6 17.♗xe6 fxe6 mit unklarer Stellung;

– 16.♖xd7 ♖xd7 17.fxe6 ♖d4 18.exf7+ ♔f8 19.♗d3 mit nicht mehr als guter Kompensation.

b) Sondern nach der präziseren Folge **15.fxe6 ♗xe6**

(15...fxe6?? 16.♕xe5 dxe5 17.♖xd7+–)

16.d5± usw.

4) Nach **14...♖ac8** scheint Schwarz dem Ausgleich am nächsten zu kommen; z.B. **15.fxe6 ♗xe6!** (15...fxe6 16.♗b3±) und nun **16.♗xe6 fxe6** oder **16.♗d5 ♗xd5** usw.

33

Spasski – Bilek

UdSSR 1967

1.e4 c5 2.♘f3 d6 3.d4 cxd4 4.♘xd4 ♘f6 5.♘c3 ♘c6 6.♗g5 ♗d7 7.♕d2 a6 8.0-0-0 ♖c8 9.f4 h6 10.♗xf6 gxf6 11.♗e2 h5 12.♔b1 e6 13.♖hf1 b5 14.♘xc6 ♖xc6 15.♗f3 ♖c5 16.f5 ♕a5 17.fxe6 fxe6

1) Angesichts des unrochierten gegnerischen Königs sowie der allgemein gelockerten Gesamtstellung ist der Wunsch nach rascher Linienöffnung verständlich. Allerdings führte der Durchbruchsversuch **18.e5?** nach der umsichtigen Verteidigung **18...♖xe5**

18...fxe5?? 19.♗xh5+! ♖xh5 20.♖xf8+ ♔xf8 21.♕xd6+

19.♕f4 ♖f5 nicht zum gewünschten Erfolg und Weiß musste sich mit Kompensation zufrieden geben.

Zur Verstärkung kommen speziell zwei Damenzüge in Betracht.

2) 18.♕d4!? (droht u.a. 19.b4)

a) 18...♕d8? 19.e5! mit Gewinn in den Abspielen 19...fxe5 20.♕f2, 19...dxe5 20.♕h4 und 19...♖xe5 20.♘e4 d5 21.♘xf6+ ♕xf6 22.♗xh5+.

b) Sofort **18...♖xc3?** scheitert an **19.♕xf6**+−.

c) 18...♖e5?! 19.♘e2! Δ♘f4~+−; **19.♕a7!?**

d) Den besten Eindruck macht **18...e5 19.♕d3** gefolgt von dem Beschwichtigungs-Opfer **19...♖xc3!**

19...b4? 20.♘d5 ♗b5 21.♘xf6+ ♔d8 22.♕d2 ♗xf1 23.♖xf1~+−

20.♕xc3 (20.bxc3?? ♗e6−+) **20...♕xc3 21.bxc3**±

3) Noch stärker erscheint jedoch **18.♕f4! ♗e7** und erst jetzt **19.e5!**

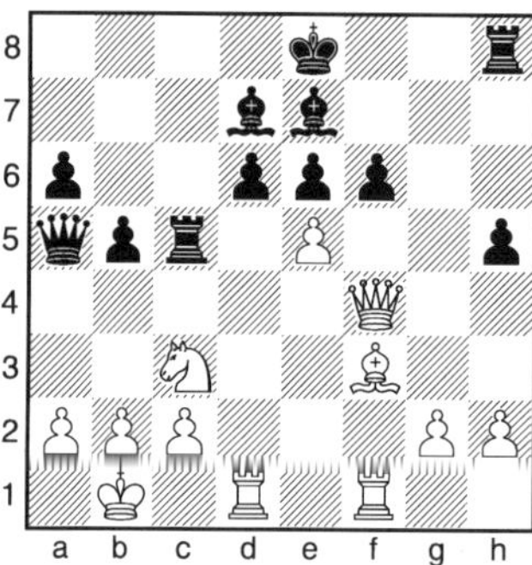

... mit Gewinn in den Abspielen **19...fxe5/dxe5 20.♕g3**, **19...♖xc3 20.exf6** und **19...♖xe5 20.♘e4 0-0 21.♕h6** usw.

34

Grodner – Andor

Paris 1953

1.e4 c5 2.♘f3 ♘c6 3.d4 cxd4 4.♘xd4 ♘f6 5.♘c3 d6 6.♗g5 e6 7.♗e2 ♗e7 8.0-0 a6 9.♔h1 ♗d7 10.f4 b5 11.♗f3 b4

Nach der Ungenauigkeit im letzten Zug (⌓11...♖c8) könnte Weiß im Hinblick auf die Situation auf der langen weißen Diagonale sowie den noch unrochierten König eine schärfere Gangart wählen.

1) In der Partie setzte er jedoch mit **12.♘ce2?** auf systematische Drucksteigerung, wonach Schwarz diesem Ansinnen mit **12...e5!** einen kräftigen Riegel hätte vorschieben können; z.B. **13.♘f5 ♗xf5 14.exf5** und nun nicht 14...e4?! 15.♗xe4! ♘xe4 16.♕d5±, sondern **14...♖c8.**

2) Die Vorschaltung von **12.♘xc6? ♗xc6** und erst dann **13.e5** leistet wenig, wie aus dem folgenden Abspiel hervorgeht: **13...♖c8 14.♗xc6+ ♖xc6 15.exf6 gxf6 16.♘e4 d5**

16...fxg5? 17.fxg5± Δ17...0−0 18.♖f4! nebst ♕g4 oder ♕h5

17.♘xf6+ ♗xf6 18.♗xf6 ♕xf6 Und nun muss Weiß schon zu **19.f5** greifen, um nicht in Nachteil zu geraten.

3) Auf **12.♗xf6!?** muss Schwarz **12...gxf6 13.♘ce2**⩲ wählen, da **12...♗xf6?** nach dem thematischen Vorstoß **13.e5** und der Folge **13...♘xd4 14.♕xd4 dxe5 15.fxe5 ♗e7 16.♗xa8 ♕xa8 17.♘e4 ♗c6 18.♖ae1** zu bedeutendem weißem Vorteil führt.

4) Am besten ist jedoch sofort **12.e5!** mit folgenden Abspielen.

12...♖c8

12...♘xd4?! 13.♕xd4 dxe5 14.fxe5 bxc3 15.exf6 gxf6 16.♗xa8 ♕xa8 17.♗xf6 ♖g8 18.♖f2~+−

13.exf6 gxf6 14.♗xc6

Womöglich ist sogleich 14.f5! noch stärker.

14...♗xc6

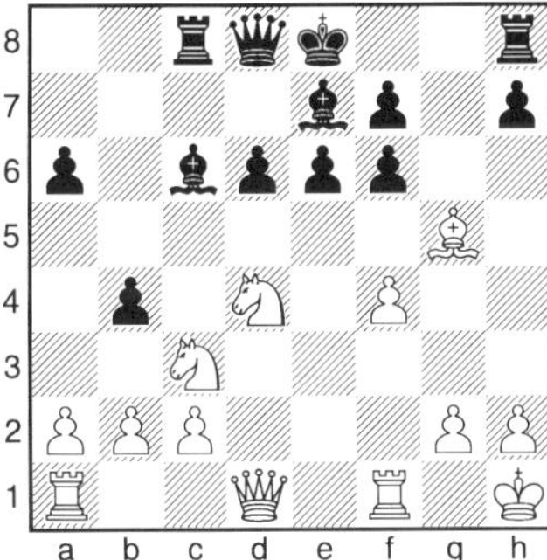

15.f5!

a) 15..fxg5? 16.fxe6 fxe6 17.♘xe6; 16...0–0 17.exf7+ ♖xf7 18.♖xf7 ♔xf7 19.♕d5+ +–

b) 15...e5? 16.♘xc6 ♖xc6 17.♘d5 fxg5 18.f6 ♗f8 19.♘xb4+–

c) 15...bxc3 16.fxe6 fxe6 17.♘xe6 ♕a5 18.♘g7+ ♔d7 19.♕g4+ ♔c7 20.♖ae1±

35

Herrera – Kakheischwili

Linares 2001

1.e4 c5 2.♘f3 d6 3.d4 cxd4 4.♘xd4 ♘f6 5.♘c3 ♘c6 6.♗g5 e6 7.♕d2 ♗e7 8.0-0-0 0-0 9.f3 a6 10.h4 ♕c7 11.♔b1 ♘xd4 12.♕xd4 b5 13.h5 h6 14.♗h4 ♗b7 15.g4 b4 16.♘a4 ♖ab8 17.b3 ♖fd8

1) In der Partie spielte Weiß **18.♗d3?** zwecks 'ordnungsgemäßer' Beendigung der Entwicklung, worauf Schwarz mit **18...a5?** quasi einmal aussetzte, um dem Gegner die Gelegenheit einzuräumen, das im vorigen Zug Versäumte nachzuholen.

⌓18...d5 19.e5 ♘e4! 20.fxe4? (20.♗xe7 ♕xe7 21.♗e2∞) 20...dxe4 21.♕c4 ♕xc4 22.bxc4 ♗xh4 23.♖xh4 cxd3∓

19.g5 hxg5 20.♗xg5

Δh6 nebst ♕f2-h4

20...e5

Und hier hätte 21.♕g1!?+– Δ♗h6 die Sache sofort klargestellt (siehe auch Punkt 2).

2) Der wesentlich aktivere sofortige Vorstoß **18.g5!** führte zu bedeutendem Vorteil.

18...e5

Dies treibt die Dame zwar von einem guten Feld auf ein anderes, aber nach 18...hxg5 19.♗xg5 hätte Schwarz wohl nichts Besseres, als mit 19...e5 20.♕g1 via Zugumstellung in diese Variante einzulenken.

19.♕g1! hxg5 20.♗xg5

Nun steht Schwarz vor einer höchst unerfreulichen Wahl.

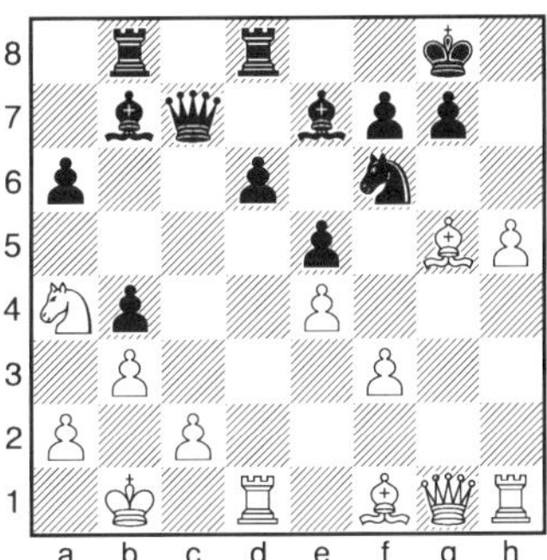

a) Auf **20...d5?** oder **20...♗c6?** folgt die identische Exekution **21.♗h6 ♘e8 22.♗xg7 ♘xg7 23.h6 ♗f6 24.hxg7 ♗xg7 25.♖d2!** Δ♖g2+–.

b) Am zähesten ist **20...♔h8**, auch wenn nach **21.h6 g6 22.♗e3!** das Unheil von der anderen Seite naht. Allerdings hätte Schwarz die starke Defensivmaßnahme **22...♗c6! 23.♗b6 ♖xb6 24.♕xb6 ♕xb6 25.♘xb6 d5!** und das aktive Gegenspiel begrenzt den Schaden zunächst noch auf ±.

36

Ivanov – Gurevich

USA 1993

1.e4 c5 2.♘f3 d6 3.d4 cxd4 4.♘xd4 ♘f6 5.♘c3 ♘c6 6.♗g5 e6 7.♕d2 ♗e7 8.0-0-0 0-0 9.f4 h6 10.♗h4 ♕b6 11.♗f2 ♕a5 12.♔b1 ♗d7 13.♘b3 ♕c7 14.♗e2 ♘a5 15.♘xa5 ♕xa5

Hier ist die Antwort 'sowohl – als auch' richtig, nur dass Weiß sich bei einer Entscheidung für 'konkretes Zuschlagen' nicht von einem simplen Standardtrick verführen lassen darf.

1) Die Rede ist von **16.♘d5?**

a) Denn selbstverständlich vermeidet Schwarz die 'Gegen-Schablone' **16...♕d8?? 17.♘xf6+** +– Δ17...♗xf6 18.e5; 17...gxf6 18.f5 +++.

b) Stattdessen bewahrt er mit **16...♕xd2** kühlen Kopf und erreicht ausgewogene Chancen in den Abspielen:

– 17.♘xf6+ ♗xf6 18.♖xd2 ♗c6 19.♗f3 ♗e7

– 17.♘xe7+ ♔h8 18.♖xd2 ♘xe4⩲ 19.♖d4 ♘xf2 20.♖f1 ♖fe8 21.♖xf2 ♖xe7 22.♖xd6 ♗c6=

2) Falls Weiß also 'zuschlagen' will, bietet sich die Nutzung der gegnerischen Leichtfigurenstellung (♗d7!) mit **16.e5!?** an, z.B. **16...dxe5** (16...♘e8 17.♗f3± Δ♘d5) **17.fxe5**

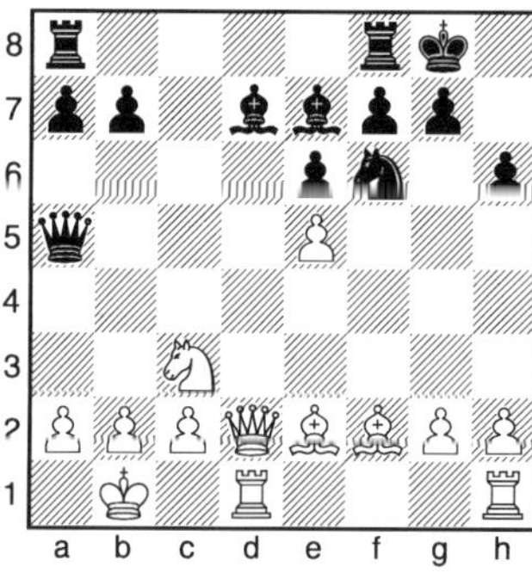

17...♘d5

17...♕xe5? 18.♗d4 ♕a5 19.♗xf6 ♗xf6 20.♕xd7~+–

18.♘xd5 ♕xd5 19.♗f3! (19.♕xd5 exd5 20.♗f3) **19...♕xd2 20.♖xd2 ♗c6 21.♗xc6 bxc6 22.♖d7±**

3) In der Partie wählte Weiß die nicht minder starke Drucksteigerung mit **16.♗f3!?**

a) Nach der Panikreaktion **16...♕c7?**, um endlich das ♘d5-Motiv aus der Welt zu schaffen, folgte **17.e5! ♘e8** (17...dxe5 18.fxe5+–) **18.f5!**+– (Δf6) **18...♗g5 exd6** mit verheerendem Angriff.

Tatsächlich musste Schwarz das besagte Motiv zulassen und in der Folge auf aktives Gegenspiel setzen, um den Schaden auf ± einzudämmen, wozu speziell zwei Varianten in Betracht kamen.

b) 16...♗c6 17.♘d5 ♕xd2

17...♕d8 18.♘xf6+ ♗xf6 19.♕xd6±

18.♘xe7+ ♔h7 19.♖xd2 ♗xe4 20.♖xd6 ♗xf3 21.gxf3 ♖fe8 22.♘c6 bxc6 23.♖xc6±

c) 16...♖fe8

– 17.e5? dxe5 18.fxe5 ♕xe5 19.♗d4 (⌓♗xb7) 19...♕a5 20.♗xf6 ♗xf6 21.♕xd7 ♗xc3 Δ22.bxc3?? ♖ad8–+; ⌓22.♕d3 ♗f6∓

– 17.♘d5 (17.g4!? ♗c6 18.♖he1±) 17...♕xd2 18.♘xf6+

(18.♘xe7+ ♖xe7 19.♖xd2 ♗c6 20.♖e1; 20.♗h4±)

18...♗xf6 (18...gxf6!?) 19.♖xd2 ♗e7 20.e5 (20.♗c5!?) 20...d5 21.c4±

37

Bologan – Prokoptschuk

Russland 1996

1.e4 c5 2.♘f3 d6 3.d4 cxd4 4.♘xd4 ♘f6 5.♘c3 ♘c6 6.♗g5 e6 7.♕d2 a6 8.0-0-0 h6 9.♗e3 ♕c7 10.f3 ♖b8 11.♔b1 ♗d7 12.♗d3 b5 13.♘xc6 ♗xc6 14.h4 ♗e7 15.♘e2 ♘d7 16.♘d4 ♘e5 17.♘xc6 ♕xc6 18.♗d4 0-0 19.f4 ♘c4 20.♗xc4 bxc4 21.♕c3

1) Nach der wie auch immer geringfügigen Schwächung **21...f6** bewahrte Weiß in der Partie mit dem langen Schwenk **22.♕h3!** eine geringfügige, aber hartnäckige Initiative.

Tatsächlich gibt es sogar zwei interessante Alternativen, die besser im Sinne von 'aktiver' sein dürften.

2) 21...♔h7!? (Δ♕xe4) **Δ22.♗xg7 ♖g8 23.♗f6 ♗xf6 24.♕xf6 ♖b7≅** Δ♖xg2; Δ♕xe4; Δ♖gb8

3) Noch eine Spur besser scheint **21...♖b5!** zu sein.

a) 22.♗xg7 ♖fb8≅ Δ23.b3? ♕xe4∓ u.a. Δ♖xb3+

b) 22.♕g3 e5! (22...f6) **23.fxe5 dxe5 24.♗xe5 ♗f6!≅** z.B. **25.♗xf6 ♕xf6 26.b3 cxb3** (26...a5) 27.axb3 ♖a5; 27.cxb3 a5; 27...♕c6 +++

38

David – Atalik

Wijk aan Zee 1997

1.e4 c5 2.♘f3 d6 3.d4 cxd4 4.♘xd4 ♘f6 5.♘c3 ♘c6 6.♗g5 e6 7.♕d2 a6 8.0-0-0 h6 9.♗e3 ♗e7 10.f4 ♕c7 11.♗d3 b5 12.♔b1 ♗b7 13.h3 b4 14.♘a4 ♘xd4 15.♗xd4 ♘xe4 16.♕xb4 0-0

Der Partiezug 17.♕e1 ist einer von gut einem halben Dutzend Zügen, die zu vollkommenem Ausgleich führen.

Hingegen würde sich der angesprochene 'Bauerngewinn' **17.♗xg7?** in der Folge als ausgefuchste Verführung herausstellen.

17...♔xg7 18.♗xe4 d5 19.♕b6

Geradezu teuflisch ist die Pointe nach 19.♕c3+? ♕xc3 20.♘xc3 dxe4 21.♖d7 ♗c6 22.♖xe7 ♖fc8–+ Δ♔f6.

19...♕c6!

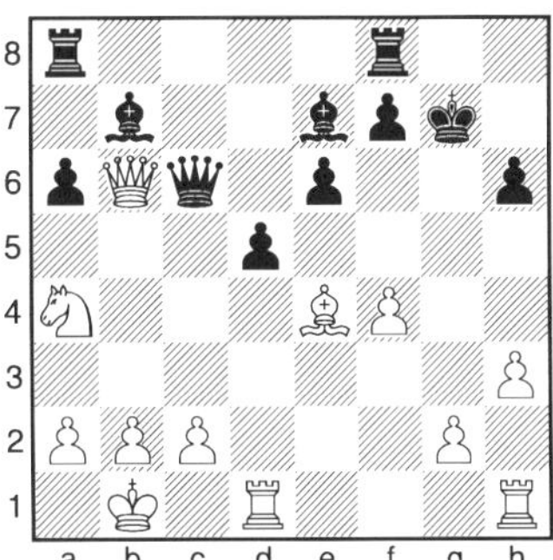

Und diese weitere Pointe führt angesichts der Situation in der b-Linie sowie des fehlenden schwarzfeldrigen Läufers bei Weiß zu beträchtlichem Vorteil in den Abspielen:

– **20.♗f3 ♕xa4 21.♕xb7 ♗f6 22.♕b3 ♕xf4 Δ23.c3 ♖ab8 24.♕c2 ♖b6∓**

– **20.♗d3 ♕xa4 21.♕xb7 ♗f6 22.♕b3 ♕xf4∓**

39

Govedarica – Solak

Belgrad 2000

1.e4 c5 2.♘f3 d6 3.d4 cxd4 4.♘xd4 ♘f6 5.♘c3 ♘c6 6.♗g5 e6 7.♕d2 a6 8.0-0-0 h6 9.♗e3 ♗e7 10.♗e2 ♗d7 11.f4 ♕c7 12.♔b1 ♘a5 13.♖hf1 b5 14.a3 ♖c8

Weil Weiß mit **15.e5!** die Drucksäule in der d-Linie gegen den latent unterversorgten Läufer auf d7 freilegen kann.

1) In der Partie folgte **15...dxe5 16.fxe5 ♕xe5.**

Noch schlechter sind folgende Alternativen:

– 16...♘h7? 17.♘dxb5!+– (17.♘f5!?; 17.♘e4!?) 17...♗xb5 (17...axb5 18.♗b6) 18.♗xb5+ axb5 19.♗b6 ♘c4 20.♕f4 ♗g5 21.♗xc7 ♗xf4 22.♖xf4 ♖xc7 23.♘xb5 Δ23...♖c5 24.♖xc4! usw.

– 16...♘d5 17.♘xd5 exd5 18.e6!+– Δ18...♗xe6 (18...fxe6 19.♕d3) 19.♘xe6 fxe6 20.♗h5+ ♔d8 21.♗f4 b6 22.♖fe1; 22.♕e2

17.♖xf6!

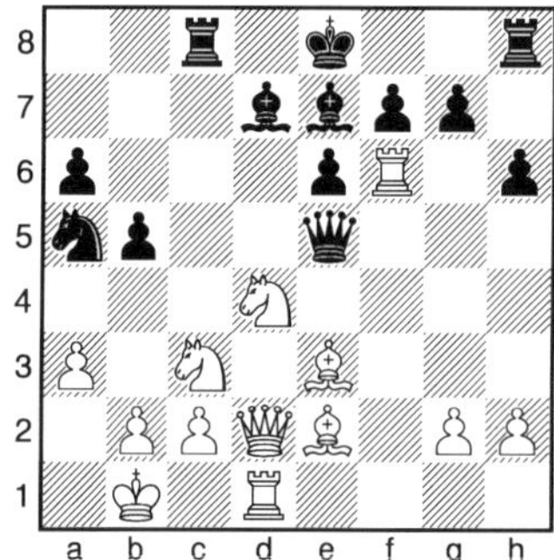

17...♗xf6

– 17...gxf6? 18.♗f4 ♕c5 19.♘b3+–

– 17...♕xf6? 18.♘e4+– Δ18...♕e5 19.♘f5!

Und hier hätte Weiß mit **18.♘f3! ♕c7 19.♗b6 ♗xc3**

19...♘c4 20.♗xc4 ♕b7 21.♘e4!+–

20.bxc3 ♘c4 21.♗xc4 ♕b7 22.♗b3 0-0 23.♗d4± wohl deutlicheren Vorteil herausholen können als mit der Partiefolge **18.♘b3 ♕c7 19.♘xa5 ♗xc3 20.♕xc3 ♕xc3 21.bxc3 ♖xc3 22.♗d4 ♖xa3** usw.

2) Die Rückzüge 15...♘h7? und 15...♘g8? scheitern identisch an 16.exd6+– Δ16...♗xd6 17.♗xb5; 16...♕xd6 17.♘cxb5.

Und der Sprung nach vorn **15...♘d5** zieht folgende Konsequenzen nach sich.

16.♘xd5 exd5 17.e6!

17.exd6!? ♗xd6 18.f5± Δ18...0-0? 19.f6+–

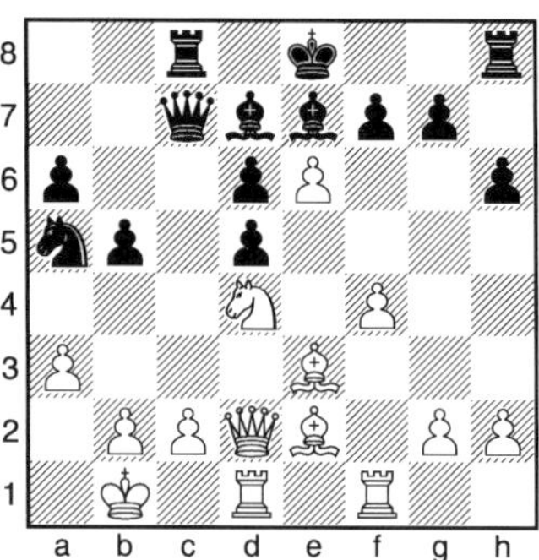

a) 17...♗xe6? 18.♘xe6 fxe6 19.♗h5+ +– (19.♗d4!?) 19...♔d7 20.♗d4; 19...♔d8 20.♗d4; 20.♕f2; 19...♔f8 20.♕e2; 20.♗d4

b) 17...fxe6 18.♗g4± (18.♗h5+ ♔d8) **Δ18...♘c4 19.♕e2**; **18...e5 19.♗xd7+** (19.♘e6!?)

– 19...♔xd7 20.fxe5 dxe5 21.♘f5 d4 22.♗xd4

– ⌓19...♕xd7 20.♕xa5 exd4 21.♗xd4

40

Borriss – Wells

Budapest 1996

1.e4 c5 2.♘f3 ♘c6 3.d4 cxd4 4.♘xd4 ♘f6 5.♘c3 d6 6.♗g5 e6 7.♕d2 a6 8.0-0-0 h6 9.♗e3 ♗e7 10.f4 ♗d7 11.h3 b5 12.♗d3 ♘xd4 13.♗xd4 b4 14.♘e2 e5 15.♗e3 ♕a5 16.♔b1 ♗e6 17.b3 0-0 18.♖hf1 ♖fd8 19.f5 ♗d7

Der Einschlag **20.♗xh6!!** kann gar nicht hoch genug gelobt werden, denn einerseits ist er absolut korrekt – und andrerseits kommt er genau im richtigen Moment, zumal Schwarz mit d6–d5 die Initiative an sich zu reißen drohte. In der Partie wollte Schwarz das mit dem 'absolut korrekt' offenbar nicht recht wahrhaben, denn er wählte **20...gxh6?** und musste dafür einen hohen Preis bezahlen.

Die Suche nach dem 'geringeren Übel' müsste wohl bei 20...♗b5 ansetzen, obwohl auch das nach 21.♕g5 ♗f8 22.♖f3± doch noch zu deutlichem weißem Vorteil führt.

21.♕xh6 ♘h7

Der einzige Zug gegen die unmittelbare Drohung ♖f3–g3+.

22.f6

Auch hier war 22.♖f3! wohl die stärkere Fortsetzung.

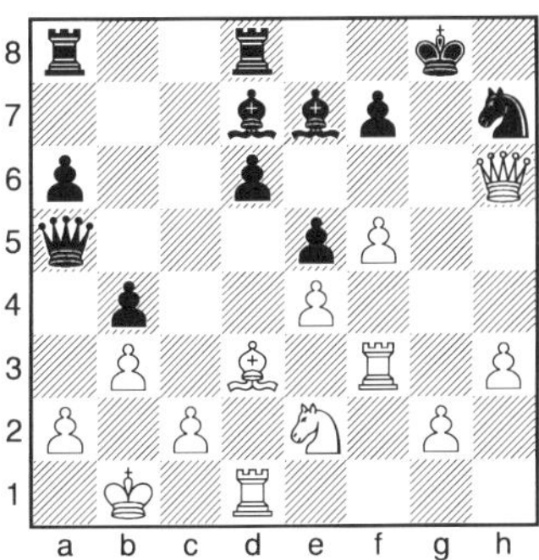

– 22...♗f6 23.♖g3+ ♔h8 24.♖g6!+–

– 22...♗f8 23.♖g3+ ♔h8 24.♕h5+– (Δ♕xf7; Δ♖g4–h4) Δ24...♗e8 25.♕g4 ♘xf6 26.♕g5

– 22...♔h8 23.f6 ♗f8 24.♕h5+– Δ♕xf7; Δ♖f4!!; z.B. 24...♗e8 25.♖f4!! Δ♖h4 Δ25...exf4 26.e5

22...♗f8

Nach 22...♗xf6 23.♖xf6 ♘xf6 24.♕xf6+– kann Schwarz die zahlreichen Anschlussdrohungen wie ♘g3–h5, ♖f1–f3 oder ♗c4 nebst ♖d3 nicht parieren.

23.♕h5 ♕c7

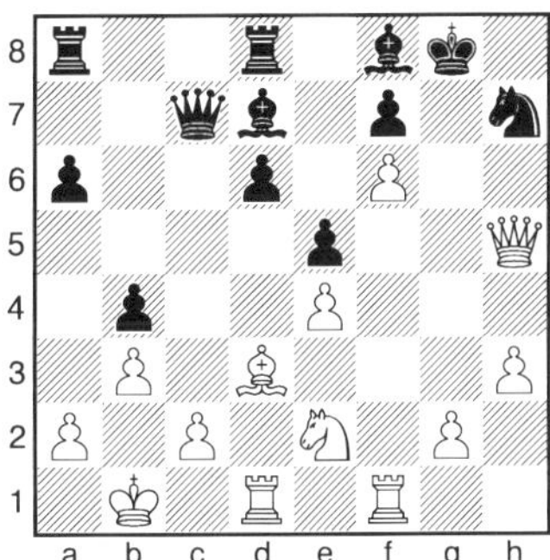

Auch hier gilt: Es gibt einfach zu viele Drohungen bzw. 'Tricks' wie z.B. 23...♗b5 24.♖f5! Δ ♕h4 nebst ♖h5.

Allerdings machte Weiß sich die Sache nun mit **24.♗c4?!** unnötig schwer, zumal es drei klare Gewinnzüge gab, wobei 24.♖f4!! noch deutlich vor 24.♖f3!? und 24.g4!? rangierte.

41

Asrian – Galliamowa

Moskau 2002

1.e4 c5 2.♘f3 ♘c6 3.d4 cxd4 4.♘xd4 ♘f6 5.♘c3 d6 6.♗g5 e6 7.♕d2 a6 8.0-0-0 ♗d7 9.f4 h6 10.♗h4 g5 11.fxg5 ♘g4 12.♘xc6 ♗xc6 13.♗e2 ♘e5 14.♔b1 ♗e7 15.♖hf1 hxg5 16.♗g3 b5

1) Nach **17.♗xe5! dxe5** geht in der Tat was – und zwar **18.♗h5!!**

a) In der Partie wählte Schwarz nun den gekünstelten Zug **18...♗f6?** und ging nach **19.♕f2**+– mit fliegenden Fahnen unter.

19...♕e7 20.g4!

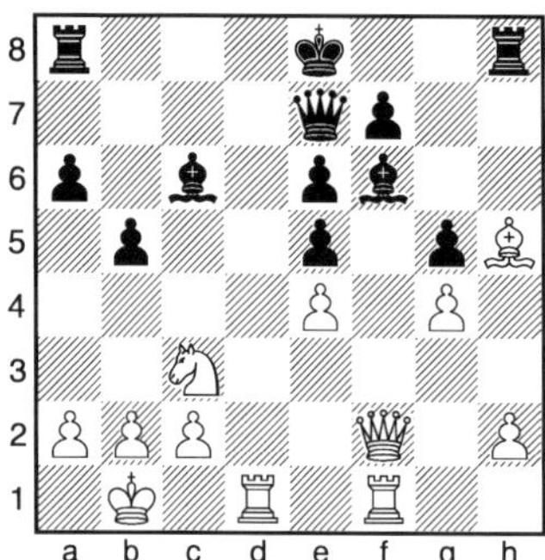

20...♖h6

Oder 20...b4

– 21.♕xf6 ♕xf6 22.♖xf6 ♖xh5 (22...bxc3? 23.♖xe6+) 23.gxh5 bxc3

– 21.♘d5 exd5 22.exd5 ♗b5 23.♕xf6 ♕xf6 24.♖xf6 0–0 25.♖e1

21.h4! b4

21...gxh4 22.xf7+ ♕xf7/♔xf7 23.g5

22.hxg5 bxc3 23.♕b6 mit dem endgültigen Resultat 'zu viel des Guten'.

b) 18...♖xh5

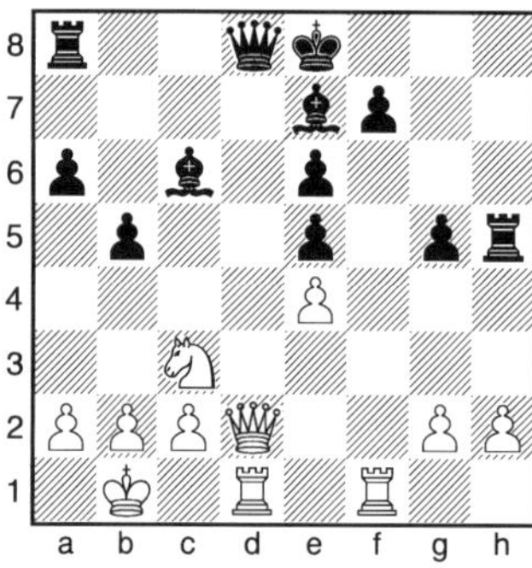

– 19.♕e2?! ♖xh2 20.♖xd8+ ♖xd8 21.♕f2 f6 22.♕g1 ♖h8 23.♕b6± Δ23...♖d6 24.♕xa6 ♗xe4 25.♕xh5+

– 19.♕f2 f6 20.♖xd8+ ♖xd8 21.♕b6± Δ21...♖d6 22.♕xa6; 21...♗d7 22.a3

c) 18...0-0 19.♕e3±

– 19...♕c7 20.♘d5! exd5 21.exd5 Δ21...♗b7? 22.d6 ♕d7 23.dxe7 ♕xe7 24.♖d6!!+–

– 19...♕e8 20.♖f2 b4 21.♘e2 Δ♖df1

d) 18...♕xd2 19.♗xf7+ ♔d7 20.♖xd2+ c7 21.♗xe6 ♖xh2 22.a3±

2) Hingegen geht nach **17.♗xb5?? axb5** höchstens was nach hinten los.

a) Beispielsweise nach **18.♕f2?? b4! 19.♗xe5 ♖h7** (19.0–0) **20.♘e2 ♗xe4** mit tendenzieller Gewinnstellung.

b) 18.♗xe5 ♖h7!∓ (18...dxe5?? 19.♕f2+–) **Δ19.♗xd6 b4! 20.♘e2 ♕xd6 21.♕xd6 ♗xd6 22.♖xd6 ♗xe4**

42

Stojanovic – Schumjakina

Serbien 1999

1.e4 c5 2.♘f3 ♘c6 3.d4 cxd4 4.♘xd4 ♘f6 5.♘c3 d6 6.♗g5 e6 7.♕d2 a6 8.0-0-0 ♗d7 9.f4 ♗e7 10.♗e2 b5 11.♗f3 ♖c8 12.♘xc6 ♗xc6 13.♖he1 ♕c7 14.e5 dxe5 15.fxe5 b4 16.exf6 gxf6

1) Die Partiefolge **17.♘d5?!** hätte sich bei präziser Verteidigung als relativ harmloser Gewinn*versuch* herausstellen sollen.

17...♗xd5 18.♗f4

Der erste von einigen gekünstelt wirken den 'einzigen Zügen', die insgesamt den Eindruck erwecken, dass Weiß gar keinen Gewinn nachweisen will, sondern nur, dass er mit allerlei Tricks sein Material zurückbekommt.

18...♕c5 19.♗xd5 ♖d8 20.♗e3

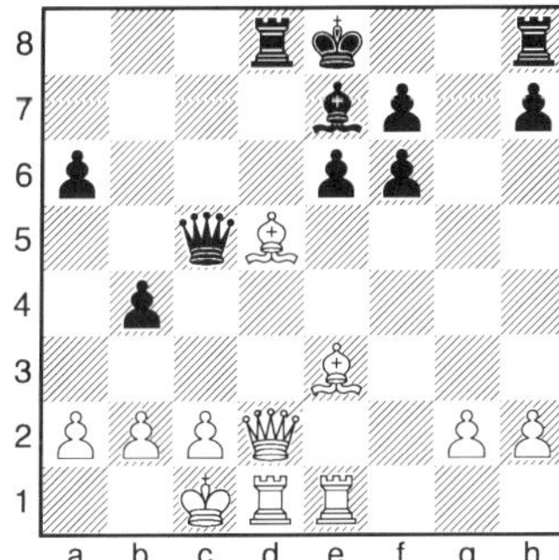

20...♕b5

Hier sprach auch nichts gegen 20...♕xd5 21.♕xd5 exd5 22.♗c5 ♖d7, denn alles, worauf Weiß letztlich stolz sein kann, ist ein deutlich besseres Turmendspiel.

21.c4! bxc3 22.♕xc3 ♖xd5 23.♕c8+ ♖d8 24.♖xd8+ ♗xd8 25.♖d1 0-0 und statt mit **26.♖xd8±** war hier nur mit 26.♗h6! ♗e7 27.♕c7 eine zumindest tendenzielle Gewinnstellung zu erreichen.

2) Nur geringfügig besser ist **17.♗xc6+!? ♕xc6 18.♘d5! exd5**

18...fxg5 19.♘xe7 ♔xe7 20.♕xg5+ +–

19.♕e2 mit mehr oder weniger deutlicher Gewinnstellung in folgenden Abspielen:

a) 19...♕c7 20.♗h6 (20.♗xf6?? ♕f4+∓) **20...♖g8 21.g3**

b) 19...♖c7 20.♗f4 ♖d7 21.♕g4 ♚d8 22.♕g7

c) 19...0-0 20.♗h6

d) 19...♕e6 20.♕f2 fxg5 21.♖xe6 fxe6 22.♖e1 ♖c6 23.♕a7 ♖f8 24.♕b7 ♖d6 25.♕xb4

3) Der eindeutige Spitzenkandidat ist jedoch **17.♖xe6!**+–

a) 17...bxc3? 18.♕xc3 Δ18...♗xf3 19.♖xe7+ mit absehbarem Matt.

b) 17...fxe6? 18.♗h5+ ♚f8 19.♗h6+ ♚g8 20.♕e2 mit absehbarem Matt.

c) 17...♗xf3 18.♖xe7+!

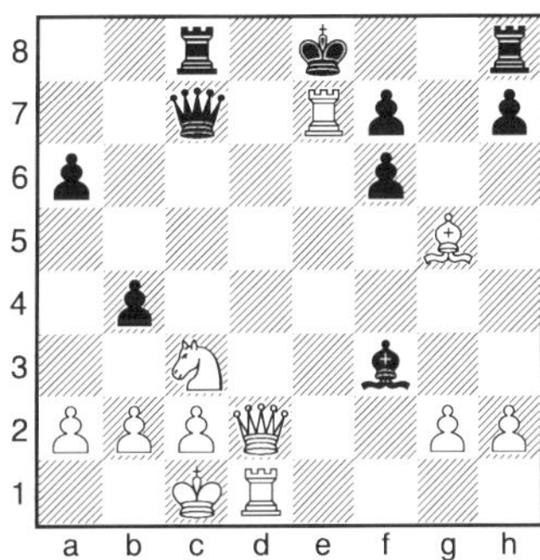

– 18...♔xe7 19.♕e3+ ♔f8 20.♗h6+ ♚g8 21.gxf3 mit absehbarem Matt.

– 18...♕xe7 19.♖e1 fxg5 20.♖xe7+ ♔xe7 21.♘a4! nebst ♕xb4 usw.

43

De Firmian – Akesson

Reykjavik 1998

1.e4 c5 2.♘f3 e6 3.d4 cxd4 4.♘xd4 a6 5.♘c3 d6 6.a4 ♘c6 7.♗e3 ♘f6 8.♗e2 ♘xd4 9.♕xd4 ♗d7 10.0-0 ♗c6 11.b4 ♗e7 12.b5 ♗d7 13.f4 ♕c7 14.e5

Die Lockerung des weißen Damenflügels hat zu der eigenartigen Situation geführt, dass der angegriffene ♘f6 einerseits nicht wegziehen *kann* ...

– 14...♘g8?? 15.exd6 ♕xd6 16.♕xg7 ♗f6 17.♘e4 ♗xg7 18.♘xd6+ ♔e7 19.♖ad1+–

– 14...dxe5?? 15.fxe5 ♘g8 16.♘e4+–

... andererseits aber auch (noch) nicht wegziehen *muss*.

Entsprechend verfügt Schwarz über drei sinnvolle Abwartezüge, deren Qualität es abzuwägen gilt. Dabei ist allerdings zu beachten, dass die Schwächung der langen schwarzen Diagonale ja nicht die einzige Konsequenz des vorgepreschten b-Bauern ist.

1) Dies zeigte sich in der Partie nach

14...♖c8? in Form des pointierten Zwischenzuges **15.bxa6!**, der in allen Varianten zu einer mehr oder weniger deutlichen Gewinnstellung führt.

a) Nach **15...bxa6** folgte in der Partie kurz und bündig **16.♗xa6 ♕xc3 17.♗xc8 ♕xc8 18.exf6 ♗xf6 19.♕xd6 ♗xa1** und nun wäre 20.♖b1! noch stärker gewesen als der Partiezug **20.♗c5**.

b) Noch klarer läuft die Sache nach **15...♕xc3? 16.♕xc3 ♖xc3 17.axb7 0-0 18.exf6 ♗xf6 19.♗a7** +++.

c) Am zähesten ist noch **15...0-0 16.exd6 ♗xd6 17.axb7 ♕xb7 18.♕xd6 ♖xc3**, obwohl Weiß nun nicht nur über den Normalzug 19.♗d3 verfügt, sondern vor dieser Konsolidierungsmaßnahme den äußerst störenden Zwischenzug **19.♗c5!** einblenden kann, zumal ja 19...♖fc8? wegen 20.♗a6 ausscheidet.

2) Auch nach **14...♖d8?! 15.♖ad1** erlangt Weiß bedeutenden Vorteil.

Nach diesmal 15.bxa6 bxa6 16.♗xa6 kann Schwarz auf ausreichendes Gegenspiel hoffen, z.B. 16...0-0 17.♖ad1 ♗c8! mit nur geringem Nachteil.

a) Nach **15...0-0 16.exd6 ♗xd6 17.♕xd6 ♕xc3** ...

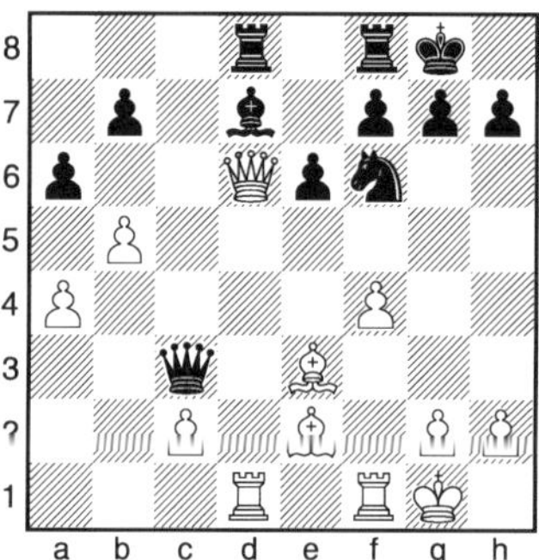

... gibt Weiß sich nicht mit der positionellen Lösung 18.♕d3± zufrieden, sondern setzt auf den Opferangriff **18.♗d4! ♕xc2 19.♗xf6 gxf6 20.♖d2** mit der Hauptvariante **20...♕g6 21.♕b4! ♗c8 22.♖xd8 ♖xd8 23.♖f3 ♔h8 24.♖g3 ♕h6 25.♕e7 ♖f8 26.b6! a5 27.h3** mit siegreichem Zugzwang.

b) Besser ist also **15...dxe5**, auch wenn Weiß nach **16.fxe5 ♗c8** wiederum einen sehr effektiven Zwischenzug hat – und zwar diesmal **17.b6!** mit der möglichen Folge **17...♖xd4 18.bxc7 ♖xd1 19.♖xd1 ♘d7 20.♘b5!** (♘e4!?±)

– 20...♘xe5? ♘a7!+-

– 20...axb5? 21.♗xb5+- Δ♖xd7!

– ⌓20...♗b4 21.♘d6+ ♔e7 22.♘c4±

44

Kornejew – Zwjaginzew

Russland 1996

1.e4 c5 2.♘f3 e6 3.d4 cxd4 4.♘xd4 ♘c6 5.♘c3 d6 6.♗e3 ♘f6 7.f3 ♗e7 8.♕d2 0-0 9.0-0-0 a6 10.g4 ♘d7 11.♖g1 ♘xd4 12.♗xd4 b5 13.g5 b4 14.♘e2 a5 15.♔b1 ♘e5 16.♕f4 ♕c7 17.♘g3 g6 18.♕e3 ♗b7 19.f4 ♘d7 20.e5 ♖ac8 21.♗d3 dxe5 22.fxe5 ♗c5 23.♗e4 ♗a6 24.♘h5

Vorab sei gesagt, dass Weiß bei diesem Überfall angesichts gewisser positioneller Schwierigkeiten (Bauer e5!) nicht etwa einen stürmischen Sieg vor Augen hat, sondern dass ihm mit einem ehrbaren Friedensschluss bestens gedient wäre.

1) Sodann bedarf es wohl keiner Tiefenanalyse, um zu erkennen, dass dem schwarzen König nach **24...gxh5?? 25.g6!** brachiale Mattdrohungen um die Ohren pfeifen; z.B. **25...fxg6**

25...hxg6? 26.♕h6 # in 7

26.♕h6 ♘xe5

26...♗xd4? 27.♖xg6+ # in 3

27.♗xe5 ♕xe5 28.♗xg6+−

2) Ebenso leuchtet es ein, dass Weiß nach **24...♕xe5 25.♗xe5 ♗xe3 26.♖xd7** ...

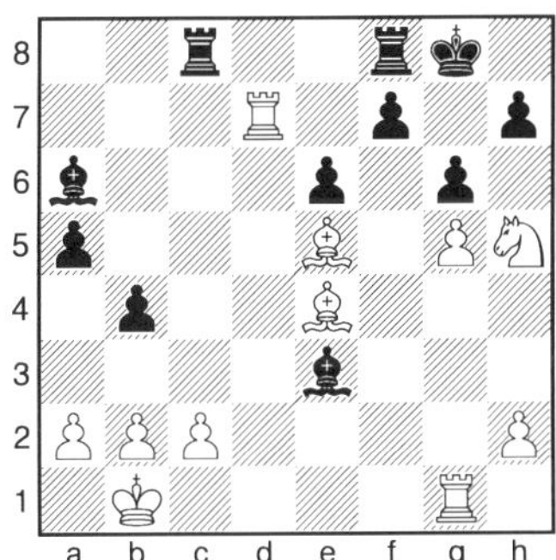

... keine Mühe haben sollte, ein Dauerschach zu erreichen; z.B. **26...gxh5**

26...♗xg1?? 27.♘f6+ ♔h8 28.♘g4+ f6 29.♗xf6+ ♖xf6 30.♘xf6 nebst # in 2

27.g6! hxg6 28.♖xg6+ fxg6 29.♖g7+ ♔h8 usw.

3) Entsprechend ist der Textzug **24...♗xd4** der strengste Ansatz, um den weißen Plan auf die Probe zu stellen. Nach **25.♕xd4** verlief die Partie allerdings eher flach, weil Schwarz sich mit **25...♗e2 26.♕xd7 ♗xh5 27.♕xc7 ♖xc7 28.♖de1 ♖c5∓** mit einem leicht besseren Endspiel zufrieden gab.

Von wesentlich größerem Interesse sind zwei Turmzüge, die in komplizierten Varianten zu unklaren Verhältnissen bzw. zu schwarzem Minimalvorteil führen.

a) 25...♖fd8!? 26.♕f2

26.♕xd7?? ♖xd7 27.♖xd7 ♕xe5 28.♘f6+ ♔g7−+

− 26...♕xe5?! 27.♖xd7 ♖xd7 28.♘f6+ ♔h8 (28...♔g7?? 29.♕h4+−) 29.♘xd7 ♕xe4 30.♘c5 ♕e2 31.♕xf7±

− 26...♘xe5 27.♘f6+≌ Δ27...♔g7?! 28.♕h4±; ⌓27...♔h8

− 26....gxh5 27.g6 fxg6 (27...hxg6?? 28.♗xg6+−) 28.♗xg6 ♔h8

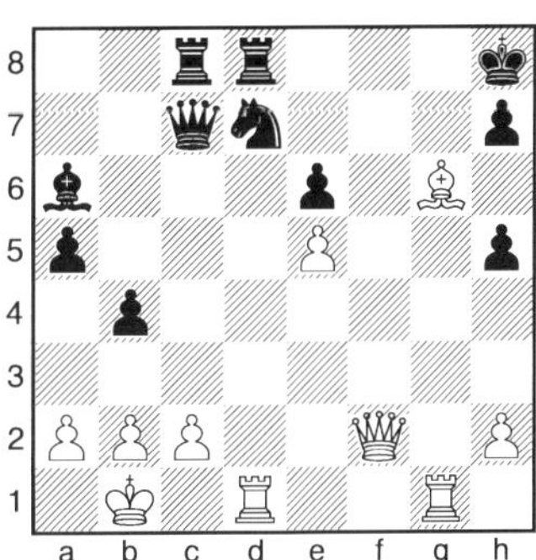

29.♗e8!! Δ29...♖xe8?? 30.♖xd7 ♕xc2+ 31.♕xc2 ♖xc2 32.♔xc2+−

b) 25...♖cd8!? 26.♕e3! gxh5 27.g6 fxg6

27...hxg6 28.♗xg6 fxg6 29.♖xg6+ läuft identisch.

28.♗xg6 hxg6 (28...♔h8 29.♗xh7!≌) **29.♖xg6+ ♔f7 30.♕h6 ♕xe5 31.♕h7+ ♔e8 32.♖g7 ♕xg7**

32...♖f5 33.♕g6+ ♔f8 34.♖g8+ ♔e7 35.♖g7+

33.♕xg7 ♗e2 34.♕g6+ ♔e7∓

45

Schmaltz – Dinstuhl

Bermuda 2003

1.e4 c5 2.♘f3 d6 3.d4 cxd4 4.♘xd4 ♘f6 5.♘c3 a6 6.f3 e6 7.g4 ♘c6 8.♗e3 ♗e7 9.♕d2 0-0 10.0-0-0 ♘xd4 11.♕xd4 b5 12.g5 ♘d7 13.f4 ♖b8 14.h4 b4 15.♘e2 ♕c7 16.♔b1 e5 17.♕d2 ♘c5 18.♗g2 ♗g4 19.♖df1 ♘a4 20.♘c1 **(V)**

20...♕c3!

20...♘c3+ 21.♔a1 exf4 22.♖xf4 ♗e6∞

1) 21.bxc3? bxc3+ 22.♘b3 cxd2 23.♗xd2 ♖fc8∓

2) 21.♕xc3 bxc3 22.b3∞

3) 21.♘d3 mit unklarem Spiel nach **21...♕xd2**, **21...♕c4** oder einigen weiteren Zügen.

46

Ermenkov – Polugajewski

Buenos Aires 1978

1.e4 c5 2.♘f3 d6 3.d4 cxd4 4.♘xd4 ♘f6 5.♘c3 a6 6.♗e3 e6 7.g4 h6 8.♕f3 ♘bd7 9.♕h3 e5 10.♘f5 g6 11.♘xh6 ♗xh6 12.♗xh6 ♘c5 **(V)**

13.♕g2

13.♕h4?? ♗xg4 (13...♘e6 Δg5) Δ14.♗g2 ♘e6−+

13...♖xh6 14.g5 ♖h4 15.gxf6 b5!

15...♕xf6 16.♘d5 ♕d8

16.0-0-0 ♗b7 17.f3 ♕xf6∓

47

Hracek – Oll

Estland 1996

1.e4 c5 2.♘f3 d6 3.d4 ♘f6 4.♘c3 cxd4 5.♘xd4 a6 6.♗e3 e6 7.g4 h6 8.f4 ♘c6 9.h3 ♕c7 10.♕e2 ♗d7 11.0-0-0 b5 12.♗g2 b4 13.♘d5 exd5 14.exd5 ♘xd4 15.♗xd4+ ♗e7 16.g5 ♗b5 17.♕e3 ♖c8 18.♖d2 hxg5 19.fxg5 ♘d7 20.♗xg7 ♖g8 21.♖e1

1) Nach der scheinbar sichereren Lösung **21...♘e5? 22.♗xe5 dxe5** sorgt **23.h4** für ausreichende Kompensation; z.B. **23...♗d6 24.♗e4** Δh5 nebst g6.

2) Und nach der scheinbar unsicheren Lösung **21...♘c5! 22.♗f6** sorgt der Konter **22...♘d3+!** ...

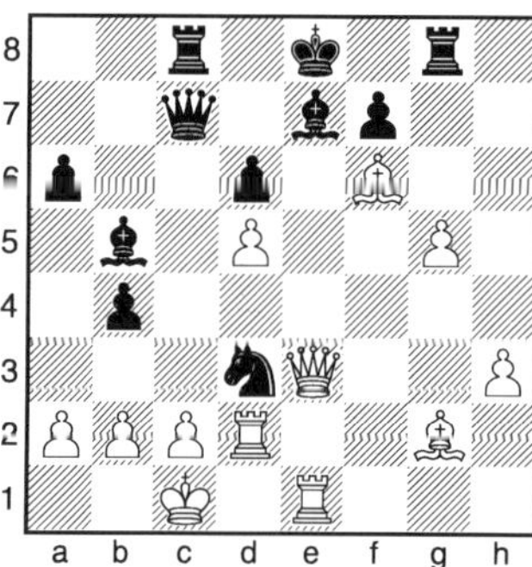

... nach der forcierten Abwicklung **23.♕xd3 ♗xd3 24.♖xe7+ ♕xe7 25.♗xe7 ♔xe7 26.♖xd3 ♖xg5** für ein zwar technisch schwieriges, aber langfristig dennoch gewinnträchtiges Endspiel.

48

Smyslow – Vogt

Leningrad 1977

1.e4 c5 2.♘f3 e6 3.d4 cxd4 4.♘xd4 ♘f6 5.♘c3 d6 6.g4 a6 7.g5 ♘fd7 8.♗e3 b5 9.a4 b4 10.♘a2 ♗b7 11.♗g2 ♘c5 12.♘xb4 ♘xe4 13.♕g4 d5 14.♘d3 ♗e7 15.h4 ♘d7 16.0-0 0-0 17.♖fd1 ♖c8

In der Partie blieb Weiß mit 18.c3 in positionellen Bahnen, was natürlich auch mit dem u.U. weniger schwächenden Zug 18.♖ac1 möglich gewesen wäre.

Da Schwarz angesichts seines starken Zentrums gut im Spiel ist, kann der gesuchte Trick höchstens dazu dienen, eine unübersichtliche Stellung mit verteilten Chancen herbeizuführen – und zwar **18.♘xe6!? fxe6 19.♕xe6+ ♔h8 20.♗xe4 dxe4 21.♘e5**

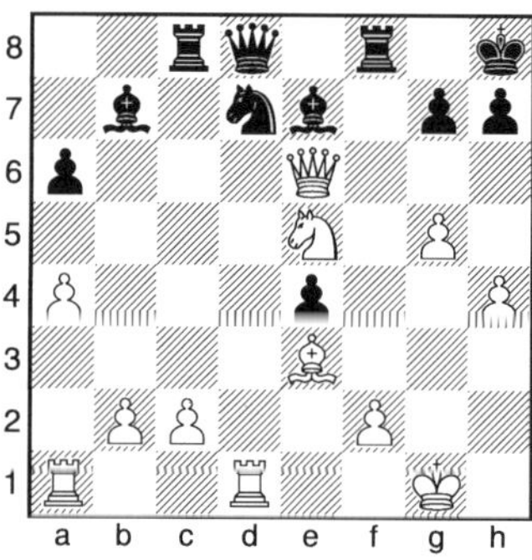

21...♘xe5 22.♖xd8 ♘f3+ 23.♔h1 ♗xd8 24.♖d1

49

Smirin – Kozul

Italien 1999

1.e4 c5 2.♘f3 ♘c6 3.d4 cxd4 4.♘xd4 ♘f6 5.♘c3 d6 6.♗g5 e6 7.♕d2 a6 8.0-0-0 ♗d7 9.f3 ♖c8 10.♘xc6 ♗xc6 11.♔b1 b5 12.♘e2 ♗b7 13.♘d4 h6 14.♗xf6

1) In der Partie wurde Schwarz nach **14...♕xf6** mit **15.a4!** (15.♕a5? ♕d8) darauf hingewiesen, dass sein gelockerter Damenflügel nicht ausreichend vor feindlichen Invasoren geschützt ist.

15...bxa4

15...e5? 16.♘f5 macht die Sache nur noch schlimmer.

16.♕b4

16.♗xa6!

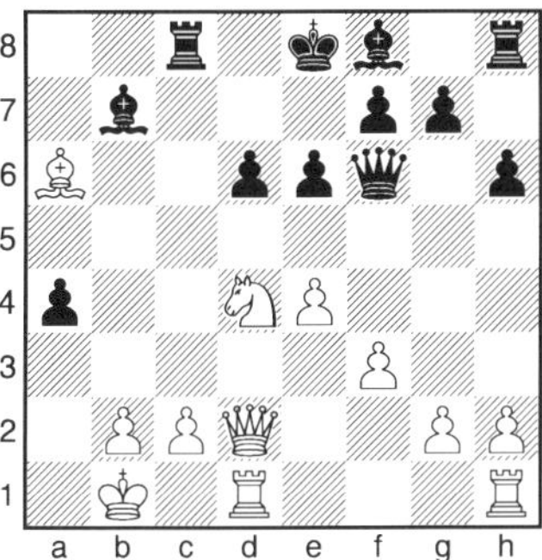

16...♗xa6 17.♕a5 ist nur eine andere Zugfolge, aber mit womöglich größerer psychologischer Wirkung; z.B. 17...♖a8? (◯17...♕d8 Δ18.♕xa4+ ♕d7 19.♕xa6) 18.♕xa4+ ♔d8 19.♕c6; 19.e5+–.

16...♕e7

16...♖c7? 17.♗xa6 ♗xa6 18.♕xa4+ ♖d7 19.♕xa6+–

17.♗xa6! ♗xa6 18.♕xa4+ ♕d7 19.♕xa6 ♗e7 20.♕b5!± mit deutlichem Vorteil angesichts des gedeckten Freibauern im Endspiel.

2) Selbstverständlich ist Schwarz auch nach **14...gxf6** noch ein gutes Stück von völligem Ausgleich entfernt und seine Stellung macht keine rechte Freude, aber zumindest ist der direkte Überfall **15.a4?!** (◯15.♗d3± +++) angesichts der Folge **15...bxa4 16.♕b4 ♕d7 17.♕b6 ♕c7 18.♕b4 ♕d7**= entkräftet.

50

Gazik – Popovic

Slowakei 1991

1.e4 c5 2.♘f3 ♘c6 3.d4 cxd4 4.♘xd4 ♘f6 5.♘c3 d6 6.♗g5 e6 7.♕d2 a6 8.0-0-0 ♗d7 9.f3 ♖c8 10.g4 h6 11.♗e3 ♘e5 12.h4 b5 13.♗d3 b4 14.♘ce2 d5 15.exd5 ♘xd5 16.♘f4 ♘xd3+ 17.♕xd3 ♘xe3 18.♕xe3 ♗c5 19.♘h5 0-0 20.g5 ♕c7

1) Die erste Frage kann angesichts der Möglichkeit **21.♘f6+** mit ‘Ja’ beantwortet werden.

a) 21...♔h8? 22.♘xd7 ♗xd4 23.♕e4±; **22...♕xd7 23.gxh6 g6 24.h5**±

b) 21...gxf6 22.gxf6 ♔h7 23.♕e4+ ♔h8 24.♕e3=

2) In der Partie beantwortete Weiß die zweite Frage (ungeachtet der Doppeldrohung ♗xd4 und e5) mit ‘Nein’ und wählte die einzige vernünftige Alternative **21.♖d2**, worauf Schwarz diese Entscheidung mit **21...♗a4!** (Δ22.b3?? ♖fd8–+) am strengsten auf die Probe stellte.

– Nach 21...♖fd8? 22.gxh6 g6 23.♘f6+ ♔h8 24.♘e4± hat Weiß beträchtlichen Vorteil.

– Und auch nach 21...e5?! 22.gxh6 ♗xd4 23.♕g5 e4 24.hxg7 ♖fd8 25.♕h6 möchte man die weiße Kompensation nicht unbedingt auf die Probe stellen.

22.gxh6

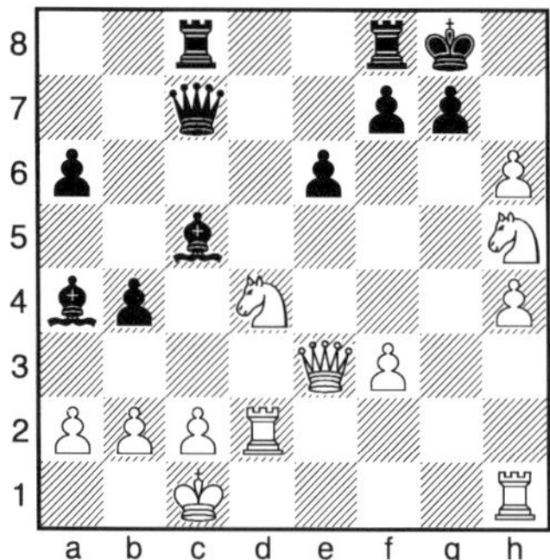

Und nun war Schwarz an der Reihe, mit **22...g6** (statt 22...♗xc2?! 23.hxg7±) **23.♘f6+ ♔h8 24.♘e4 ♗b6 25.b3∞** ein Überziehen der Stellung zu vermeiden.

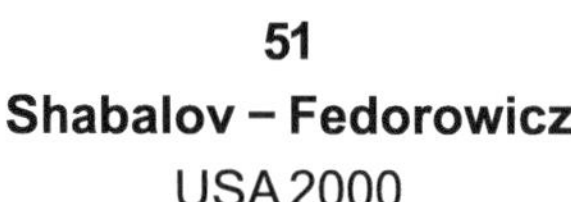

51

Shabalov – Fedorowicz

USA 2000

1.e4 c5 2.♘f3 d6 3.d4 cxd4 4.♘xd4 ♘f6 5.♘c3 ♘c6 6.♗g5 e6 7.♕d2 a6 8.0-0-0 ♗d7 9.f3 ♖c8 10.♔b1 ♗e7 11.h4 h5 12.♘xc6 ♖xc6 13.♗d3 b5 14.♖he1 b4 15.♘e2 ♕b6 16.♘f4 a5

Scheinbar ist die latente Unterversorgung des ♗d7 eher bedeutungslos, weil der ♗d3 über keinen kräftigen Abzug verfügt. Allerdings liegt die Betonung auf dem Wort *scheinbar*.

Der Einsatz des Rammbocks **17.e5!** führt augenblicklich zu einer Gewinnstellung.

1) In der Partie war Schwarz womöglich dermaßen geschockt, dass er nach **17...dxe5 18.♘g6!** ...

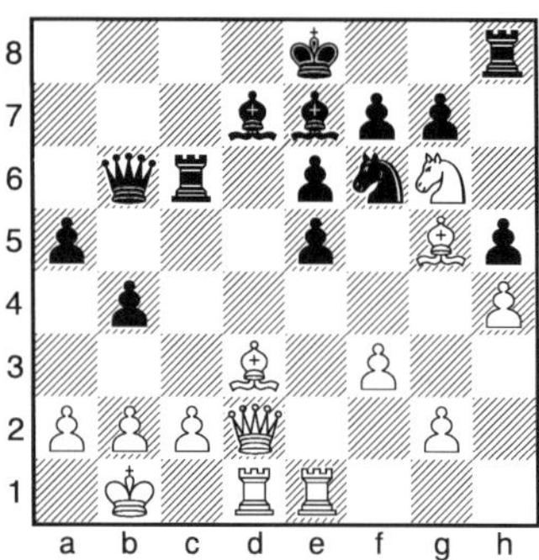

... mit **18...fxg6?** kaum noch Widerstand leistete.

Deutlich zäher war 18...e4 19.♘xe7 ♔xe7 20.fxe4 ♔f8 (20...e5 21.♗b5!) 21.♕f4 usw.

19.♗xf6

19.♗xg6+ ♔f8 20.♗xf6 ist nur eine Zugumstellung.

19...gxf6 20.♗xg6+ ♔f8 21.♕xd7 ♔g7 22.♕xe7+ ♔xg6 23.♖d7 mit munterem Mattangriff und baldigem Gewinn.

2) Nach **17...♘g8** kann Weiß farblos mit **18.g4!? hxg4 19.fxg4** Δ♘h5 fortsetzen oder erneut das Motiv **18.♘g6!?** zum Einsatz bringen.

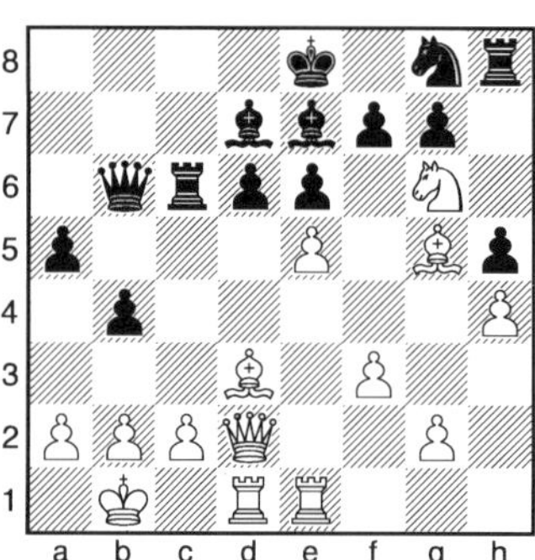

a) Nach **18...♗xg5? 19.hxg5 fxg6 20.♗xg6+ ♔d8 21.exd6** sind ♘g8 und ♖h8 lebendig eingemauert.

b) Und nach **18...fxg6 19.♗xg6+ ♔d8 20.exd6 ♗f6 21.♗f7!** bleibt nur der schwache Trost, dass die Stellung zwar verloren, aber nicht auch noch grotesk ist.

Von Interesse ist übrigens noch ein Blick auf drei Verteidigungsansätze, die alle auf demselben taktischen Motiv beruhen – und die alle auf dieselbe Art widerlegt werden können.

3) 17...♖c5 18.exf6 gxf6 19.♗h6! ♖xh6 20.♘xe6

4) 17...♕c5 18.exf6 gxf6 und erneut **19.♗h6!?** oder nicht minder stark **19.♘g6!?** bzw. **♘xe6!?**

5) 17...♕b8 18.exf6 gxf6 und erneut **19.♗h6!?** oder hier noch stärker **19.♘d5! fxg5 20.♘xe7 ♔xe7 21.♕xg5+** usw.

52

Karpow – Torre

Manila 1976

1.e4 c5 2.♘f3 ♘c6 3.d4 cxd4 4.♘xd4 ♘f6 5.♘c3 d6 6.♗g5 e6 7.♕d2 a6 8.0-0-0 ♗d7 9.f4 b5 10.♕e1 ♘xd4 11.♖xd4 ♕b6 12.♖d2 ♗e7 13.♗d3 b4 14.♘d1 ♗b5 15.♘f2 h6 16.♗h4 g5 17.fxg5 hxg5 18.♗g3 ♘h5 19.♘g4

Die gegebene Disharmonie beruht vorneweg auf einer latenten Überlastung der weißen Dame, die ja schon jetzt ♗g3 und ♖h1 im Auge behalten muss.

1) Nach **19...♕a5!** kommt a tempo noch die kaschierte Bedrohung des ♖d2 hinzu, was forciert zu einer Gewinnstellung führt.

20.♔b1 ♘xg3

a) Nach **21.hxg3? ♖xh1 22.♕xh1 b3** könnte Weiß getrost aufgeben.

b) Und an die Stellung nach **21.♕xg3 b3** ...

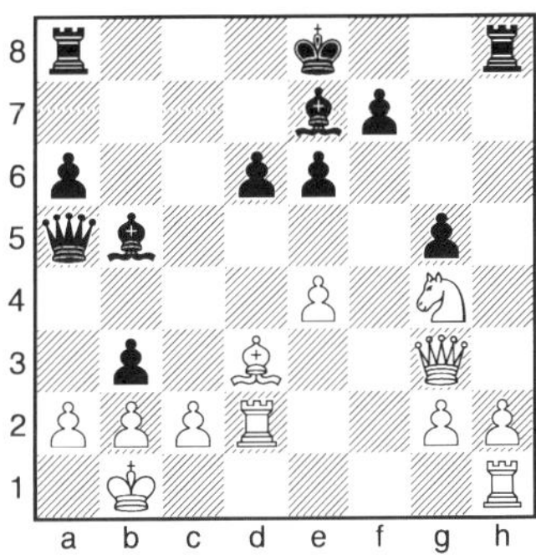

... **22.c3 ♕xa2+ 23.♔c1 ♗xd3 24.♕xd3** kann man 'zaghaft' mit **24...♖c8** oder **24...♖d8** herangehen, obwohl die 'Methode Doktor Eisenbart' **24...d5!? 25.exd5 0-0-0** womöglich noch schneller zum Ziel führt.

2) In der Partie spielte Schwarz **19...♘xg3?? 20.hxg3 ♖xh1 21.♕xh1** und schaffte somit das Gewinnmotiv aus der Welt. Denn da 21...♕a5?? nach 22.♕h8+ ♗f8 23.♗xb5+ nebst ♖xd6 nunmehr kräftig nach hinten losgehen würde, musste er sich mit unklaren Verhältnissen nach **21...♖c8** zufrieden geben.

53

Van der Weide – Mainka R.

Deutschland 2000

1.e4 c5 2.♘f3 d6 3.d4 cxd4 4.♘xd4 ♘f6 5.♘c3 ♘c6 6.♗g5 e6 7.♕d2 a6 8.0-0-0 h6 9.♗e3 ♗e7 10.f4 ♗d7 11.♗d3 b5 12.♔b1 b4 13.♘ce2 ♕c7 14.♘g3 h5 15.h4 ♘g4 16.♘xc6 ♗xc6 17.f5 ♗f6 18.fxe6 fxe6 19.♗f4 ♖d8

Angesichts seiner 'Kraut und Rüben'-Stellung wäre Schwarz bestimmt der Letzte gewesen, der es bestreiten würde, dass irgendwann vorher irgendwas schief gelaufen ist. Allerdings besteht für Weiß das nicht seltene Problem in der Frage: Wohin laufen, wenn man vor Kraft nicht laufen kann?

Natürlich spricht einiges für den Partiezug **20.♗c4!?±** – wie auch einiges für **20.♗xa6!?±** oder den ein oder anderen Zug spricht. Um jedoch die der Partie innewohnende Tragikomik zu verstehen (und zu genießen), bedarf es des Hinweises, dass es im Kommentar zu 14...h5 geheißen hatte, dieser Bauer könne irgendwann 'zur Schwäche neigen'.

Mit anderen Worten: **20.♘xh5! ♖xh5 21.♕e2+–.**

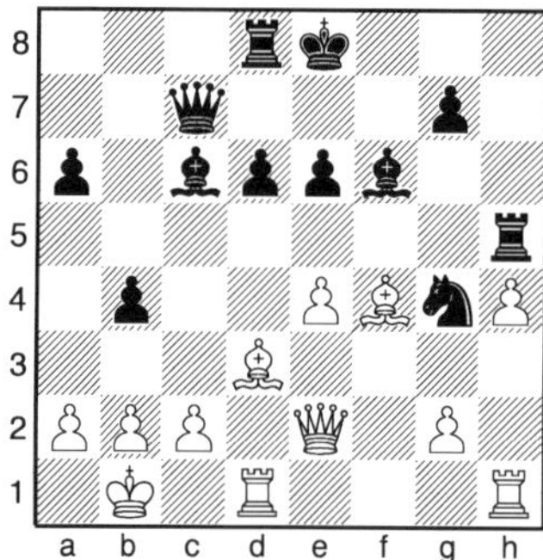

54

Gershon – Solak

Spanien 1996

1.e4 c5 2.♘f3 d6 3.d4 cxd4 4.♘xd4 ♘f6 5.♘c3 ♘c6 6.♗g5 e6 7.♕d2 a6 8.0-0-0 h6 9.♗e3 ♗e7 10.f4 ♗d7 11.♔b1 b5 12.♗d3 ♕c7 13.h3 ♘xd4 14.♗xd4 b4 15.♘e2 ♗c6 16.♘g3 a5 17.♖hf1 0-0 18.e5 dxe5 19.fxe5 ♘d7 20.♕e3 ♗g5 21.♕e2 ♖ae8 22.♘h5 g6

Alles klar? – **23.g3!!+–** (premove 24.h4!)

1) 23...gxh5 24.h4 ♕d8 25.♕xh5

2) 23...♗e7 24.h4 Δ♕g4; ♕e3; ♕d2

3) 23...♔h8 24.h4 ♗d8 25.♕g4; 25.♕d2

4) 23...♕d8 24.h4 gxh5

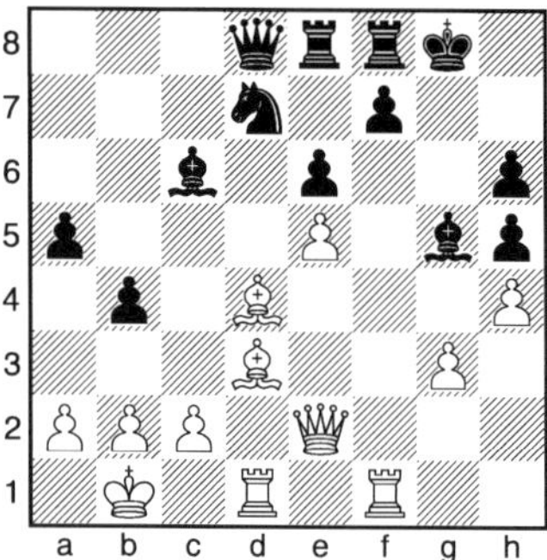

– 25.♕xh5 Δ25...♕e7 26.♖f6!

– 25.hxg5 ♕xg5 26.♖f4! Δ♖h4

5) In der Partie beantwortete Weiß auch **23...f5** mit dem 'premove' **24.h4**, was nach anschließendem ♘f4 immer noch für Gewinnvorteil reichte, obwohl speziell in diesem Fall der Stilbruch **24.exf6! gxh5 25.f7+!** doch deutlich stärker gewesen wäre.

55

Akopjan – Kozul

Moskau 1994

1.e4 c5 2.♘f3 d6 3.d4 cxd4 4.♘xd4 ♘f6 5.♘c3 ♘c6 6.♗g5 e6 7.♕d2 a6 8.0-0-0 ♗d7 9.f4 h6 10.♗h4 g5 11.fxg5 ♘g4 12.♗e2 ♘ge5 13.♘xc6 ♗xc6 14.g3 ♘g6 15.♔b1 ♗e7 16.gxh6 ♘xh4 17.gxh4 ♗f6 18.♖hf1 ♕e7 19.♗g4 ♗e5

Womöglich ist Ihnen die folgende Aussage schon einmal zu Ohren gekommen: *Den Spitzenplatz im Bereich der Bauernschwächen nimmt der isolierte Randdoppelbauer ein.* – Tatsächlich ist diese in gleich zweierlei Hinsicht unzutreffend bzw. irreführend, denn zum einen ist da ja auch noch der isolierte Rand*tripel*bauer – und zum anderen muss ein solcher keineswegs *schwach* sein.

Vor einer genaueren Beschäftigung mit dem vorliegenden Beispiel machen Sie sich bitte klar, dass in der Abteilung 'Scherzartikel' dem Unterhaltungswert größere Bedeutung zukommt als der hundertprozentig präzisen Analyse. Auch sollen die Varianten ohne womöglich sowieso nur störendes Beiwerk weitestgehend für sich selbst sprechen.

20.♕g5!

1) In der Partie folgte nun mit **20...♕xg5 21.hxg5** eine Art Themensprung, denn selbstredend steht der 'nicht isolierte Randdoppelbauer' auf einem ganz anderen Blatt.

21...♔e7

21...♗xh2 22.♗h5 0-0 23.♖d2 ♗e5 24.♖df2

22.h4 f6 23.♖g1 ♖ag8 24.♗f3

⌓24.♗h5!

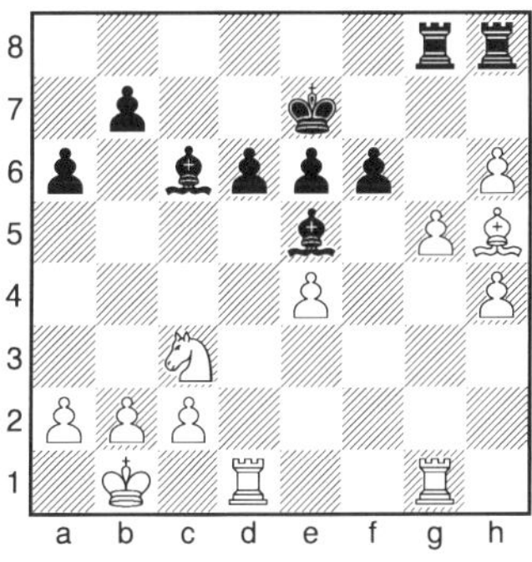

– 24...♗xc3 25.bxc3 ♗xe4 26.♗e2! Δ♗d3

– 24...♗f4 25.♖df1 fxg5 26.hxg5 ♖xg5 27.♖xg5 ♗xg5 28.♖f7+ ♔d8 29.h7

24...♗f4 25.♖g4 fxg5 26.hxg5 ♗e3?!

⌓26...♗xg5 27.♖dg1 ♖f8

27.♖e1?!

⌓27.♘d5+! ♗xd5 28.exd5 e5 29.♖b4±

27...♗xg5 28.♖eg1 ♖f8 29.♖xg5 ♖xf3 30.♖h5 ♖f6 31.♖gh1 ♖f4 mit letztendlichem Remis.

2) Von wesentlich größerem endspieltheoretischen Interesse war die Hinzufügung eines weiteren isolierten Doppelbauern sowie eines vereinzelten Randbauern mit **20...♗xc3 21.bxc3** und der durchaus möglichen und weitgehend zwanglosen Folge **21...♗xe4 22.♖f6** (22.♖de1) **22...♖h7 23.♖df1** (23.♕f4) **23...0-0-0 24.♕f4 d5 25.♖xf7 ♖xf7 26.♕xf7 ♕c5 27.♕f6 ♕b6+ 28.♔a1! ♔b8** (28...♗xc2 29.♕e5!) **29.♗xe6**

29.♗f5!?; 29.♕xe6? ♕c7 Δ30.♕f6 d4

29...♗xc2 30.♕e5+ ♔a7

30...♔a8 31.♗xd5 ♕xh6 32.♕d4

31.♕d4 (31.♗xd5) **31...♖d6 32.♖f6 ♕xd4 33.cxd4 ♖b6 34.a4! a5**

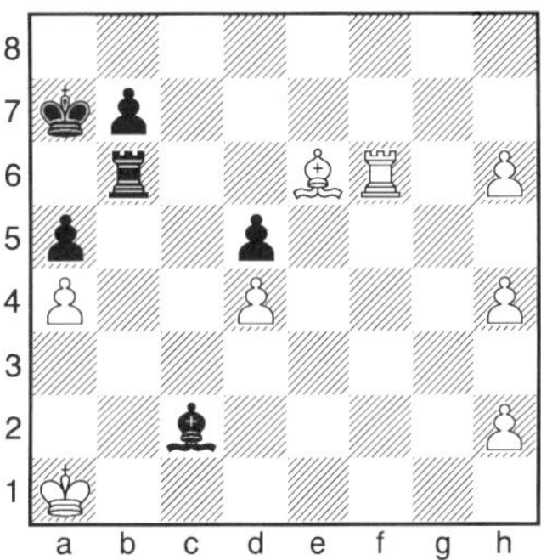

Und hier stellt die perfekt getimete erste Bewegung auf der h-Linie **35.h5!** angesichts der tief angelegten Pointe **35...♔a6 36.♖g6!** bzw. **35...♗h7 36.♖g6!** den Gewinn sicher.

56

Villwock – Kotter

Deutschland 1996

1.e4 c5 2.♘f3 d6 3.d4 cxd4 4.♘xd4 ♘f6 5.♘c3 e6 6.g4 ♗e7 7.g5 ♘fd7 8.h4 a6 9.♗e3 b5 10.♗g2 ♗b7 11.♕h5 g6 12.♕g4 ♘e5 13.♕h3 ♘c4 14.0-0-0 b4 15.♘ce2 e5 16.♘b3 a5 17.f4 ♕c7 18.♔b1 ♗a6

19.♖he1 a4 20.♘d2 ♕a5 21.♘c1 ♘c6 22.fxe5

Nachdem Weiß im Vorfeld sowohl 21.♘xc4 ♗xc4 22.♕c8+ +− als auch 22.♘xc4 ♗xc4 23.f5± ungenutzt gelassen hat, ist es nun an der Zeit, dass der Springer seine erhalten gebliebene Lebendigkeit zu etwas nutzt – und sei es auch nur für den heroischen Freitod **22...♘a3+!?**.

– Nach dem Partiezug 22...♘6xe5?! hätte Weiß das leidige Thema am besten mit 23.♘xc4∞ ein für allemal vom Tisch geschafft, da sich 23...♘xc4?? ja wegen 24.e5+− verbietet.

– Objektiv am besten ist wohl das positionelle Vorgehen mit 22...♘xe3 23.♕xe3 ♘xe5, obwohl Weiß sich mit 24.♗f1! darum bemühen könnte, das Schlüsselfeld c4 allmählich wieder unter Kontrolle zu bekommen.

Nach **23.bxa3 bxa3** und dem unvermeidlichen Rückopfer **24.♘db3 axb3** hätte sich folgendes Bild ergeben.

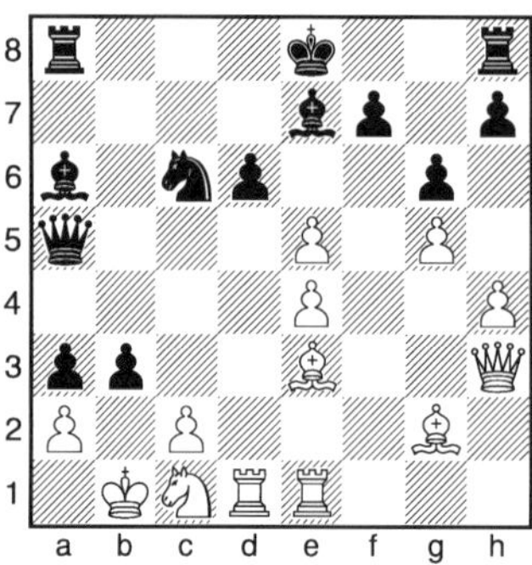

1) Auf **25.cxb3?? ♕xe5 26.♖d2** folgt quasi in aller Gemütlichkeit **26...♗f8!!**−+ Δ♗g7.

2) Und nach **25.♘xb3 ♕xe5 26.♗c1 ♗c4**∓ behält Schwarz ausgezeichnete Angriffschancen.

57

Timoschenko – Njewednitschi

Bukarest 1993

1.e4 c5 2.♘f3 d6 3.d4 ♘f6 4.♘c3 cxd4 5.♘xd4 ♘c6 6.♗g5 e6 7.♕d2 a6 8.0-0-0 h6 9.♗e3 ♕c7 10.f3 ♖b8 11.♔b1 ♗e7 12.g4 ♘e5 13.h4 b5 14.♗d3 ♘fd7 15.g5 ♘b6 16.♕g2 h5 17.f4 ♘g4 18.♗c1 g6 19.♕g3 b4 20.♘ce2 e5 21.♘f3 ♘a4 22.b3 ♘c5 23.♗b2 0-0 24.fxe5 dxe5

Der schwarze Zentrumsbauer schmeckt ausgezeichnet und ist zudem bestens bekömmlich, weil Weiß nach **25.♘xe5! ♗d6** die pointierte Entfesselung **26.♘xg4!** folgen lassen kann.

1) Danach geht **26...♗xg3? 27.♘f6+ ♔h8** ...

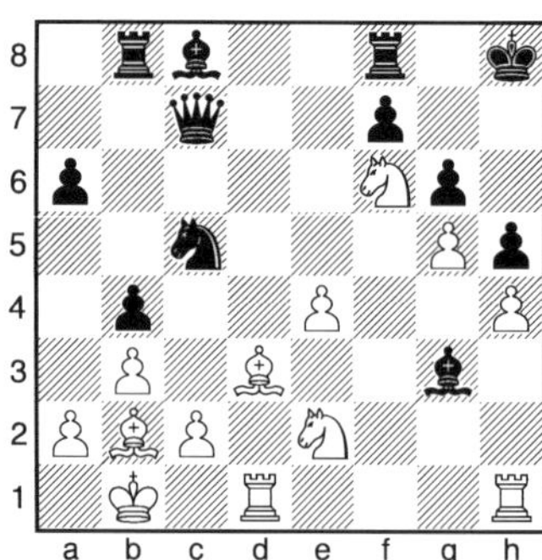

... wegen der weiter verspielten Folge **28.♘xg3!**+− (oder auch ganz unverspielt 28.♘d5+) komplett nach hinten los; z.B. **28...♕a7** (28...♘xd3 29.♖xd3) **29.♘fxh5+ f6 30.♘xf6** Δh5.

2) Und nach **26...♗xg4 27.e5 ♗e7 28.♗c4+** trägt Weiß bedeutenden Vorteil davon.

58

Dwoiris – Sher

Elista 1995

1.e4 c5 2.♘f3 d6 3.d4 cxd4 4.♘xd4 ♘f6 5.♘c3 ♘c6 6.♗g5 e6 7.♕d2 a6 8.0-0-0 h6 9.♗e3 ♕c7 10.f4 ♗d7 11.♕e1 b5 12.♗d3 ♗e7 13.♕g3 h5

Weiß hat etwa ein Dutzend Züge, die soliden Ausgleich wahren, konnte die Finger jedoch nicht von **14.♕xg7?** lassen – womöglich in der irrigen Annahme, das würde zu einem Remis durch Zugwiederholung führen. Tatsächlich schloss Schwarz sich dieser irrigen Annahme an, so dass nach **14...♖g8 15.♕h6 ♖g6? 16.♕h8+ ♖g8**= der Friedensschluss perfekt war.

Von dem Gewinnversuch **15...0-0-0!** (15...b4!?) ließ Schwarz wohl seinerseits die Finger, weil ihm die Konsequenzen des Überfalls **16.♗xb5** nicht klar waren.

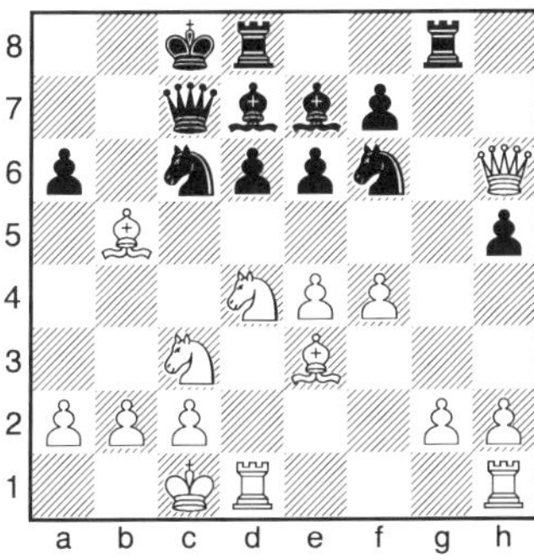

Tatsächlich wären diese nach **16...♖g6** zu seinen Gunsten ausgeschlagen.

Schwächer ist 16...axb5 17.♘dxb5 ♕a5 18.♘xd6+ ♗xd6 19.♕xf6 ♗b4∓.

17.♕xg6

17.♗xa6+? ♔b8 18.♕xg6 fxg6–+

17...fxg6 18.♗xc6 ♗xc6 19.♘xe6 ♕b7 20.♘xd8 ♗xd8 21.♖xd6 ♘xe4 22.♘xe4 ♗xe4 23.♖hd1 ♗e7∓

59

Onoprienko – Dragomarezki

Russland 1993

1.e4 c5 2.♘f3 d6 3.♘c3 a6 4.d4 cxd4 5.♘xd4 ♘f6 6.♗g5 ♘c6 7.♕d2 ♗d7 8.0-0-0 e6 9.f4 ♗e7 10.♘f3 b5 11.e5 b4 12.exf6 bxc3 13.♕xc3 gxf6 14.♗h4 ♖g8 15.♗d3 **(V)**

Von **15...♖xg2?** sollte Schwarz tunlichst die Finger lassen.

⌓15...d5∞; 15...♕b6∞

16.♖hg1!±

Denn dem Weißen geht es hier um Linienöffnung gegen den verschanzten König – und nicht etwa um die Kinderei, nach 16.♗g3? den verlaufenen Turm zu fangen. Tatsächlich kann dieses Ansinnen nämlich nach 16...d5∓ Δ17.♘h4? (⌓17.♔b1) 17...♘b4 18.♕b3 ♖xg3! 19.hxg3 ♖b8∓ kräftig nach hinten losgehen.

16...♖g6

16...♖xg1? 17.♖xg1+–

17.♗xg6

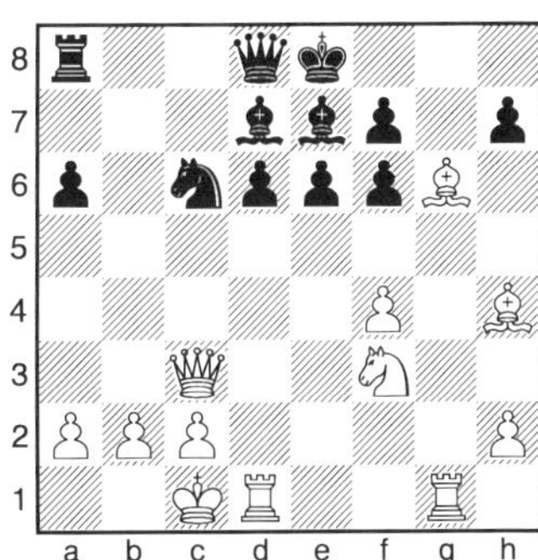

1) Nun kommt Weiß nach **17...hxg6? 18.f5!** mit Riesenschritten voran; z.B. **18...exf5 19.♖ge1 ♔f8 20.♖xe7! ♕xe7 21.♗xf6 ♕e6 22.♘g5**+– Δ**22...♕xa2 23.♕h3**.

2) Hingegen muss er nach **17...fxg6** sehr präzise vorgehen.

a) Denn nach **18.♘g5?! fxg5 19.♕h8+ ♗f8 20.♗xg5 ♕a5 21.♖xd6** und nun **21...♕f5!** Δ♘b4 kommt der Angriff unversehens zum Stillstand; z.B. **22.♖d2 ♘b4 23.a3 ♘d5 24.♖e1 h6! 25.♗xh6 0–0–0∞**

b) Sehr kräftig ist jedoch **18.f5! exf5 19.♖ge1 ♔f7 20.♗g3 ♘e5 21.♗xe5 fxe5 22.♖xe5!±**.

60

Kaiszauri – Sznapik

Warschau 1970

1.e4 c5 2.♘f3 d6 3.d4 cxd4 4.♘xd4 ♘f6 5.♘c3 a6 6.♗c4 e6 7.♗b3 ♗e7 8.0-0 0-0 9.f4 ♕c7 10.f5 e5 11.♘f3 b5 12.♗g5 ♗b7 13.♗xf6 ♗xf6 14.♘d5 ♕c5+ 15.♔h1 ♘d7 16.g4 ♔h8 17.g5 ♗d8 18.♘h4 ♗xg5 19.♕h5 ♘f6 20.♘xf6 ♗xf6 21.♖ä1 d5 22.♖f3

Selbstredend steht Schwarz komplett auf Gewinn und könnte dies außer mit 22...h6 mit einem halben Dutzend weiterer Züge unter Beweis stellen. Indes konnte er seine Finger nicht von **22...dxe4??** lassen, was nach **23.♘g6+! fxg6 24.♕xh7+!** oder auch **23...♔g8 24.♕xh7+!** zum Matt führte.

61

Riemersma – Arnason

Belgrad 1988

1.e4 c5 2.♘f3 d6 3.d4 cxd4 4.♘xd4 ♘f6 5.♘c3 a6 6.♗g5 ♘c6 7.♕d2 e6 8.0-0-0 ♗d7 9.f4 ♗e7 10.♔b1 h6 11.♗h4 0-0 12.♘f3 ♕a5 13.g4 b5 14.♗xf6 gxf6 15.♗d3 ♖fc8 16.h4 ♘b4

1) In der Partie beantwortete Weiß die Frage mit 'Ja' und es folgte **17.a3 ♘xd3 18.cxd3 b4 19.axb4**

Auf die naheliegende Alternative 19.♘a2 hat Schwarz die starke Antwort 19...♕a4! mit folgenden Möglichkeiten:

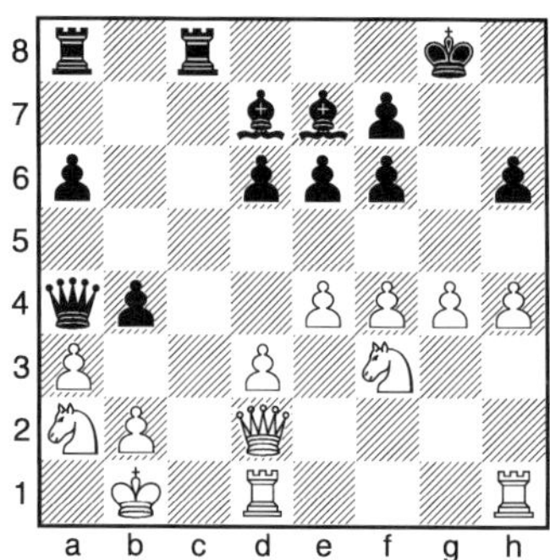

– 20.♕xb4?! ♕c2+ 21.♔a1 ♖ab8∓

– 20.axb4 d5⩱; 20...a5

– 20.♘xb4 20...a5⩱; 20...♖ab8

19...♕xb4 20.♘d5

In der Erkenntnis, dass er mit leeren Händen dasteht, will Weiß sich wenigstens an einem kleinen Strohfeuer erfreuen. Wenn überhaupt, so war höchstens mit 20.g5 ein Hauch von einem Minimalvorteil zu erzielen.

20...♕xd2 21.♘xe7+ ♔f8 22.♖xd2 ♔xe7∞

2) Nach der präzise berechneten Alternative **17.g5!** hätte Schwarz einen schweren Stand gehabt.

a) 17...♘xd3? 18.♕xd3 b4 19.gxf6!!+–

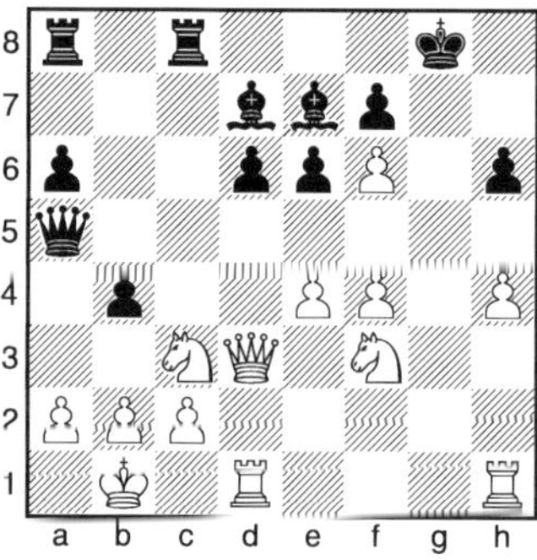

– 19...bxc3 20.♖hg1+ ♔h8 21.♘g5!

– 19...♗xf6 20.♖dg1+ ♔h8 21.♘g5!; 20...♗g7 21.♘d5!; 21.♕d4

b) 17...♖xc3 18.♕xc3 ♕xa2+ 19.♔c1 ♕a4 (19...♘xd3+ 20.♕xd3) **Δ20.♕a3?** (⌓20.♔d2!±) **20...♘a2+! 21.♔d2 ♕xa3 22.bxa3 ♗d8!**≅

62

Eckerl – Scheipl

Deutschland 1994

1.e4 c5 2.♘f3 d6 3.d4 cxd4 4.♘xd4 ♘f6 5.♘c3 ♘c6 6.♗g5 e6 7.♕d2 a6 8.0-0-0 ♗d7 9.f4 ♗e7 10.♘f3 b5 11.e5 b4 12.exf6 bxc3 13.♕xc3 gxf6 14.♗c4

I) Von der schwachen Partiefolge **14...d5?** hatte Schwarz sich womöglich eine Gefährdung der weißen Dame und somit des ‘schwebenden’ ♗g5 versprochen, konnte dieses Versprechen jedoch nicht einhalten.

15.♗b3 a5

Auf 15...♖c8, 15...♖g8 oder 15...♘a5 folgt jeweils 16.♗h4∞.

16.a4

Zu dem eingangs genannten Zweck hatte Schwarz hier vielleicht nur 16.a3? erwartet (bzw. erhofft), wonach 16...♖c8 17.♗h4 bei richtigem Spiel zu bedeutendem Vorteil führt.

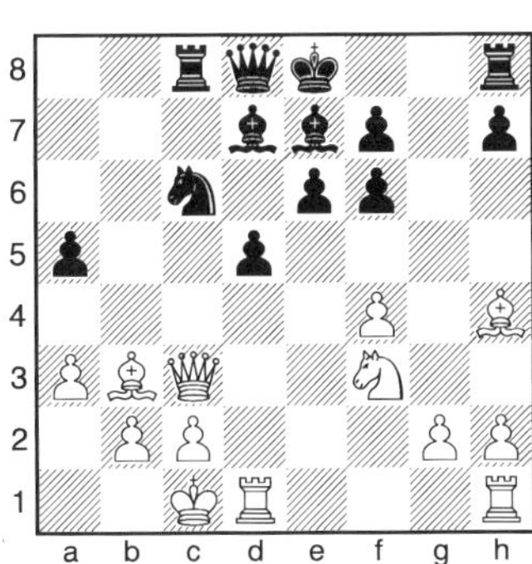

– Also nicht 17...♘b4?, denn nach 18.♕e3 a4 19.axb4 axb3 20.♕xb3 ♖a8; 20...♕b6 hat Schwarz nicht mehr als Kompensation vorzuweisen.

– Richtig ist die effektive Zugumstellung 17...a4! 18.♗xa4 ♘b4∓.

16...♖c8 17.♗h4 mit unklaren Verhältnissen, denn die gegebene Konstellation ♕c3–♖c8 ist auf keine Weise auszunutzen.

II) Nach **14...♘a5** (Δ♘xc4; Δ♖c8) ergibt sich das folgende verheerende Bild für Weiß.

A) Nach **15.♗e2 ♖c8 16.♕d4 ♘c6 17.♕c3** gewinnt **17...d5** Δ♘b4 oder **17...e5!?** Δfxg5; Δ♘d4.

B) Auf **15.♗b3** folgt **15...♘xb3+ 16.axb3 ♖c8 17.♕d4**

1) 17...e5? 18.fxe5 Δ18...dxe5? (⌓18...♕c7∓) 19.♘xe5

a) 19...fxe5? 20.♕xe5 f6 21.♗xf6 ♖c5 22.♕e4~+–

b) ⌓19...♖xc2+! Δ20.♔xc2? (⌓20.♔b1 ♖c7 21.♕f4±) 20...♗f5+≅

2) 17...♕c7–+ (u.a. Δe5) 18.c3 (18.♖d2 e5) 18...e5 19.fxe5 dxe5 20.♘xe5 fxe5 21.♕h4 ♕a5!; 21...♗e6

C) 15.♗d3 ♖c8 16.♕d4 ♘c6 17.♕c3 ♘e5 18.♕d4

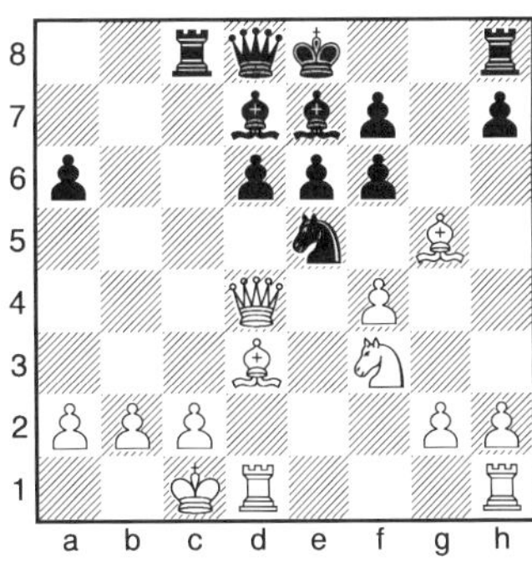

1) Nach 18...♘xf3 19.gxf3 e5 20.fxe5 dxe5 (20...fxg5?? 21.e6+–) 21.♕e4 fxg5 22.♕xe5 f6∓ wäre der Vorteil wegen der gehörig gelockerten Stellung noch nicht eindeutig im Gewinnbereich.

2) Anders nach 18...♘xd3+ 19.♖xd3 ♖g8 20.♗h4 ♖xg2–+, da der supersolide Zentrumsblock erhalten geblieben ist.

D) 15.♘d2 ♖c8–+ 16.♘e4

16.♕d4 d5; 16...♘c6

16...♖xc4 17.♘xf6+ ♗xf6 18.♗xf6 ♖xc3

– 18...♕c7?? 19.♕d3! ♖f8 20.♖he1⩲

19.♗xd8

1) 19...♖c5 20.♗xa5 ♖xa5 21.♖xd6

2) 19...♔xd8! 20.bxc3 d5; 20...♔e7

63

Liptay – Bogdanov

Helsinki 1961

1.e4 c5 2.♘f3 d6 3.d4 cxd4 4.♘xd4 ♘f6 5.♘c3 e6 6.g3 ♗e7 7.♗g2 a6 8.0-0 ♕c7 9.♘b3 0-0 10.♕e2 ♘c6 11.f4 ♖b8 12.♗d2 b5 13.♖ä1 b4 14.♘d5 exd5 15.exd5 ♖e8 16.♕c4

Natürlich hatte Weiß den naheliegenden Widerlegungs-Ansatz **16...♕b6+ 17.♗e3 ♘a5** nicht etwa übersehen, allerdings war er wohl fälschlicherweise davon ausgegangen, dass er mit **18.♕xc8** ein treffliches Beispiel für das Sprichwort 'Wer zuletzt lacht, lacht am besten' kreieren würde.

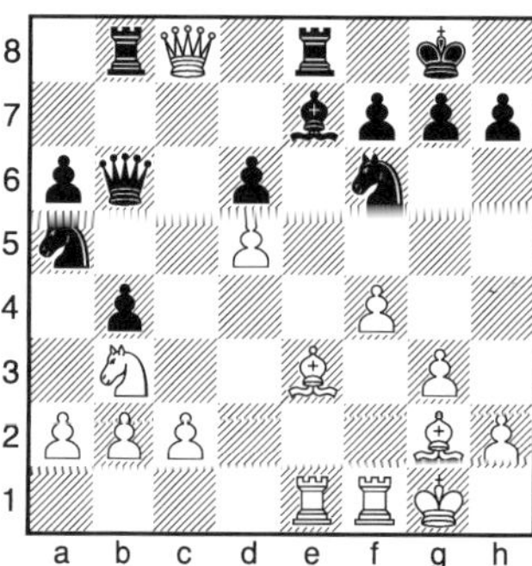

Zu seinem Leidwesen war auch dem Gegner dieses Sprichwort bekannt, denn er schüttelte die wahrhaftige Ober-Pointe **18...♗d8!!–+** aus dem Ärmel.

Es folgte noch **19.♘xa5**

⌓19.♗xb6 ♗xb6+ 20.♕c5

19...♖xe3 mit einfachem Gewinn.

64

Klovans – Pukudruva

Riga 1955

1.e4 c5 2.♘f3 d6 3.d4 cxd4 4.♘xd4 ♘f6 5.♘c3 a6 6.g3 ♕c7 7.♗g2 e6 8.0-0 ♗e7 9.♗e3 0-0 10.♕e2 ♗d7 11.♖ad1 ♘c6 12.♘b3 b5 13.a3 ♖ab8 14.f4 ♖fd8 15.g4 b4 16.axb4 ♘xb4 17.g5 ♘e8 18.f5

Offenbar steht Schwarz mächtig unter Druck, aber statt sich mit beispielsweise 18...e5 (Δ♖dc8) auf zähe Verteidigung einzurichten, wobei der weiße Vorteil nach z.B. 19.♖d2 noch gar nicht eindeutig im Bereich ± angesiedelt ist, folgte als Panikreaktion eine Fehlkombination.

18...♘xc2? 19.♕xc2 ♗a4 20.fxe6

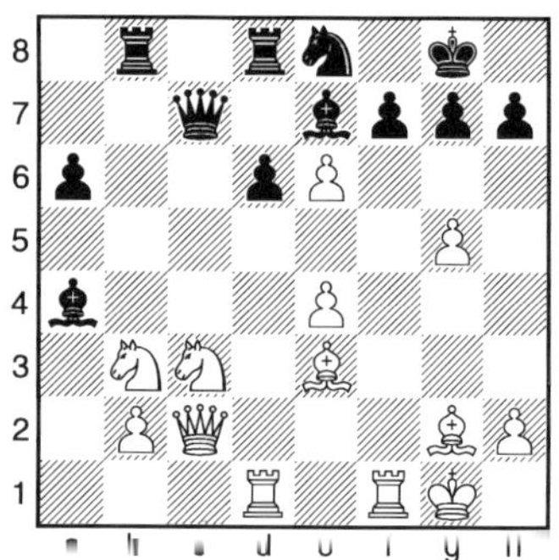

20...♗xb3?

Nach diesem weiteren Fehler ist es sofort aus. Zwar war auch 20...fxe6? wegen 21.♕f2 verfehlt, aber der meiste Widerstand war mit 20...f6 zu leisten; z.B. 21.♕e2 ♗xb3 22.♘d5 ♗xd5

(22...♕b7 23.e5!) 23.exd5 g6 Δf5 mit Spiel auf Totalblockade.

21.exf7+ ♗xf7 22.♖xf7 ♔xf7 23.♖f1+ ♔g8 24.♘d5 ♕b7 25.♕f2 und bald 1–0

65

Almasi – Szabo

Ungarn 2006

1.e4 c5 2.♘f3 d6 3.d4 cxd4 4.♘xd4 ♘f6 5.♘c3 a6 6.f3 e6 7.♗e3 ♘c6 8.♕d2 ♗e7 9.0-0-0 0-0 10.g4 ♘xd4 11.♕xd4 b5 12.g5 ♘d7 13.h4 ♗b7 14.♔b1 ♘e5 15.f4 ♘g4 16.♗c1

1) In der Partie kombinierte Weiß nach **16...f5?** mit **17.♖g1** Angriff und Verteidigung.

(Auch 17.♗e2!?± macht einen sehr guten Eindruck.)

Und nun ruinierte Schwarz seine Stellung vollkommen mit dem pseudoaktiven Zug **17...e5?!**, weil dieser letztlich nur die Verankerung des bedrohten Springers schwächt.

Allerdings ist es schwierig, etwas deutlich Besseres zu empfehlen, und im Sinne 'praktischer Gegenchancen' kam höchstens das Spiel unter Bauernopfer mit 17...d5 18.exd5 exd5 19.♘xd5 in Frage.

– Nach 19.♗g2? ♖c8 (Δ♗c5) 20.♗xd5+ ♗xd5 21.♕xd5 ♕xd5 22.♘xd5 ♗c5; 22.♖xd5 ♗b4 hat Schwarz ausreichende Kompensation.

– Und nach 19.♗e2? ♖c8 20.♗xg4 fxg4 (20...♗c5 21.♕d3 Δ21...♗xg1?? 22.♗xf5+–)

21.♖xg4 ♖c4 22.♕e5 ♗d6 oder 22.♕d3 ♗c5 hat Weiß allenfalls Minimalvorteil.

18.♕d2 ♕b6

In der Erkenntnis, dass 18...g6 19.♘d5 nur die Rochadestellung schwächt und 18...exf4 19.♕xf4 ♘e5 20.exf5 nicht nur einen Bauern verliert, sondern auch einen verheerenden Angriff heraufbeschwört, gestattet Schwarz seinem Gegner ein schönes Schlussspiel.

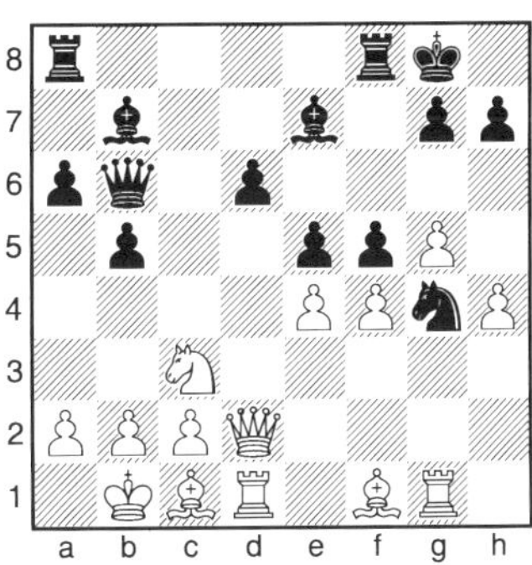

19.exf5! ♘f2 20.♘d5 ♗xd5 21.♕xd5+ ♔h8 22.♖e1 ♘e4 23.♕xe4 ♕xg1 24.♗d3 d5 25.♕xe5

2) Die beste Wahl dürfte in **16...h5!?** bestehen.

a) 17.♗e2?! ♖c8 18.♗xg4 hxg4 Δ19.♖hg1? d5!∓

b) 17.gxh6

– 17...♘xh6 18.♖g1 ♗f6 19.♕b4±; 19.♕d3

– 17...♗f6 18.♕b4! (18.♕g1 ♘xh6) 18...♘xh6 19.♖g1 ♕b6 20.♗h3±

3) 16...e5?? 17.♕g1+–

a) 17...h5 18.gxh6 ♘xh6 19.fxe5

b) 17...f5 18.gxf6 ♘xf6 19.fxe5 ♘xe4 20.♘xe4 ♗xe4 21.♗g2; **21.♗h6**; **21.exd6**

4) 16...b4? 17.♕xb4∓ Δ17...♘f2 18.♕xb7 ♘xh1 19.♗e3 ♘g3 20.♗xa6; **20.♗d3**

5) 16...♕c7? 17.♗e2 b4

a) 18.♗xg4 bxc3 19.♖h3! cxb2 20.♗xb2 e5 21.♖c3!±

b) 18.♖h3!± Δ18...d5 19.♗xg4 ♗c5 20.♕d3 bxc3 21.♕xc3 dxe4 22.h5

6) Auf **16...♕a5?** folgt am besten etwas Prophylaxe mit **17.a3** (17.♗e2 b4) **17...h5 18.♗e2**±.

66

Sandipan - Espig

Deutschland 2003

1.e4 c5 2.♘f3 e6 3.d4 cxd4 4.♘xd4 ♘f6 5.♘c3 d6 6.♗e3 a6 7.f3 ♗e7 8.♕d2 b5 9.g4 ♗b7 10.0-0-0 ♘fd7 11.♘ce2 ♘c6 12.♘xc6 ♗xc6 13.g5 ♖c8 14.♘d4 ♗b7 15.h4 ♘e5 16.♕g2 ♘c4 17.♗xc4 ♖xc4 18.h5 ♕c8 19.g6 ♗f6 20.♔b1 fxg6 21.hxg6 h6 22.♖h5 0-0 23.♘b3 ♕c7 24.♕h3 ♗c8 25.♕h2 ♗e5 26.f4

Das wichtigste taktische Detail besteht offenbar darin, dass Schwarz zur Parade der Drohung ♖xh6 usw. die 7. Reihe stets unter Kontrolle halten muss.

1) Die Partiefolge **26...♖xe4?** muss als klare Panikreaktion angesehen werden, da nach **27.fxe5 ♖xe3 28.exd6**+- zu allem Überfluss auch noch ein mächtiger Freibauer in den Kampf eingreift. So folgte noch **28...♕b7**

28...♕d7 29.♘c5 ♕a7 30.♖xh6 gxh6 31.♕xh6

29.d7

Hier war 29.♘c5! wohl noch stärker.

29...♗xd7

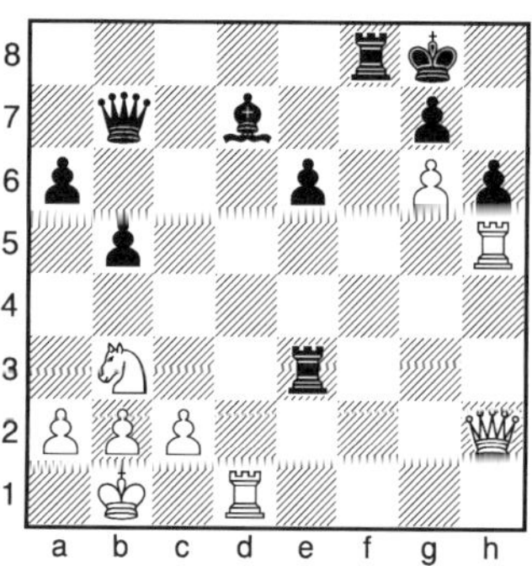

30.♖xh6!

30.♕d2?? ♖xb3

30...gxh6 31.♕xh6 ♗e8 32.♕xe3

Und die Tatsache, dass die Sache bereits nebenlösig ist (32.♘c5!), deutet darauf hin, dass es nichts mehr zu analysieren gibt.

2) Der Ansatz **26...♗f6?** scheitert an **27.e5** mit der Folge **27...♗e7**

27...dxe5? 28.fxe5 ♗d8 29.♗xh6+-

a) Nur jetzt nicht überstürzt **28.♖xh6?? gxh6 29.♕xh6 ♗d8 30.g7 ♕xg7 31.♖g1 ♕xg1+ 32.♗xg1 ♖c7 33.♗d4**±.

b) Sondern weiter mit dem inakzeptablen Ablenkungsopfer **28.♗b6!!**+-

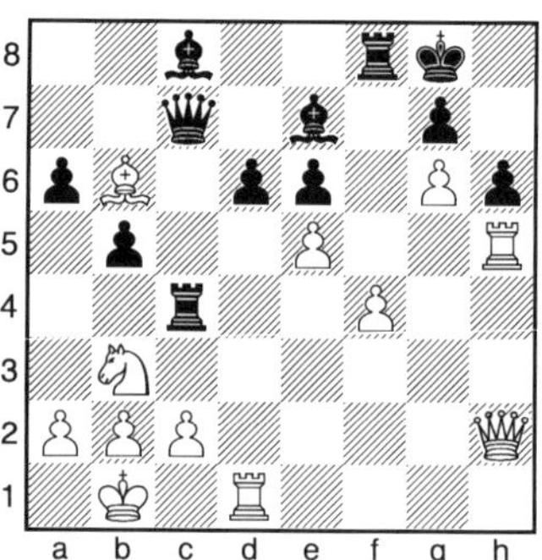

Δ**28...♕d7 29.♘c5!** bzw. **28...♕b7 29.exd6**.

3) Der Einschlag **26...♗xb2!** bietet den Vorteil, dass Schwarz nach **27.♔xb2 ♗b7 28.e5 ♗e4** alle verbleibenden Figuren auf ein konkretes Ziel ausrichten kann; z.B. **29.♖c1** (29.♖d2 d5) **29...♖c8 30.exd6 ♕xd6 31.c3 ♖xc3! 32.♖xc3 ♖xc3 33.♖c5!**

33.♔xc3?? b4+ 34.♔b2 ♕d3-+

33...♖xc5 34.♗xc5 und der Vorteil ist nicht größer als ±/±.

67

Dworakowska – Kempinski

Polen 1999

1.e4 c5 2.♘f3 d6 3.d4 cxd4 4.♘xd4 ♘f6 5.♘c3 a6 6.♗e3 ♘g4 7.♗c1 ♘f6 8.♗e3 e6 9.g4 h6 10.f4 ♕b6 11.a3 ♗d7 12.h3 e5

Zunächst sei gesagt, dass Weiß angesichts der Bedrohung von d4 und b2 gar keine andere Wahl als 'mehr Pfeffer' hat, zumal diese mit herkömmlichen Mitteln nicht zu parieren sind.

1) In der Partie forcierte Weiß die Ereignisse mit **13.♘f5** und ließ nach **13...♕xb2** den kreativen Versuch **14.♔d2!?** Δ♖a2 folgen.

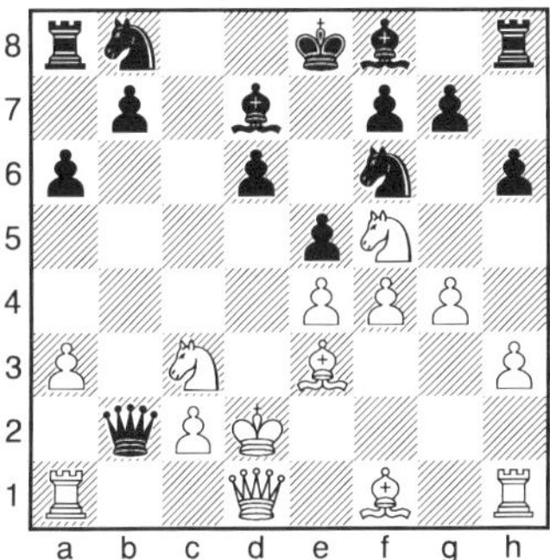

Sicherer erscheint 14.♗d2!?

– 14...♕b6 15.♗g2≅ Δg5; ♖b1; ♘e3–d5

– 14...exf4

– 15.♗b5?! ♗xb5! (15...axb5?! 16.♖a2∞) 16.♖a2 ♗e2!∓

– □15.♗g2 ♘c6 (15...g6 16.♘e2! Δ♗c3) 16.♖b1 ♕xa3 17.♖b3 ♕c5 18.♘a4≅

Nach **14...exf4 15.♗f2?** erhielt Schwarz allerdings die Gelegenheit, auch einmal ein wenig Pfeffer zu verstreuen.

Zwar war auch 15.♗xf4 ♘c6; 15...♕b6 leicht vorteilhaft für Schwarz, aber mit 15.♗d4! ♗xf5 16.♘b5! Δ16...♘xe4+ 17.♔e1 konnte Weiß noch kräftig mitmischen.

15...♘c6 16.♗d3

16.♖a2? ♘xe4+ –+

16...♘a5~–+ Δ♘b3+

2) Die Idee **13.♗g2!?** beruht auf der Hauptvariante **13...exd4 14.♗xd4** mit ausreichender Kompensation dank der Drohung e5; z.B. **14...♕c7** (14....♕d8/♕a5 15.e5) **15.e5 dxe5 16.fxe5 ♘c6! 17.exf6 ♕g3+ 18.♔f1 ♘xd4 19.♕xd4 0–0–0**

3) Von größerem Interesse ist jedoch **13.g5!? hxg5 14.fxg5** mit der Hauptvariante **14...♘xe4!**

– 14...♕xb2? 15.♘de2~+– u.a. Δ♖a2

– 14...♘g4?! 15.♘d5!⩲

15.♘xe4

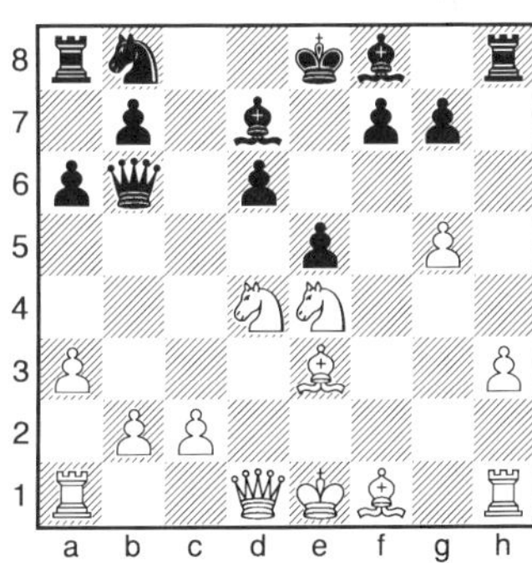

a) Verfehlt wäre nun **15...exd4? 16.♗xd4 ♕c7**

– 17.♕e2 ♗e6 18.0–0–0±

– 17.g6!? fxg6 18.♕e2±

b) Allerdings können beide Seiten mit **15...d5! 16.♘f5∞** noch einmal kräftig von ihren Pfefferstreuern Gebrauch machen.

68

Newednitschi – Cela

Griechenland 2002

1.e4 c5 2.♘f3 e6 3.d4 cxd4 4.♘xd4 ♘f6 5.♘c3 d6 6.g4 h6 7.h3 ♘c6 8.♗e3 a6 9.f4 ♗d7 10.♗g2 ♖c8 11.♕d2 b5 12.a3

♕c7 13.♘b3 ♗e7 14.0-0-0 b4 15.axb4 ♘xb4 16.♔b1 a5 17.♘d4 a4 18.♘db5 ♗xb5 19.♘xb5

1) In der Partie konnte Schwarz nach **19...♕xc2+? 20.♕xc2 ♖xc2** von Glück sagen, mit einem blauen Auge davonzukommen, zumal eher der Gegner von der geöffneten c-Linie profitiert.

So beispielsweise nach dem weiteren Fehler 20...♘xc2? 21.♖c1

- 21...♘xe3? 22.♖xc8+ ♗d8 23.♗f3+-

- 21...a3! 22.bxa3 ♖b8 23.♔xc2 ♖xb5 24.♖b1 ♖xb1 25.♖xb1 0-0 26.a4±; 26.♖b7

21.♗d2 ♖c4?!

⌓21...0-0 22.♘a3 ♖xd2 23.♖xd2 d5≅ ∆24.exd5 ♘fxd5

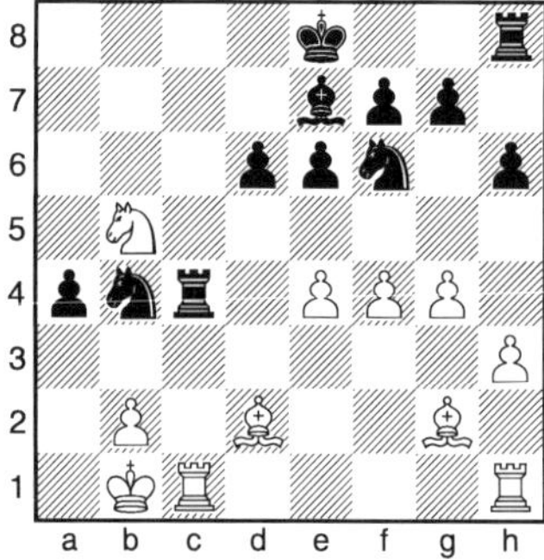

22.♖c1! ♖c5?

⌓22...d5 23.♖xc4 dxc4 24.♖c1 ♘d3 25.♖xc4± 25...0-0 ∆♖b8

23.♘xd6+ ♗xd6 24.♗xb4+-

2) Hingegen wäre es nach **19...♕c4! 20.♘c3 a3!** der Weiße gewesen, der ums Überleben hätte kämpfen müssen.

a) Nach **21.bxa3? ♖b8!**-+ könnte Schwarz bereits taktisch aus dem Vollen schöpfen.

- 22.♔c1 ♕a2!

- 22.♔a1 ♘fd5!! ∆23.exd5 ♗f6

- 22.♗d4 e5 23.fxe5 ♘c6+ 24.♔a1 dxe5

b) Der Gegenspielversuch **21.e5?** wird mit **21...♘fd5 22.♗xd5 exd5** pariert; z.B. **23.♗d4 dxe5** (23...axb2) **24.♗xe5 axb2!** ∆♕a6

- 25.♗xg7? ♕a6 26.♔xb2 ♖b8 mit vernichtendem Mattangriff.

- 25.♕e2 f6 26.♗d4 ♕xe2 27.♘xe2 ♖xc2-+

c) Auch nach dem Konsolidierungsversuch **21.♗d4?** entscheidet das Motiv **21...axb2** (∆♕a6) **∆22.♗f1**

22.♕e2 ♕xe2 23.♘xe2 ♘xc2-+

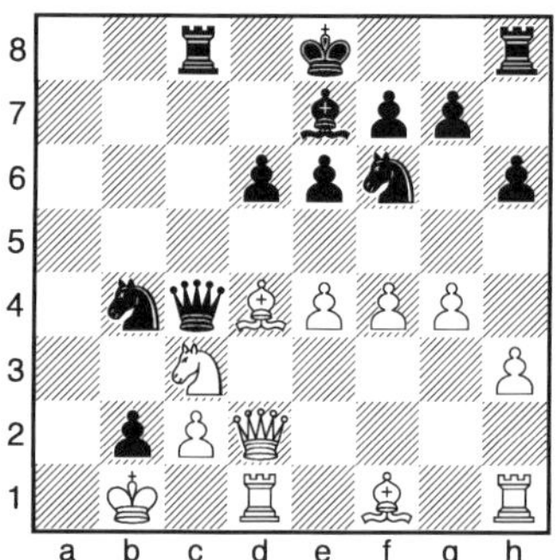

22...♘xe4! 23.♗xc4 ♘xd2+ 24.♖xd2 ♖xc4-+ z.B. **25.♗xg7 ♖g8 26.♗d4 e5! 27.fxe5 dxe5 28.♗xe5 ♘c6**

d) Am besten fährt Weiß noch nach der sofortigen Prophylaxemaßnahme **21.♗f1!** mit der plausiblen Folge **21...♘xe4 22.♗xc4 ♘xd2+ 23.♖xd2 ♖xc4 24.♖d4 ♖xd4 25.♗xd4 ♘c6!**∓ ∆26.♗xg7? ♖h7-+.

69

Adams – Suba

England 1990

1.e4 c5 2.♘f3 d6 3.d4 ♘f6 4.♘c3 cxd4 5.♘xd4 e6 6.g4 h6 7.♖g1 a6 8.h4 ♕a5 9.♘b3 ♕c7 10.g5 hxg5 11.hxg5 ♘fd7 12.g6 ♘e5 13.gxf7+ ♕xf7 14.f4 **(V)**

Mit **14...♗e7!** und folgenden Abspielen.

1) Nach dem ‘positionellen’ Ansatz **15.♗e3?** und der Folge **15...♖h2! 16.♗e2**

♗h4+ 17.♔f1 ♘bc6∓ kann Weiß sogar in Nachteil geraten.

2) Nach **15.♕e2 ♖h2 16.♖g2 ♗h4+ 17.♔d1 ♖h1** käme etwas mehr Farbe ins Spiel.

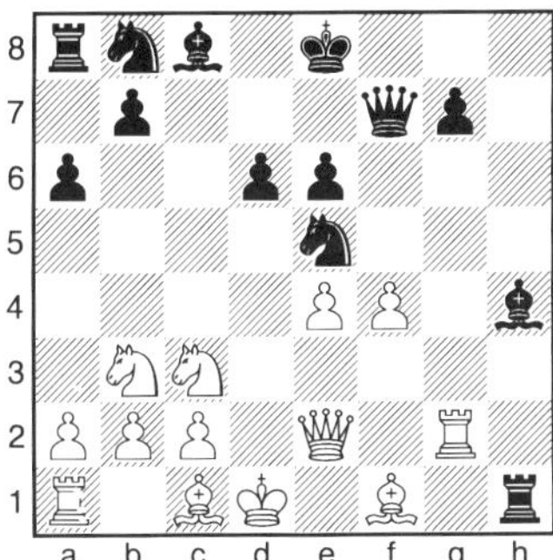

Und wem **18.♗e3 g5** noch zu durchschaubar erscheint, der könnte bei Gefallen auf **18.♖h2 ♘g4 19.♖xh1 ♘f2+ 20.♕xf2 ♗xf2 21.♖h8+ ♔d7 22.f5 ♔c7** ausweichen, wobei sich die Anmerkung wohl erübrigt, dass das Spiel in beiden Fällen unklar ist.

3) Und nach der Annahme **15.fxe5** fällt Schwarz nicht etwa mit 15...♗h4+? 16.♔d2± mit der Tür ins Haus, sondern dreht mit **15...♖h2!** noch ein wenig an der Sauerstoffzufuhr des weißen Königs. Hier einige Varianten, aus denen die schwarze Kompensation hervorgeht.

a) 16.♗e2?? ♗h4+ 17.♔d2 ♕f4+ 18.♔d3 ♖h3+ 19.♗f3

19.♔c4?? d5+! nebst baldigem Matt

19...♖xf3+ 20.♔e2 ♕f7!−+

b) 16.♕d4 ♗h4+ 17.♔d1 ♘c6 18.♕e3 ♗f2 19.♕g5 ♗xg1 20.♕xg1 ♕h5+ nebst Dauerschach

c) 16.♖g2 ♗h4+ 17.♔d2 und auch hier bei Gefallen Dauerschach nach **17...♗g5+ 18.♔e2**

18.♔e1 ♗h4+; 18.♔d3?? ♖h3+ −+

18...♕h5+ 19.♔f2 ♕h4+ usw.

d) 16.♗g2 ♗h4+ 17.♔e2 (17.♔d2∞) **17...♕f2+ 18.♔d3 ♘c6 19.♕h5+ ♔d7 20.♗e3?**

⌓20.exd6 ♗g3 21.♗e3 ♖xh5 22.♗xf2 ♗xf2∞

20...♘b4+ (20...♘xe5+?? 21.♕xe5+−) **21.♔c4 ♕xe3 Δ22.♔xb4? ♗e7!−+; ⌓22.exd6 ♘c6 23.a4 ♔xd6∓**

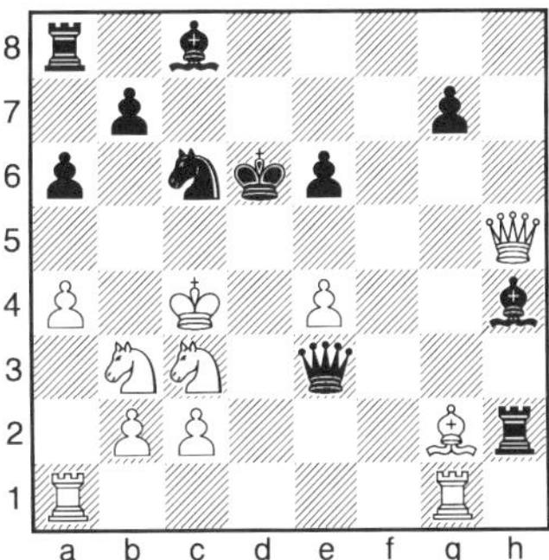

Und nachdem der schwarze König einen neugierigen Blick auf seinen buchstäblich aus dem Häuschen geratenen Gegenspieler geworfen hat, geht es mit den weißen Aktien rapide bergab.

70

Luther – Judasin

Budapest 1989

1.e4 c5 2.♘f3 d6 3.d4 cxd4 4.♘xd4 ♘f6 5.♘c3 a6 6.♗g5 e6 7.f4 ♕c7 8.♕f3 b5 9.0-0-0 b4 10.♘ce2 ♘bd7 11.g4 ♗b7 12.♘g3 d5 13.♗d3 ♗c5 14.♘b3 dxe4 15.♘xe4 ♗e7 16.♖he1 ♖c8 17.♖e2 0-0 18.♗xf6 ♘xf6 19.f5 a5 20.♔b1 a4 21.♘bd2 ♖fd8 22.fxe6 fxe6 23.♘xf6+ ♗xf6 24.♘e4 ♗xb2 25.♔xb2 ♕e5+ 26.♔c1 b3 27.axb3 ♕a1+ 28.♔d2 **(V)**

Zunächst ist klar, dass Schwarz nur nach der weitgehenden Freilegung des gegnerischen Königs mit **28...♖xc2+!** auf Dauerschach hoffen darf.

29.♔xc2!

Nach der ‘kleinbürgerlichen’ Alternative 29.♔e1?! und der Folge 29...♖c1 30.♖ed2 kann Schwarz mit 30...a3 oder 30...axb3 ausreichende Kompensation nachweisen.

29...axb3+

Statt dieser Einleitung zu einer längeren forcierten Zugfolge würde der Ansatz 29...♕a2+?? 30.♔c1 ♕a3+ an 31.♖b2+− scheitern.

30.♔d2

Auf ins Epauletten-Spalier!

30...♕a5+ 31.♔e3 ♕b6+ 32.♔f4 ♕c7+?!

Bestimmt ist 32...♖f8+ 33.♔g3 ♖xf3+ 34.♔xf3 die sicherere Alternative, zumal Weiß sein de facto gegebenes minimales Materialplus angesichts des ‘unversteckbaren’ Königs kaum jemals verwerten könnte.

Allerdings geht es hier ja gar nicht so sehr um Sicherheit, sondern um die maximale Ausreizung des ‘Scherzartikels’.

33.♔g5

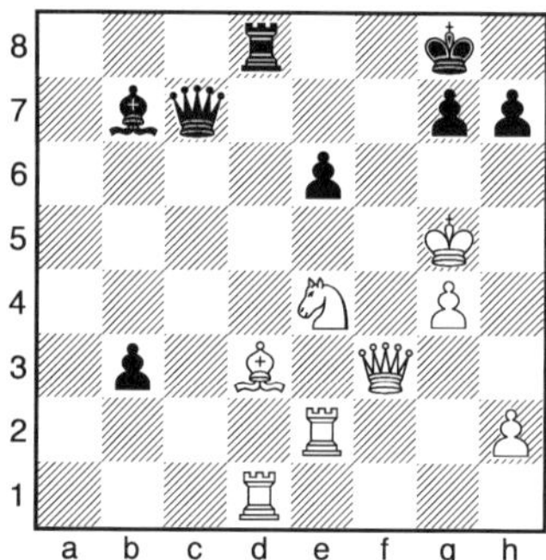

33...♕e7+?!

Zu 33...♖f8 34.♕xf8+ ♔xf8 35.♔h4 ♕d8+ 36.♔h3 siehe letzte Anmerkung.

34.♘f6+! gxf6+

Der ‘Konterversuch’ 34...♔f7? scheitert nach 35.♕f2 gxf6+ 36.♔h4 f5+ 37.♔g3+− oder sogar 37.♔h5!?, um den einmal gewonnen Schwung auszunutzen.

35.♕xf6 ♖d5+ 36.♗f5 ♕xf6+ 37.♔xf6 ♖xd1 und nun **38.♗xe6+** oder auch vorab **38.♖e3!?** mit Minimalvorteil.

71

Bellahcene – Benitah

Frankreich 2011

1.e4 c5 2.♘f3 d6 3.d4 cxd4 4.♘xd4 ♘f6 5.♘c3 a6 6.♖g1 e5 7.♘b3 h5 8.♗g5 ♗e6 9.♕d2 ♘bd7 10.0-0-0 ♗e7 11.♔b1 b5 12.♗xf6 ♘xf6 13.f4 0-0 14.f5 ♗d7

Nach den vorgeschlagenen Zügen kann Schwarz jeweils mehr oder weniger erfolgreich um Initiative und Minimalvorteil kämpfen; z.B. 15.♗e2 a5; 15.♗d3 ♗c6 bzw. 15.a3 ♕b6!.

Die Partiefolge **15.g4!** legte die Vermutung nahe, dass auf weißer Seite ein leidenschaftlicher Anhänger des Wolga-Gambits tätig war.

15...hxg4

Schwarz hat keine Wahl.

- 15...b4? 16.♘d5 Δ16...♘xe4? 17.♕g2+−; ⌓16...♘xd5 17.♕xd5±
- 15...♕b6?! 16.♗e2±; 16.g5!? ♕xg1 17.gxf6 ♗xf6 18.♗xb5=∞

16.h3 b4

Nicht besser ist 16...♗e6? 17.hxg4 ♘xe4 (17...b4? 18.♕h2! ♘xe4 19.♘xe4 ♗xe4 20.♗d3! ♗xd3 21.♖h1!+−)

18.♘xe4 ♗xe4 19.♕e2! mit bedeutendem Vorteil nach 19...♗c6 20.♗g2 bzw. 19...d5 20.♗g2.

17.♘d5

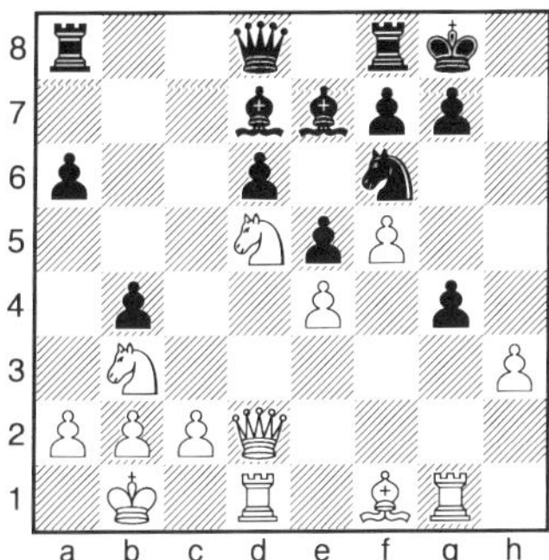

Und hier wäre Schwarz nach 17...♘xd5 18.♕xd5 ♕c7 Δ♖fc8 voll im Spiel geblieben, während es nach dem Partiezug **17...♘xe4??** mit **18.♕g2! ♘f6 19.♘xe7+ ♕xe7 20.hxg4** Δ♕h3 usw. rasch dem Ende hätte entgegengehen können.

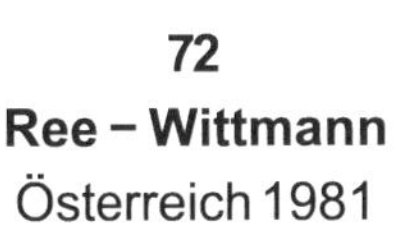

72

Ree – Wittmann

Österreich 1981

1.e4 c5 2.♘f3 ♘c6 3.d4 cxd4 4.♘xd4 ♘f6 5.♘c3 d6 6.♗c4 e6 7.0-0 ♗e7 8.♗e3 a6 9.a4 0-0 10.♔h1 ♗d7 11.f4 ♖c8 12.♗a2 ♘xd4 13.♕xd4 ♘g4 14.♗g1 ♗f6 15.e5 dxe5 16.fxe5 ♘xe5 17.♘e4 ♗c6 18.♘xf6+ gxf6 19.♗b3

Mit dem geradezu *brutal* stillen Zug **19...♔h8!** weist Schwarz auf die eklatante Unterversorgung des neuralgischen Bauern g2 hin und erhält augenblicklich eine Gewinnstellung.

20.♖ad1

20.♕xd8 ♖cxd8 Δ21.♖xf6 ♖g8 22.♖f2 ♖xg2 23.♖xg2 ♖g8

20...♖g8

Und nun wäre auch die zähere Verteidigung **21.♖d2** (statt 21.♖f2 ♕xd4 22.♖xd4 ♖g6 23.♖dd2 ♖cg8 Δ♘f3!) nach **21...♕e7** (Δ♖g4,♖cg8) **22.♕h4 ♖g4 23.♕xf6+ ♕xf6 24.♖xf6 ♖cg8 25.♖ff2** ...

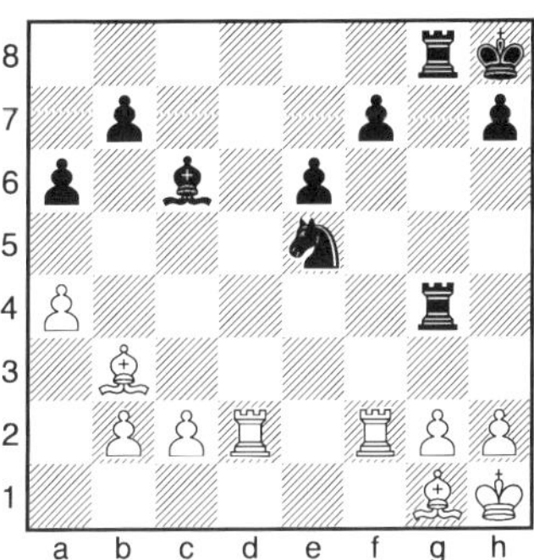

... mit **25...♘f3!** niedergerungen worden.

73

Zinser – Krogius

Frankreich 1966

1.e4 c5 2.♘f3 ♘c6 3.d4 cxd4 4.♘xd4 e6 5.♘c3 d6 6.♗e3 ♘f6 7.♗d3 ♗e7 8.♕e2 0-0 9.0-0-0 ♕c7 10.g4 ♘xd4 11.♗xd4 e5 12.♗e3 ♗xg4 13.f3 ♗e6 14.♖hg1 ♔h8 15.f4 exf4 16.♗xf4 ♘d7 17.e5

Mit dem Opfer eines zweiten Bauern hat Weiß nicht etwa eine Gewinnkombination gestartet, sondern streng genommen eine Rettungsaktion – und zwar angesichts der Tatsache, dass der ohnehin spärliche Angriff gänzlich auszubluten drohte.

1) In der Partie wählte Schwarz mit **17...♘xe5** die Fortsetzung, nach der das weiße Ansinnen ohne große Mühe in die Tat umzusetzen ist.

18.♗xe5

Es ging auch gleich 18.♗xh7 (Δ18...♔xh7?? 19.♕h5+ ♔g8 20.♖xg7+ nebst # in 4) 18...♕c4 19.♕xc4 ♘xc4 20.♗e4⩲.

18...dxe5 19.♗xh7

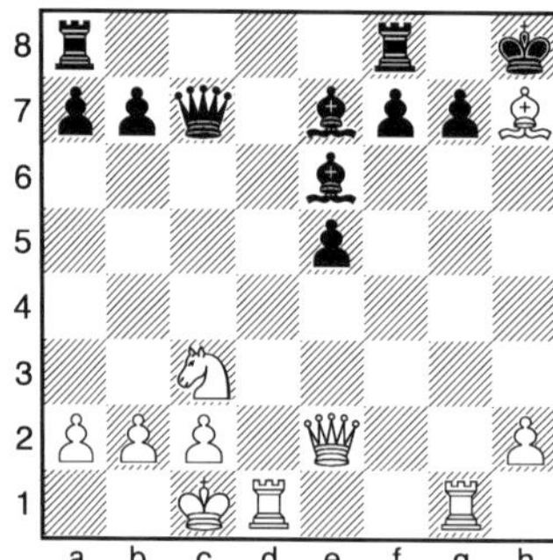

19...♕c4

– 19...g6?? 20.♗xg6 fxg6 21.♖xg6+–

– 19...♗c5 20.♕h5 ♗e3+ 21.♔b1 ♗h6 22.♗d3⩱

Und statt **20.♗d3?! ♕f4+ 21.♔b1 ♖ad8∓** hätte Weiß hier besser 20.♕xe5 ♗f6 21.♕h5 ♕f4+ 22.♔b1 ♕h6 gewählt.

2) Nach **17...dxe5** und der einzig sinnvollen Fortsetzung **18.♘d5!** ergeben sich die weitgehend forcierten Varianten:

a) 18...♕d6 19.♗xh7! ♗xd5 20.♖xd5! Δ20.♕xd5? 21.♗e4±; ⌓20...♕f6

b) 18...♗xd5 19.♖xg7 ♔xg7 20.♕g4+ ♔h8 21.♕f5 ♘f6 22.♗xe5 ♕xe5 23.♕xe5 ♖ae8 24.♖f1 ♗d8 25.♕d4 (25.♕d6!?) z.B. **25...♖e6 26.♖xf6 ♗xf6 27.♕xd5**

74

Ivanisevic – Kosic

Bosnien 2004

1.d4 e6 2.♘f3 c5 3.e4 cxd4 4.♘xd4 ♘f6 5.♘c3 d6 6.♗e3 a6 7.f3 b5 8.g4 b4 9.♘ce2 ♗b7 10.♕d2 d5 11.g5 ♘fd7 12.exd5 ♗xd5 13.♘f4 ♕b7 14.0-0-0 ♘c5 15.♗c4 ♘c6 16.♕e2 ♕c7

1) Zunächst ist zum Textzug **17.♘dxe6!** zu sagen, dass dieser nicht nur stark ist, sondern dermaßen stark, dass er streng genommen sogar *zwei* Rufzeichen verdient.

17...fxe6

Auf 17...♘xe6 18.♗xe6 fxe6 19.♘xe6 ♕e5 ...

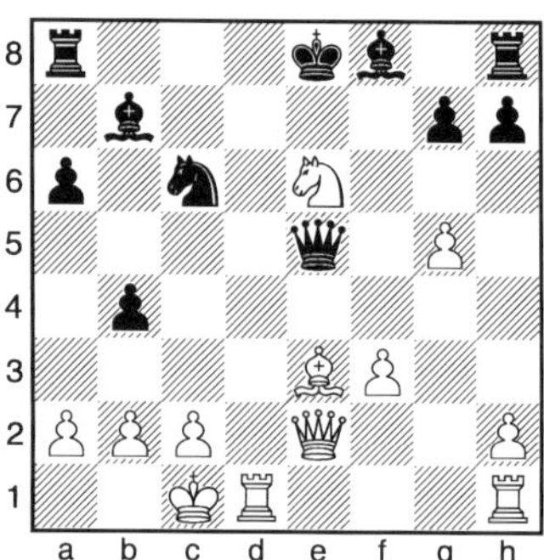

... folgt mit 20.♕c4!! (Δ♗f4; Δ♖he1) ein weiterer Riesenzug, der nach 20...♕xe3+ 21.♔b1 nebst ♖he1 zu verheerendem Mattangriff führt.

18.♘xe6

Eine eigenartige Entscheidung, zumal doch eine Art ‘Schach-Instinkt’ dafür plädiert, dass sich auf e6 ein *Springer* wesentlich besser macht als ein Läufer – und dass entsprechend 18.♗xe6! (Δ♘d5) die effektivere Wahl sein sollte.

– So führt 18...♘xe6 19.♘xe6 ♕e5 20.♕c4!! zu der Stellung aus der letzten Anmerkung.

– Und nach 18...♖d8 19.♘d5; 19.♗d5 oder 18...♗e7 19.♘d5; 19.♖he1 kann Weiß im Reich der Nebenlösungen aus dem Vollen schöpfen.

18...♘xe6 19.♗xe6 und nach **19...♗e7** (Δ20.♖d7? ♕e5∓) **20.♕c4** hätte der Gewinn noch deutlich mehr Arbeit erfordert gemacht.

2) In der Tat ist **17.♘xc6!?** eine ganz ordentliche Alternative, die allerdings nur bei schwacher Gegenwehr zum Gewinn reicht.

a) Wie beispielsweise nach **17...♕xc6? 18.♗xc5**

– Nach 18...♕xc5? ist 19.g6!!+– noch wesentlich stärker als die ebenfalls völlig ausreichenden Alternativen 19.♗xe6 und 19.♘xe6.

– Und nach 18...♗xc5 entscheidet 19.♘xe6! fxe6 20.♗xe6 ♕c7 21.♖he1; 21.♗b3+ +–.

b) Und nach **17...♗xc6** ...

– ... wählt Weiß nicht etwa 18.♗xc5? (Δ18...♗xc5?? 19.♘xe6+–) wegen 18...♕xf4+ 19.♗e3 ♕xf3∓

– ... sondern entweder den subtilen Ansatz 18.♘h5!? (siehe dazu auch Punkt 3) oder den direkten 18.♖he1 mit der möglichen Folge 18...♗e7 19.♘h5! Δ19...0–0 20.♗f4 gefolgt von ♕e5 usw. – in beiden Fällen mit einer zumindest tendenziellen Gewinnstellung.

3) Es verdient jedoch große Beachtung, dass auch der vollkommen gewaltfreie Ansatz **17.♘h5!?** eine annähernde Gewinnstellung verspricht.

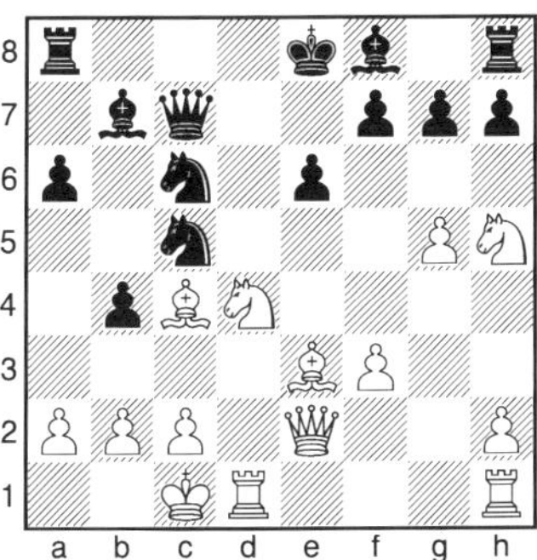

Denn der Zug behindert nicht nur die Anstrebung der kurzen Rochade, sondern bringt auch die Anschlussdrohung ♘f5! mit sich. Und nach der Notlösung **17...0–0–0** sorgt die Maßnahme **18.♘b3!** dafür, dass die schwarze Königsstellung ein lohnendes Angriffsziel wird.

75

Socko – Wojtkiewicz

Warschau 1995

1.e4 c5 2.♘f3 e6 3.d4 cxd4 4.♘xd4 ♘c6 5.♘c3 d6 6.♗e3 a6 7.♕d2 ♘f6 8.f3 ♗d7 9.g4 h6 10.0-0-0 ♕c7 11.h4 ♘e5 12.♖g1 g6 13.g5 hxg5 14.hxg5 ♘h5 15.f4 ♘c4 16.♗xc4 ♕xc4 17.♘b3 b5 18.f5 b4 19.fxe6 fxe6 20.♘e2 e5

Eine letzte und sehr giftige Möglichkeit ist der taktisch begründete Doppelangriff **21.♗c5!?**.

In der Partie wählte Weiß den ratlosen Abwartezug 21.♔b1 (mit der zu durchsichtigen Falle 21...♕xe4? 22.♘c5±), wonach Schwarz sich mit 21...♗e6 oder 21...♗e7 Minimalvorteil hätte sichern können.

Und bei 'taktisch begründet' ist nicht etwa an die offensichtliche Fesselung des d–Bauern gedacht, sondern daran, dass nach **21...♗b5!** zwei weiße Figuren hängen. Hier ein Blick auf die möglichen Folgen.

22.♗xb4 ♕xe2

Es gibt kein Zurück!

– Nach 22...♕xe4?? 23.♖ge1!+– geht Schwarz an der Situation im Zentrum zugrunde; z.B. 23...♗xe2 24.♗xd6! 0–0–0 25.♖xe2 usw.

– Und nach 22...♗e7?! hat Weiß den weiteren Trickzug 23.a4! auf Lager; z.B. 23...♗xa4 24.♘a5 und jetzt sollte Schwarz mit 24...♕a2 25.♕d5 ♕xd5 26.♖xd5± auf 'Nummer Sicher' gehen, zumal nach der gefräßigen Alternative 24...♕xe4? und der Antwort 25.b3 allerlei Gefahren lauern.

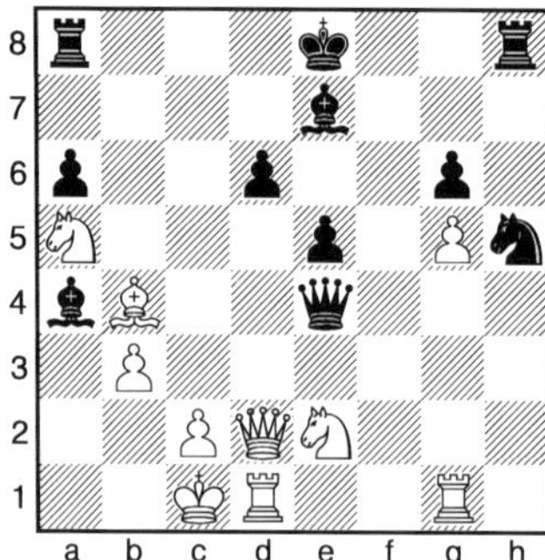

– 25...♗d7? 26.♗xd6+–

– 25...♗b5? 26.c4~+– Δ26...♖c8 27.♗xd6

– 25...♗c6 26.♗xd6 (26.♔b2!?± Δ27.♘c3 ♕xb4 28.♘xc6) und nach 26...♖d8 kommt nicht nur solide 27.♘c4± in Frage, sondern auch verwegen 27.♘c3!? ♕f5 28.♘xc6 ♖xd6 29.♕xd6 ♗xd6 30.♖xd6±.

23.♕d5 ♕e3+

Nach 23...♖d8 24.♕e6+ ♗e7 25.♕xg6+ ♔f8 (25...♔d7?? 26.♕f7!+–) 26.♕f5+ ist Schwarz gut beraten, Dauerschach zuzulassen, zumal es nach 26...♔g7?! mit dem weiteren Trickzug 27.♘c5!⩲ flott weitergehen könnte.

Und statt **24.♗d2** hätte Weiß hier vielleicht besser die Folge 24.♔b1 ♕a7 25.♕e6+ ♕e7 26.♕xg6+ ♕f7 27.♕xf7+ ♔xf7 28.♗xd6∞ gewählt.

76

Azarow – Oleksienko

Tschechien 2005

1.e4 c5 2.♘f3 d6 3.d4 cxd4 4.♘xd4 ♘f6 5.♘c3 a6 6.♗e3 e6 7.f3 ♘c6 8.♕d2 ♗e7 9.g4 0-0 10.0-0-0 ♘xd4 11.♕xd4 ♘d7 12.♖g1 b5 13.g5 ♕a5 14.♔b1 ♘e5 15.♖g3 ♗b7 16.f4 b4 17.♘e2

1) In der Partie wählte Schwarz den Springerzug **17...♘c6**, der nicht etwa einer Katastrophe gleichkommt, wohl jedoch einen zumindest vorübergehenden Verzicht auf aktives Gegenspiel bedeutet.

– 17...♘d7? ist schlecht wegen 18.♗d2± Δ18...d5 19.a3.

– Und nach 17...♘g6 18.f5! exf5 19.exf5 ♕xf5 20.♕xb4 ♗e4 21.♕d2; 20...♖ab8 21.♕d2 fällt der weiße Minimalvorteil doch schon etwas kräftiger aus als in der Partie.

18.♕d3

– Prinzipiell gefällt 18.♕b6 ♕xb6 19.♗xb6± noch besser, weil der schwarze Damenflügel ohne Dame mehr nach Lockerung als nach Angriff aussieht.

– Dies würde nach der Ungenauigkeit 18.♕d2?! und dem Störzug 18...b3! deutlich.

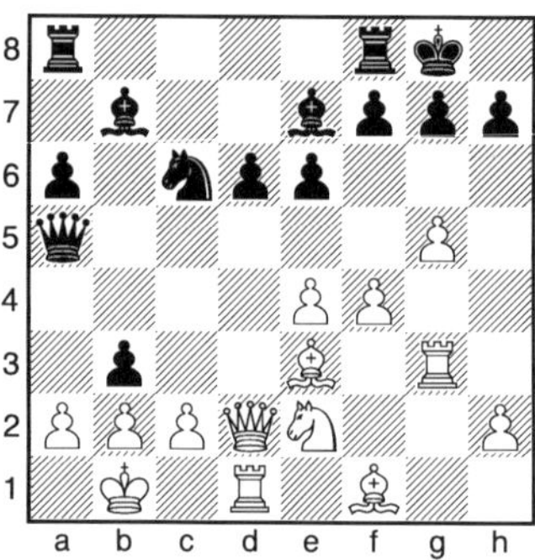

– 19.axb3? ♘b4 20.♘c3 ♗xe4∓

– 19.cxb3? ♘b4 20.a3 ♗xe4+ 21.♔a1 d5∓

– 19.♕xa5 bxc2+ 20.♔xc2 ♘xa5

18...♖fd8 und hier war 19.♗g2± besser, da der Textzug **19.♘c1?!** mit **19...d5** hätte beantwortet werden können.

2) Nach **17...♖fc8!** Δ♘c4 wird der Unterschied aktiv/passiv alsbald deutlich.

Die Turmwahl 17...♖ac8 macht keinen Unterschied, zumal nach 18.fxe5 dxe5 der Störzug 19.♕a7 gut mit 19...♗xe4!

20.♖c1 ♗c5 21.♗xc5 ♖xc5⩱ pariert werden könnte.

18.fxe5 dxe5

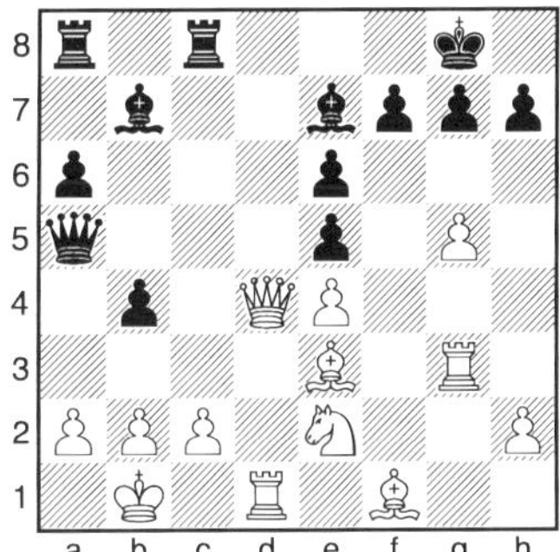

a) Und nun das mögliche Wechselspiel von Falle und Gegenfalle **19.♕d7?? ♖d8??**

⌓19...♗xe4!−+ Δ20.♖c1/♖d2 ♖c7

20.♕xb7

20.♕xe7?? ♖xd1+ 21.♘c1 ♗xe4

20...♖xd1+ 21.♘c1 ♕d8 22.♗e2~+− z.B. **22...♖d7 23.♕c6 ♖c7 24.♕a4**

b) 19.♕b6 ♕xb6 20.♗xb6 ♗xe4 21.♖c1 ♖c6⩱ nebst ♖ac8

c) 19.♕d2 ♗xe4

– 20.♘c1 ♖xc2 21.♕xc2 ♗xc2+ 22.♔xc2

– 20.♖c1 ♖d8 21.♕e1 ♖ac8⩱

77

Kislow – Bialy

Polen 1995

1.e4 c5 2.♘f3 d6 3.d4 cxd4 4.♘xd4 ♘f6 5.♘c3 e6 6.g4 a6 7.g5 ♘fd7 8.♗e3 b5 9.♕d2 ♗b7 10.♗g2 ♘e5 11.b3 ♘g4 12.0-0 ♘xe3 13.♕xe3 ♗e7 14.f4 ♘c6 15.♘xc6 ♗xc6 16.h4 h6 17.♖ad1 ♖c8 18.♘e2 hxg5 19.hxg5 ♗d7 20.c3 ♕c7

Angesichts des positionellen gegnerischen Kapitals von Läuferpaar, soliderer Bauernstellung und aktiveren Schwerfiguren ist Weiß gut beraten, sich beizeiten darauf einzurichten, seine Stellung verteidigungsfähig zu halten. Dabei kann er sich daran orientieren, dass der nächste schwarze Teilplan in der Anstrebung von Damentausch mittels ♕c5 besteht.

21.♔f2!

1) In der Partie folgte **21...♕c5 22.♖h1**

22.♕xc5 ♖xc5 23.♖h1 ♖g8!? Δe5

22...♕xe3+

22...♖xh1 23.♖xh1 (23.♕xc5? ♖xd1∓) 23...♗d8 24.♕xc5 ♖xc5∓

23.♔xe3 ♖xh1 24.♖xh1

2) Eine der möglichen Alternativen wäre der Sprengungsversuch **21...e5** mit der möglichen Folge **22.♖h1** (22.f5?? ♖h5−+) **22...♖f8!?** Δexf4

22...♖xh1 23.♖xh1 exf4 24.♖h8+ ♗f8 25.♕xf4 ♕c5+ Δ♕e5

a) 23.f5

23...♕d8 24.♕g3! Δ24...♗xg5 25.♖xd6

23...♕c5 24.♕xc5 ♖xc5 25.f6 gxf6 26.gxf6 ♗xf6 27.♖xd6

b) 23.♗h3 exf4 24.♗xd7+ ♕xd7 25.♕xf4

78

Sohier – Trommsdorf

Frankreich 2007

1.e4 c5 2.♘f3 e6 3.d4 cxd4 4.♘xd4 ♘f6 5.♘c3 d6 6.g4 h6 7.h4 h5 8.gxh5 ♘xh5 9.♗g5 ♕b6 10.♘b3 ♗d7 11.♕d2 ♘c6 12.0-0-0 a6 13.♖g1 ♘e5 14.♗e3 ♕c7 15.♗e2

Die Partiefortsetzung **15...♘c4??** stellte sich wegen der Missachtung der Situation in der d-Linie als grober Fehler heraus.

Richtig war 15...b5 mit vollwertigem Spiel nach beispielsweise 16.f4 ♘c4 17.♗xc4 bxc4 18.♘d4 ♖b8 nebst ♕b7 usw.

16.♗xc4 ♕xc4 17.♗c5!?

Noch stärker war 17.♘c5! Δ17...♗c6 18.a3! mit der kapitalen Drohung b2−b3.

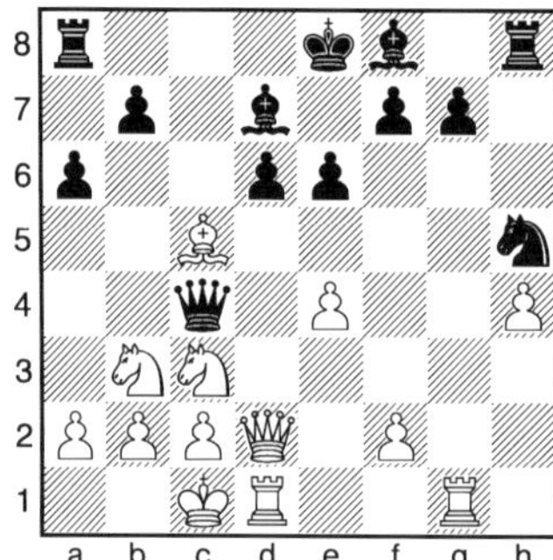

17...0-0-0?!

Diese vermutliche Panikreaktion macht die Sache ganz hoffnungslos. Nach dem besseren 17...♖c8 18.♗xd6 ♗xd6 19.♕xd6 ♕c7 20.♕b4± hätte Schwarz wenigstens noch auf den geschwächten gegnerischen Königsflügel setzen können.

18.♗xd6?

Allerdings ist auch Weiß nicht mehr ganz bei der Sache, weil er nach Gewinn eines Zentrumsbauern womöglich von einem 'automatischen Gewinn' überzeugt war. Nach 18.♗b6 ♖e8 19.♘a5 ♕b4 20.♕e3+− Δa3 hätte die Rettung der Dame den Schwarzen zu viel Material gekostet.

18...♗xd6 19.♕xd6 ♕c7 20.♕xc7+?

Nach diesem weiteren Fehler (statt 20.♕b4±) erhält Schwarz doch noch Gegenspiel aufgrund des schwachen weißen Königsflügels.

20...♔xc7 21.♘c5 ♗c6

79

Schirow − Salow

Buenos Aires 1994

1.e4 c5 2.♘f3 d6 3.d4 cxd4 4.♘xd4 ♘f6 5.♘c3 e6 6.g4 h6 7.h4 ♗e7 8.♗e3 ♘c6 9.♗b5 ♗d7 10.♕e2 h5 11.gxh5 ♘xh5 12.0-0-0 ♕c7 13.♗g5

13...♘xd4! 14.♖xd4

14.♗xd7+ ♕xd7 15.♖xd4 ♘g3! 16.fxg3 ♗xg5+ 17.♔b1 ♗f6∞

14...♘g3!

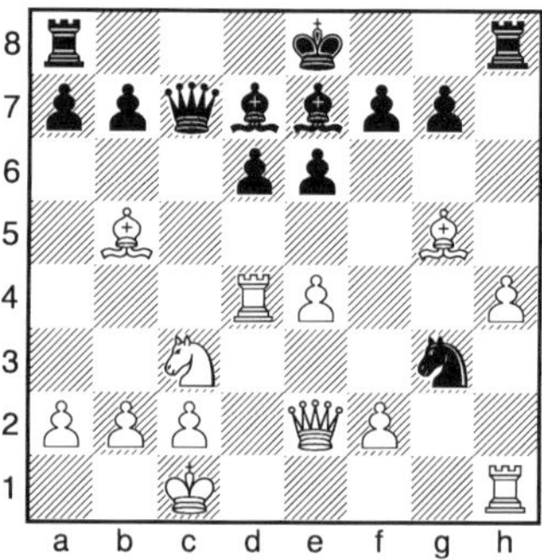

15.fxg3 ♗xg5+ 16.♔b1 ♗f6 17.♖c4 ♗xb5 18.♖xc7

18.♘xb5 ♕b6 Δ19.♘c7+?! (⌓19.c3 0-0) 19...♔e7∓

18...♗xe2 19.♘xe2 ♖b8 mit baldigem Remis.

80

Socko − Schmidt W.

Polen 1995

1.e4 c5 2.♘f3 e6 3.d4 cxd4 4.♘xd4 ♘f6 5.♘c3 d6 6.g4 h6 7.h4 ♗e7 8.♗e3 ♘c6 9.♖g1 h5 10.gxh5 ♘xh5 11.♕d2 a6 12.0-0-0 ♗d7 13.♗e2 g6 14.f4 ♘f6 15.♗d3 ♕c7 16.♘f3 b5 17.f5 gxf5 18.exf5 exf5

Nach dem einfachen Ausfall **19.♗g5!**+− (Δ♖de1) ist die schwarze Stellung nicht mehr zu verteidigen.

19...♗e6

19...♘b4 20.♖de1 ♘xd3+ 21.♕xd3 ♗e6 22.♗xf6 ♗xf6 23.♘d5

20.♗xf5!

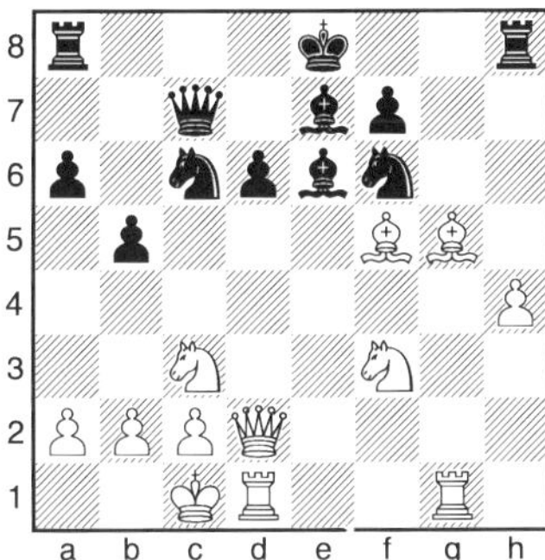

Diesen Trick mit der drei Züge später folgenden Pointe hatte Schwarz offenbar übersehen.

20...♗xf5

20...0-0-0 21.♗xf6 ♗xf6 22.♘d5

21.♗xf6 ♗xf6 22.♘d5 ♕d8 23.♕f4

81

Almasi – Sasikiran

Ungarn 2005

1.e4 c5 2.♘f3 d6 3.d4 cxd4 4.♘xd4 ♘f6 5.♘c3 ♘c6 6.♗g5 e6 7.♕d2 a6 8.0-0-0 ♗d7 9.f4 h6 10.♗h4 g5 11.fxg5 ♘g4 12.♗e2 ♘ge5 13.♘xc6 ♗xc6 14.g3 ♘g6 15.♔b1 ♕a5 16.♖hf1 hxg5 17.♗xg5 ♖xh2 18.♗f6 b5 19.♕e3

1) In der Partie waren beide Seiten zunächst auf der Höhe und es folgte ein interessanter Schlagabtausch.

19...b4! 20.♘d5!

Von eigenständiger Bedeutung ist die Einschaltung von 20.♕g1!? ♖h7 und erst jetzt 21.♘d5 exd5 22.exd5 ♗b5∞.

20...♖xe2! 21.♕xe2 ♗b5

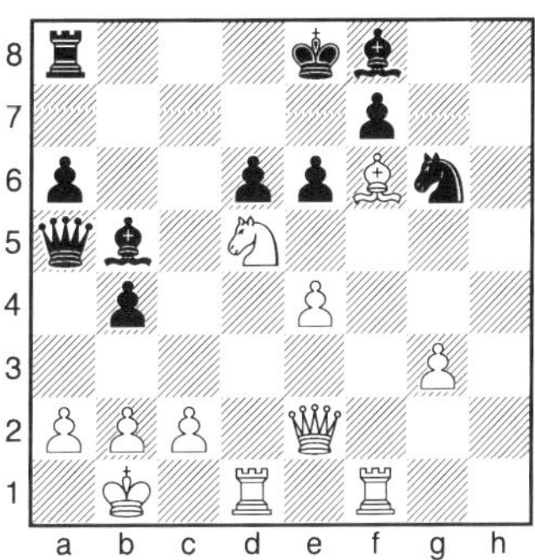

22.c4!

Denn nach 22.♕f3?! ♗xf1 23.♖xf1 exd5 24.exd5 ♖c8! Δ25.♕e4+ ♗e7 bleibt Schwarz mit Minimalvorteil im Rennen.

22...bxc3 23.♕f2?!

Hier hätte Weiß allerdings besser 23.♗xc3 gewählt.

– 23...♗xe2 24.♘f6+ ♔e7 25.♘g8+ ♔e8 26.♘f6+

– 23...exd5 24.♕f3 ♕c7 25.♖fe1

23...exd5

23...♗xf1? 24.♗xc3! ♕a4 25.♘f6+ ♔d8 26.♖xf1±

24.♗xc3 ♕c7 25.♖fe1 und hier machte außer dem Textzug **25...d4!?** auch 25...♘e5!? einen guten Eindruck.

2) Welche Gefahren in der Ausgangsstellung lauern, geht daraus hervor, dass nach der Schablone **19...♖c8??** der Kraftzug **20.♘d5!** in allen Varianten zum Sieg führt.

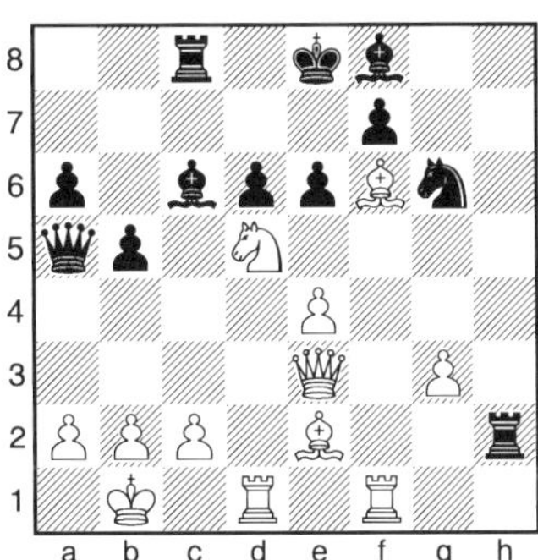

a) 20...♗d7 21.♗c3 ♖xc3

– 22.♘xc3?? b4 23.♘d5 exd5 24.exd5 ♘e5∓

– 22.♘f6+ ♔d8 23.bxc3; 22...♔e7 23.bxc3 ♗g7 24.♕g5

b) 20...♗b7 21.♗d3! Δ**21...exd5 22.exd5+ ♘e7 23.♗xe7 ♗xe7 24.♕f3!** (24.♖de1 ♖c7 25.♕f3) **24...♔d8** (24...f6 25.♖de1) **25.♕xf7 ♖h8 26.♕g7 ♖e8 27.♗g6**; **26.♖de1 ♖c7 27.♗g6** Δ♕g7

c) 20...b4 21.♗g5! ♗xd5 22.exd5 ♕c5 23.♖d2

d) 20...♗h6 21.♕f3! Δ**21...exd5 22.exd5 ♗b7 23.♖de1**

82

Gallagher – Stanec

Dresden 1998

1.e4 c5 2.♘f3 ♘c6 3.d4 cxd4 4.♘xd4 ♘f6 5.♘c3 d6 6.♗g5 e6 7.♕d2 ♗e7 8.0-0-0 a6 9.f4 ♗d7 10.♘f3 b5 11.a3 b4 12.axb4 ♘xb4 13.♗c4 ♖c8 14.♗b3 a5 15.♕d4 0-0 16.e5 ♘fd5 17.exd6 ♗xg5 18.♘xg5

1) Bei dem verfehlten Ansatz **18...♘xc3?? 19.bxc3 ♘d5** ist zu vermuten, dass Schwarz in der Vorausberechnung eine entscheidende Kleinigkeit übersehen hatte, die sein Gegner ... (siehe Anmerkung zum 21. Zug).

– 19...h6 20.♘xf7! ♖xf7 21.cxb4 ♖b8! 22.bxa5 ♕xa5 23.g3+–

– 19...♘c6 20.♕e4 g6 21.h3 h5 22.g4+– Δ22...e5 (22...♕f6 23.♖hf1) 23.♕e3 (23.♕d3) 23...exf4 24.♕xf4

20.♗xd5 exd5 21.♕xd5?

... die sein Gegner allerdings sogar aus der Nähe übersieht, denn zuerst musste mit 21.♕d3! g6 eine empfindliche Schwächung erzwungen werden, bevor es mit 22.♕xd5+– weitergehen würde.

21...♖xc3≅

2) Schon deutlich besser ist **18...♗c6?!** – allerdings nur, wenn Schwarz nach der starken Zentralisation **19.♕e5!** (Δ♘xe6) kaltschnäuzig genug für den Rückzug **19...♗d7!** ist – dem einzigen Zug, der den Schaden auf Minimalnachteil begrenzt.

Hier ein Blick auf eine der minderwertigen Alternativen: **19...♘xc3? 20.bxc3 ♘d5**

a) 21.♘xf7!? ♔xf7 22.f5 ♕g5+! 23.♖d2! ♕xf5 24.♕xf5+ exf5 25.♗xd5+ ♗xd5 26.♖xd5 ♔e6 27.♖hd1 ♖xc3 28.♖xa5⩲

b) 21.♘xe6! fxe6 22.♕xe6+ ♔h8 Δ**23.♗xd5?** (⌓23.d7±) **23...♖e8! 24.♕f7 ♕xd6 25.♗xc6 ♕xc6≅**

3) Das Beeindruckende an dem Herangehen **18...h6!** ist, dass dies nach zwei starken Zwischenzügen in der Folge **19.♘ge4** (19.♘f3 ♗c6≅) **19...a4! 20.♗xd5**

20.♘xa4?! ♗xa4 21.♗xa4 ♕a5 22.♗b3 ♘a2+! 23.♔b1 ♖a8≅

21...♘xd5 21.♘xd5 exd5 22.♕xd5 a3! 23.bxa3 ♕b6 ...

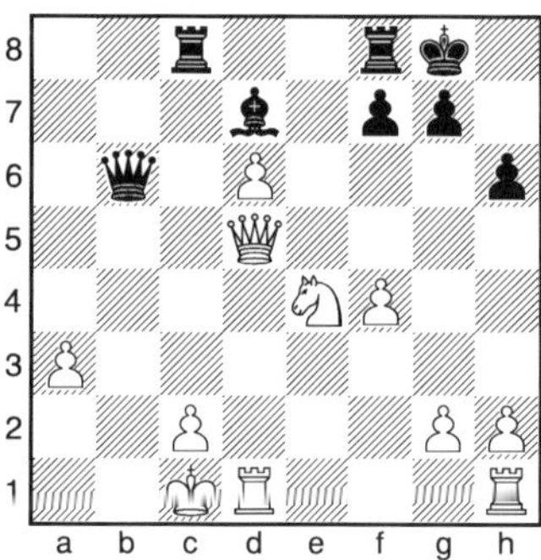

... zu einer Stellung führt, in der Schwarz angesichts der Drohungen ♕e3+, ♖b8, ♖c6 nebst ♖fc8 o.ä. über genug Kompensation für sage und schreibe *drei* Bauern verfügt.

83

Martinez – Huguet

Frankreich 1972

1.e4 c5 2.♘f3 d6 3.d4 cxd4 4.♘xd4 ♘f6 5.♘c3 e6 6.♗g5 ♗e7 7.f4 h6 8.♗b5+ ♗d7 9.♗xf6 ♗xf6 10.♗xd7+ ♕xd7 11.♘db5 ♗h4+ 12.g3 ♗e7 13.a4 ♘c6 14.♕d2 a6 15.♘a3 0-0 16.0-0-0 ♕c7 17.♕e3 ♖ac8 18.♘c4 ♘b4

1) Mit dem Partiezug **19.b3??** machte Weiß sich die Sache zu einfach. Dieser bringt nur Augenblicksrettung, denn während die Situation in der c-Linie vorher bedenklich war, ist sie nach der neuerlichen Schwächung dermaßen hoffnungslos, dass Schwarz außer der Textfolge **19...♖fd8** noch mindestens ein weiteres Gewinnverfahren zur Wahl steht.

– Und zwar die sofortige Besetzung der geschwächten langen Diagonale mit 19...♗f6 und der möglichen Folge 20.♔b1 d5 21.exd5 exd5 22.♘xd5 ♘xd5 23.♖xd5 b5!–+ 24.♘a3 ♗e7; 24.axb5 axb5 25.♖xb5 ♕c6.

– Es sei angemerkt, dass auch 19...b5!? 20.axb5 axb5 21.♘xb5 ♕b7! ...

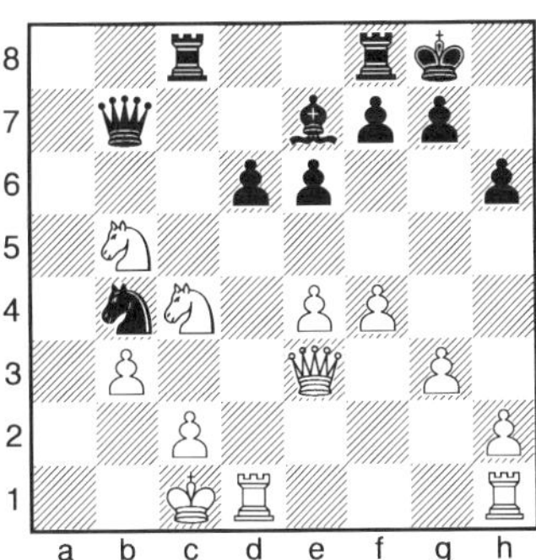

... Δ22.♘bxd6 ♗xd6 23.♖xd6 ♖xc4! 24.bxc4 ♘a2+ einen guten Eindruck macht. Allerdings hat Schwarz es angesichts gleich zweier solider Alternativen gar nicht nötig, sich auf irgendwelche 'Experimente' einzulassen.

20.♔b2

Kaum besser war 20.♖he1, um den Vorstoß des d-Bauern zu erschweren, denn nach 20...♗f6 ist die weiße Stellung auch in diesem Fall nicht zu retten.

– 21.♔b1 d5 22.exd5 exd5

– 21.e5 dxe5 22.♖xd8+ ♕xd8

– 21.♔b2 b5 22.axb5 axb5 23.e5 dxe5 24.fxe5 ♖xd1 25.♖xd1 ♗g5 26.♘xb5 ♕xc4

20...d5–+ 21.exd5

21.♘a3 ♕c6! Δ22.e5 d4

21...♘xd5 22.♘xd5 exd5 23.♘a3

Und hier hätte statt der eher harmlosen Fortsetzung **23...♗xa3+? 24.♔xa3 ♕xc2** etwas kräftigere Kost wie beispielsweise 23...b5 oder 23...♗f6+ verabreicht werden sollen.

2) Nur mit **19.♘b6** war der Schaden in erträglichen Grenzen zu halten.

a) Geht Schwarz mit **19...♖cd8** auf 'Nummer Sicher', kann Weiß seine Stellung mit **20.a5** halbwegs konsolidieren, und sei es unter Preisgabe eines Bauern. Nach beispielsweise **20...♘c6** kommt Schwarz nicht über Minimalvorteil hinaus.

– 21.♕e1!? Δ21...♘xa5? 22.♘cd5 exd5 23.♘xd5± Δ23...♘b3+ 24.♔b1 ♕d7 25.cxb3

– 21.♔b1 ♘xa5 22.♘ca4 und nach Blockade des Damenfügels kann Weiß mit h4, g4 usw. auf sein Gegenspiel am anderen Flügel zurückkommen.

b) Nach dem Überfallversuch **19...♘a2+** ...

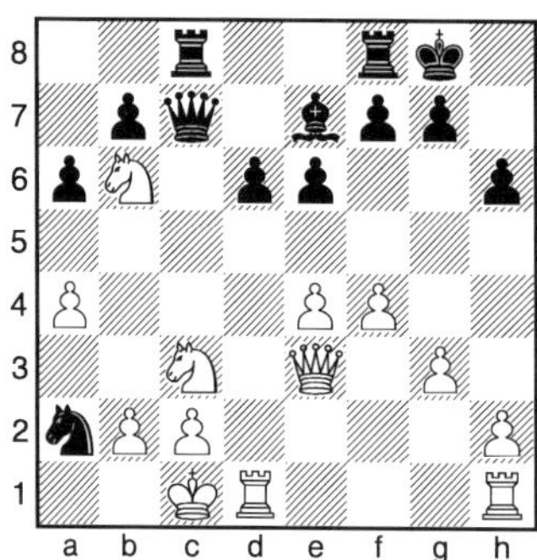

... und der weitgehend forcierten Folge **20.♔d2 ♘xc3 21.♘xc8 ♘xe4+ 22.♕xe4 ♖xc8** sind die 'Reflexzüge' 23.c3?! d5 24.♕d3 ♕b6∓ und 23.♔c1?! d5 24.♕d3 b5!∓ bedenklich.

Allerdings steht Weiß die ebenso subtile wie starke Defensivmaßnahme **23.♖a1!** zur Verfügung. Nach beispielsweise **23...d5 24.♕d3 ♕b6 25.♖a2 ♗f6 26.♔c1** ermöglicht der Turm die Verteidigung des Damenflügels ohne weitere Schwächungen. Und da er bei erster Gelegenheit über a3 reaktiviert werden kann, gilt erneut: Schwarz hat nicht mehr als Minimalvorteil.

84

Hamdouchi – Lautier

Frankreich 1994

1.e4 c5 2.♘f3 e6 3.d4 cxd4 4.♘xd4 ♘c6 5.♘c3 ♕c7 6.g3 a6 7.♗g2 ♘f6 8.0-0 ♗e7 9.♗e3 0-0 10.f4 d6 11.♔h1 ♖b8 12.a4 ♖e8 13.e5 ♘xd4 14.♗xd4 ♘d7 15.♕g4 dxe5 16.fxe5

1) In der Partie wurde Schwarz nach **16...♗c5?? 17.♘d5!! exd5 18.♖xf7!+-** geradezu vom Brett gefegt.

18...♗f8

18...♔xf7 19.♗xd5+ ♔f8 (19...♔e7 20.♕g5+) 20.♕f4+ Δ20...♘f6? 21.exf6 ♕xf4 22.♗xc5+

19.♗xd5 ♔h8

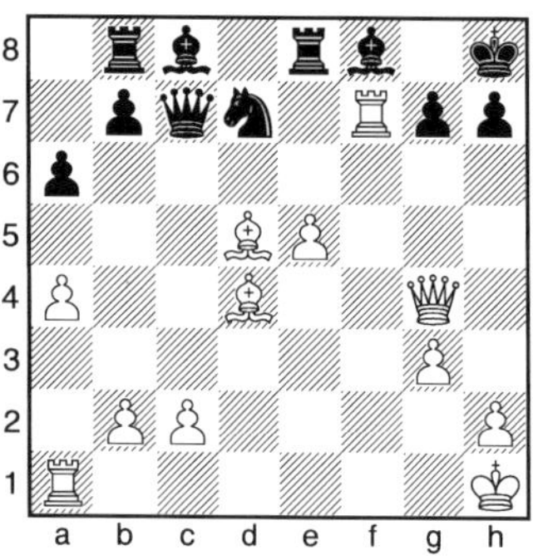

20.♖af1!

Hier und im nächsten Zug zeugt extreme Nebenlösigkeit davon (20.♕h5; 20.♕f5 +++), wie es um Schwarz bestellt ist.

20...♕d8 21.♕f3

21.♗e4; 21.♕f5 +++

2) 16...♘xe5?? 17.♕h5+-

a) 17...♗f6 18.♖xf6! gxf6 19.♘e4

b) 17...♘g6 18.♖xf7!

– 18...♔xf7? 19.♕xh7 Δ20.♖f1+

– 18...e5 19.♗d5 ♔h8 20.♖af1! Δexd4? 21.♖xg7 # in 2

3) 16...b6? 17.♖xf7! ♔xf7 18.♕h5+ ♔g8 19.♕xe8+ ♘f8 20.♖f1 ♗b7 21.♕f7+ ♔h8 22.h4!?± Um den König bei Bedarf auf h3 zu 'verstecken', bevor man sich an die Verwertung des Mehrbauern macht.

4) 16...♘f8? 17.♕f3 ♗d7

Denn auf die Läuferzüge 17...♗b4?, 17...♗d8? und 17...♗g5? nutzt 18.♗b6+- jeweils das gegebene Überlastungsmotiv.

18.♕xf7+ ♔h8 und nun macht **19.♘e4±** mit den Drohung ♘f6 und ♘d6 den besten Eindruck.

5) Nachdem der eingangs erwähnte 'Knackpunkt' eindeutig lokalisiert wurde, ist es wohl keine Überraschung, dass **16...♖f8!** der einzige Zug ist, der nach b6, ♗b7 usw. völligen Ausgleich verspricht.

85

Malyschew – Zeitlin

Sankt Petersburg 1997

1.e4 c5 2.♘f3 ♘c6 3.d4 cxd4 4.♘xd4 ♘f6 5.♘c3 d6 6.♗e3 e6 7.f3 ♗e7 8.♕d2 a6 9.0-0-0 0-0 10.g4 ♘xd4 11.♗xd4 b5 12.g5 ♘d7 13.f4 b4 14.♘e2 e5 15.♗e3 ♕a5 16.♕d5

Zunächst ist es vollkommen zutreffend, dass Weiß nach 16...♕xd5 17.exd5 absolut nichts zu befürchten hat, wobei dasselbe allerdings auch für Schwarz gilt. Unzutreffend ist hingegen, dass der Damentausch ‘erzwungen’ ist, was Schwarz sogar auf *zwei* Arten unter Beweis stellen kann.

1) Der harmlosere Ansatz besteht in **16...♕c7!?**

a) 17.♕xa8 ♗b7 18.♕a7 ♖a8 19.♕xa8+ ♗xa8 20.♘g3

b) Und nach der Alternative **17.fxe5?! dxe5∓** kann Weiß sich nach diesmal **18.♕xa8?** (⌓♘g3) und der Folge **18...♘b6! 19.♗xb6 ♕xb6∓** sogar gehörig in die Nesseln setzen.

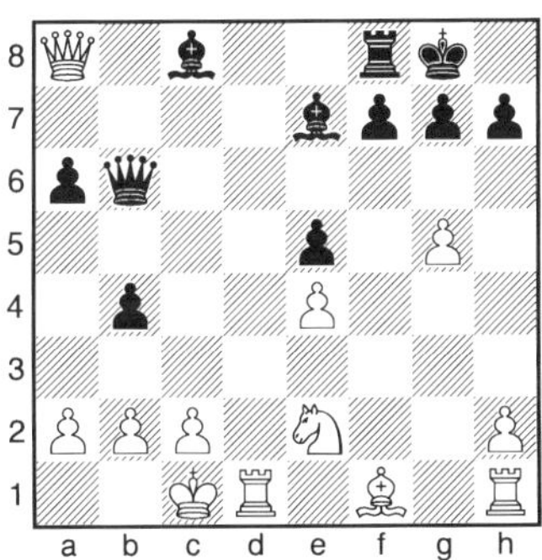

Z.B. **20.♘g3** (20.♕d5? ♖d8–+) **20...♗xg5+ 21.♔b1 ♗b7 22.♕xf8+ ♔xf8∓**

2) Deutlich gefährlicher ist das Opferangebot in der Version **16...♘c5!**

a) In der Partie folgte **17.♕xa8?! ♗b7 18.♕a7 ♖a8**, wobei Weiß sich offenbar auf **19.♗xc5** verlassen hatte.

Allerdings wäre der schwarze Vorteil auch nach 19.♕xb7 ♘xb7 20.♔b1 ♕c7∓ bereits deutlich aus dem Minimalbereich heraus.

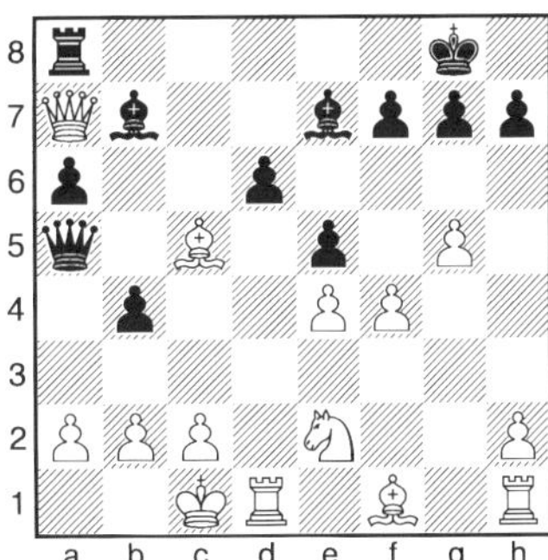

Es stellte sich jedoch heraus, dass er die enorme Aktivität der verbleibenden gegnerischen Figuren unterschätzt hatte.

19...♖xa7 20.♗xa7 ♗xe4–+

Mit der Doppeldrohung ♗xh1 und ♕c7.

21.♘g3 ♗xh1 22.♘xh1 ♕xa2∓

Δ♕a1+ nebst ♕xb2; Δa5-a4-a3

b) Offenbar hatte Weiß keine andere Wahl, als mit **17.♗xc5** in den sauren Apfel der Läuferpaaraufgabe zu beißen – mit der möglichen Folge **17...♗e6 18.♗xb4! 19.♕xb4** mit nur minimalem schwarzem Vorteil.

86

Hjartarson – Vogt

Schweiz 1996

1.e4 c5 2.♘f3 e6 3.d4 cxd4 4.♘xd4 ♘c6 5.♘c3 d6 6.♗e3 ♘f6 7.f3 ♗e7 8.♕d2 a6 9.g4 0-0 10.0-0-0 ♘xd4 11.♗xd4 b5 12.♔b1 ♗b7 13.h4 ♘d7 14.g5 ♘e5 15.♕f2 ♕c7 16.♖g1 ♖ac8 17.a3 ♘c4 18.♗xc4 ♕xc4 19.♗f6

In der Partie wählte Schwarz mit

19...♗d8! die beste Schadensbegrenzung.

Nach 19...♕c7? ist 20.h5!? mit tendenzieller positioneller Gewinnstellung noch stärker als direkt 20.♗xe7 ♕xe7±, weil Weiß sich in diesem Fall noch mit der eventuellen Verzweiflungstat ♖xc3 beschäftigen müsste.

20.♗xd8

Nach 20.♖xd6? gxf6 21.gxf6+ ♔h8 ist 22.♕d2 der einzige Zug, um wenigstens ein Dauerschach zu erzielen.

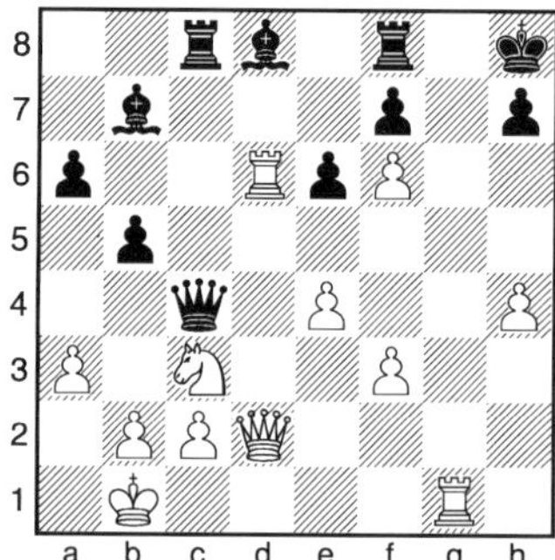

22...♗xf6 23.♕h6

1) 23...♗d4? 24.♖xd4! ♕xd4 25.♘e2 ♕xg1+ 26.♘xg1±

2) 23...♗e5 24.f4 ♗d4

a) 25.♖xd4 ♕xd4 26.♘e2 ♕xg1+ 27.♘xg1 Δ27...♗xe4?? 28.♕f6+ ♔h8 27.♕g5+ +−; ◯27...f6∞

b) 25.e5 ♗xg1 26.♕f6+ nebst Dauerschach

20...♖fxd8 und nun war 21.h5± Δg6 wohl deutlich kräftiger als die Partiefolge **21.♖d3? ♕c5 22.♕h2 a5∞**.

87

Ashley – Teplitsky

Bermuda 1999

1.e4 c5 2.♘f3 e6 3.d4 cxd4 4.♘xd4 a6 5.♘c3 d6 6.♗e3 ♘f6 7.f3 b5 8.♕d2 h5 9.0-0-0 ♘bd7 10.♗d3 ♗b7 11.♖he1 ♗e7 12.♔b1 ♖c8 13.h3 h4 14.♗f2 ♘e5 15.f4 ♘c4 16.♗xc4 ♖xc4 17.♕d3 ♕c8 18.e5 dxe5 19.fxe5

Natürlich handelt es sich bei der Fragestellung um eine Art Fangfrage, denn natürlich braucht der Springer gar nicht zu ziehen – jedenfalls nicht sofort. Was allerdings nicht bedeutet, dass er nicht auch sofort ziehen könnte. Zu kompliziert? – Dann das Ganze noch einmal im Klartext!

1) Zwar scheitert der Rückzug **19...♘d7??** an dem Überfall **20.♘xe6! fxe6 21.♕g6+ ♔f8 22.♖f1**; **21...♔d8 22.♗b6+**, aber die Alternativen **19...♘d5** und sogar **19...♘h5!?** sind bestens spielbar.

2) Aber warum passiv, wenn es auch aktiv geht – und zwar ohne nennenswertes Risiko!

19...♖xc3!? 20.bxc3 ♘d5 21.♘e2

Wie schnell Weiß in Nachteil geraten kann, möge ein Blick auf die unbedachte Alternative 21.♔b2? veranschaulichen.

– 21...♕c5 Δ22.♘xe6?! (◯22.♔a1 ♕c7∓)

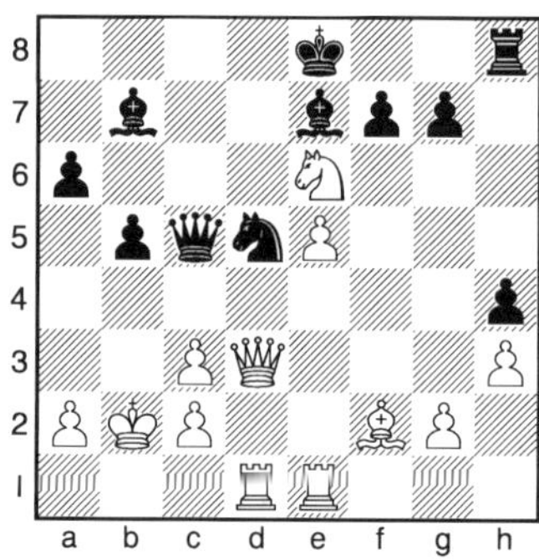

22...♕a3+ 23.♔a1 fxe6 24.♕g6+ ♔d7 25.♖d3 ♔c7! 26.♕xe6 (26.c4?? ♘c3−+) 26...♔b8 27.c4 ♘f4 28.♖xa3 ♘xe6 29.♖b3 ♖f8∓

– 21...0-0! 22.♘e2 a5!∓ Δ23.♕xb5?

♗a6–+ z.B. 24.♕xa5 ♕b7+ 25.♔a1 ♗xe2 Δ26.♖xe2 ♖b8

21...♕c7 und nach 0-0, ♖c8 usw. hat Schwarz offenkundig hervorragende Kompensation.

88

Vachier Lagrave – Dubessay

Italien 2016

1.e4 c5 2.♘f3 d6 3.d4 cxd4 4.♘xd4 ♘f6 5.♘c3 a6 6.h3 e6 7.g4 ♗e7 8.g5 ♘fd7 9.h4 b5 10.a3 ♗b7 11.♗e3 ♘b6 12.♕h5 g6 13.♕g4 ♘8d7 14.h5 ♘e5 15.♕g3 ♖g8 16.hxg6 hxg6 17.0-0-0 ♘a4

I) Der erste Grund **18.♘dxb5!?** kam in der Partie aufs Brett und vor lauter Schreck leistete Schwarz mit **18...axb5? 19.♗xb5+ ♗c6 20.♕xe5! ♗xb5 21.♕xb5+** keinerlei Gegenwehr mehr.

Nach dem besonnenen Konter **18...♘xb2!** wäre es fraglich gewesen, ob Weiß mehr als Minimalvorteil erwirtschaften kann; z.B. **19.♔xb2 axb5 20.♗xb5+**

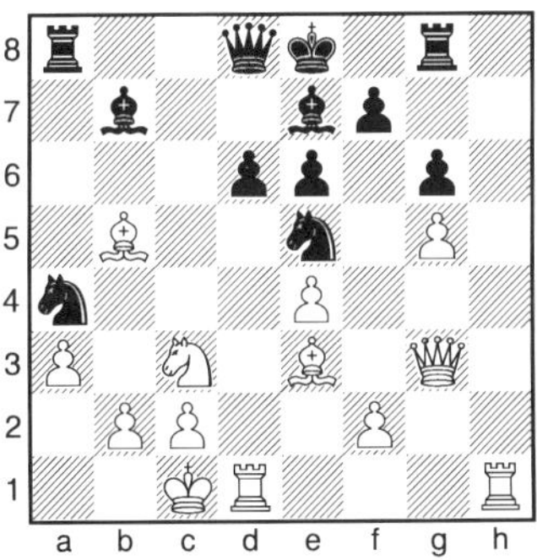

A) 20...♗c6? 21.♕xe5 ♖b8 22.♖h8! ♖f8 23.♖xf8+ ♗xf8 24.♕f6±

1) 24...♕xf6 25.gxf6 ♗xb5 26.♘xb5 ♖xb5+ 27.♔a2

2) 24...♗xb5 25.♕xd8+ ♔xd8 26.♘xb5 ♖xb5+ 27.♔a2

B) 20...♔f8 21.♗c5!

1) Auf 21...d5? folgt 22.♗b4! mit der längeren und weitgehend forcierten Folge 22...♗xb4 23.axb4 ♕d6 24.♔b3! d4 25.♘e2 ♗xe4 26.♖xd4 ♗d5+ 27.c4 ♘xc4 28.♗xc4 ♕xg3+ 29.♘xg3 ♗xh1 30.♘xh1 ♔e7~+–.

2) 21...♕b8

a) 22.♖xd6 ♗xd6 23.♕xe5 ♗xc5 24.♕xc5+ ♔g7 25.♕d4+ e5 26.♕b6 ♖a6

(26...♗xe4? 27.♕f6+ ♔f8 28.♖h7+–)

27.♕e3 (27.♗xa6? ♗xe4∓) 27...♗c8 28.a4; 28.♕f3±

b) 22.♗b4 ♗a6 mit zwei Abspielen, die jeweils zu der Frage führen, ob und wie weit der weiße Vorteil über den Minimalbereich hinausgewachsen ist.

– 23.♗a4 d5 24.♗b3 ♗xb4 25.axb4 ♘c4+ 26.♗xc4 ♗xc4 21.♕xb8+ ♖xb8 22.exd5 exd5 23.♖h7 ♖xb4+ 25.♔c1

– 23.f4 ♘c4+ 24.♗xc4 ♗xc4 25.♔c1

II) Stärker dürfte jedoch **18.♘xa4! bxa4 19.f4** sein (19.f3!?±).

A) 19...♗xe4? 20.fxe5 ♗xh1 21.♘xe6!

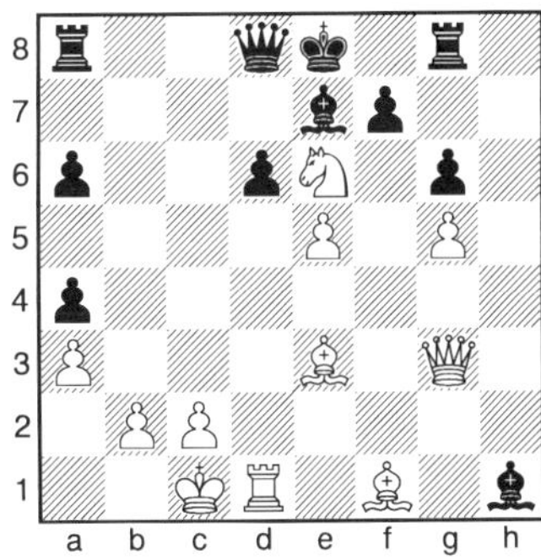

21...fxe6 22.exd6~+– Δ22...♗f8 23.♕h3+–;

B) 19...♘d7 20.♗g2 ♘c5 21.f5 ♘xe4 22.♗xe4 ♗xe4 23.fxe6 fxe6 24.♕g4±; 24.♖h7 ♗d5 25.♘e2 Δ♘c3

89

Jahr – Auchenberg

Kopenhagen 1980

1.e4 c5 2.♘f3 e6 3.d4 cxd4 4.♘xd4 ♘f6 5.♘c3 d6 6.g4 a6 7.g5 ♘fd7 8.♗c4 ♕c7 9.♕e2 b5 10.♗b3 ♘c5 11.f4 ♗b7 12.f5 b4 13.♘a4 ♘xb3 14.axb3 e5 15.♘f3 ♕c6

1) In der Partie hatte Schwarz nach **16.♗e3? ♕xe4 17.♖f1 ♘d7 18.0-0-0 ♖c8!** leichtes Spiel.

Vom Raub eines zweiten Bauern mit 18...♕xf5!? hat er vermutlich aus prinzipiellen Erwägungen Abstand genommen, obwohl auch dies nach 19.♘d4 ♕g6 20.♘f5 ♗e4! 21.♘g3 ♗c6 bzw. 19.♘h4 ♕e6 20.♘f5 0–0–0 zu einer tendenziellen Gewinnstellung führt.

19.♕d2?

⌓19.♖d2 ♗c6 Δ20.♕xa6 ♖b8; 20...♖a8

Und hier hätte **19...♗d5!** zu einer klaren Gewinnstellung geführt, obwohl auch gegen **19...♕xf5!?** jetzt noch weniger als vorher einzuwenden war.

2) Nach **16.♘d2** sollte Schwarz nicht unbedingt 16...♕xc2 17.♘b6 ♖a7 wählen, sondern besser 16... ♘d7 Δ♕xc2 oder 16...h6 mit jeweils kräftigem Vorteil in der Größenordnung ∓.

3) Die sicherste Schadensbegrenzung läuft über **16.0-0! ♕xe4 17.♕xe4 ♗xe4 18.♘b6 ♖a7 19.♗e3**

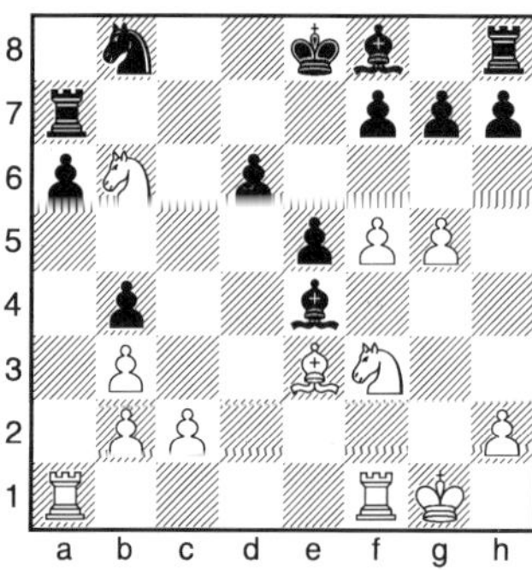

a) 19...♗xc2?! 20.♘xe5! (20.♖ac1!?) **20...dxe5 21.♖ac1** Δ21...♗e4?? 22.♖c8+ ♔e7 23.♗c5#; 21...♖c7 22.♖f2∞

b) 19...♖c7 20.♘d2 ♗b7 (20...♗xc2 21.♘d5⩲) **21.♘dc4 h6**; **21...♘d7∓**

90

Kondou – Erenska Barlo

Frankreich 1984

1.e4 c5 2.♘f3 e6 3.d4 cxd4 4.♘xd4 ♘f6 5.c3 d6 6.g4 ♘c6 7.g5 ♘d7 8.♗e3 ♘b6 9.♕d2 a6 10.0-0-0 ♘e5 11.♗f4 ♘ec4 12.♗xc4 ♘xc4 13.♕e2 ♕c7 14.♘f5 ♘e5 15.♗xe5 dxe5 16.♘e3 ♗e7 17.h4 b5 18.♖d3 ♗b7 19.♖hd1 ♗c6

Die Möglichkeit eines Springeropfers auf d5 ist geradezu aufdringlich zu nennen. Allerdings ist die Frage, welchem Springer diese heroische Ehre zuteil werden soll, und für deren Beantwortung ist es von entscheidender Bedeutung, welche Zukunftsperspektive dem verbleibenden Springer winkt.

I) Bei dem Fehlgriff **20.♘ed5?** überschätzte Weiß vermutlich die Bedeutung, die der Öffnung der e-Linie zukommt – jedenfalls in *dieser* Opferversion.

A) Es folgte **20...exd5 21.exd5 b4 22.d6 ♕a5?**

⌓22...♗xd6 23.♖xd6 0-0 24.♘d5! ♗xd5 25.♖1xd5±

23.♘d5??

23.dxe7 bxc3 24.♖xc3+–

23...♗xd6 24.♘f6+ gxf6 25.♖xd6⩱

B) Übrigens ist es bei diesem Ansatz auch suspekt, dass Schwarz das Opfer schadlos mit **20...♕b7** ablehnen kann. Nach **21.♘xe7 ♕xe7 22.♕e3** Δ♕b6 (22.♖d6 ♕b7∞) ergibt sich folgendes Bild.

1) 22...b4?! 23.♕b6 ♖c8 24.♖d6 bxc3 25.♖xc6 cxb2+ 26.♔b1 0–0 27.♖xc8

♖xc8 28.♕d6!±

2) 22...0-0 23.♕b6

a) 23...♖fc8 24.♖d6 ♗e8∞

b) 23...♖ac8!?∞ Δ24.♕xa6? b4∓

3) 22...♕b7 23.♕c5 b4 24.♘e2 ♕b5 25.♕d6 Δ25...♗xe4?? (⌓25...♖c8∞) 26.♘c3!! bxc3 27.♖xc3+- Δ♖c7

II) Nach **20.♘cd5!** verfügt Weiß hingegen über bedeutenden Vorteil, weil der verbleibende Springer auf g4 oder f5 kräftig in Szene gesetzt werden kann – und weil auch der Öffnung der e-Linie (wie oben erwähnt) in dieser Version entscheidende Bedeutung zukommt.

A) Zunächst kann das Opfer hier nicht abgelehnt werden, weil Weiß nach der zu oben analogen Folge **20...♕b7 21.♘xe7 ♕xe7** über den Gewinnzug **22.♘g4!** verfügt.

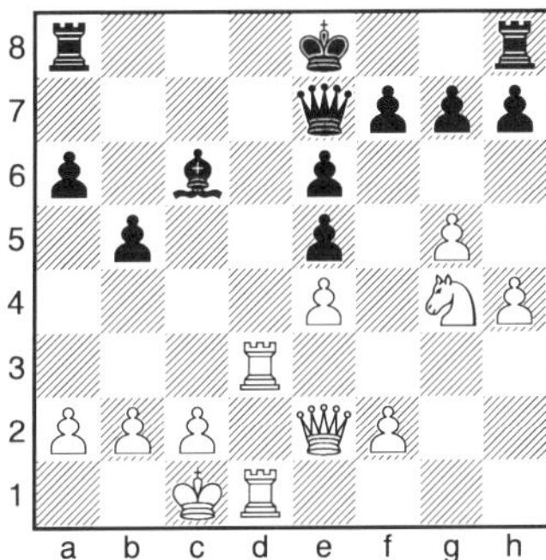

Δ22...f6? 23.♘xf6+! +++ 23...gxf6 24.♕h5+; **22...♕c7 23.h5!**

B) Nach **20...♕a5? 21.♘xe7** (21.♘g4!?) **21...♔xe7** kann es zwecks Öffnung der e-Linie zu der Wiederholungstat **22.♘d5+! exd5 23.exd5**+- kommen.

C) Nach **20...♗xd5 21.exd5** erhält Weiß in allen Abspielen eine zumindest tendenzielle Gewinnstellung.

1) 21...♕d6 22.dxe6 ♕xe6 23.♘d5

a) 23...♗d8 24.♖e3

b) 23...♗d6 24.♘f6+ gxf6 25.♖xd6 ♕xa2 26.gxf6 ♕a1+ 27.♔d2 ♕a5+ 28.c3 b4 29.♕g4

c) 23...♖c8 24.f4! Δexf4 25.♕d2; 25.♖e1

2) Den besten Eindruck macht noch 21...e4 22.♖d4 ♗c5 23.♖xe4 0-0 24.fxe6 fxe6 25.♘g4!

D) Und auch nach **20...exd5 21.exd5** gilt das Urteil 'zumindest tendenziell +-'.

1) 21...0-0 22.♖c3! ♕a5 23.♘f5! Δ23...♗b4 24.♖xc6 ♕xa2 25.c3

2) 21...♗b7 22.d6 ♗xd6 23.♖xd6 0-0 24.♖d7 ♕b8 (24...♕c6 25.♘d5!) 25.♘f5 ♗c8 26.♖d8 ♕c7 27.♖xf8+ ♔xf8 28.♘d6

3) Und zur Krönung das Abspiel 21...♗d7 22.d6 ♗xd6 23.♖xd6 ♗e6

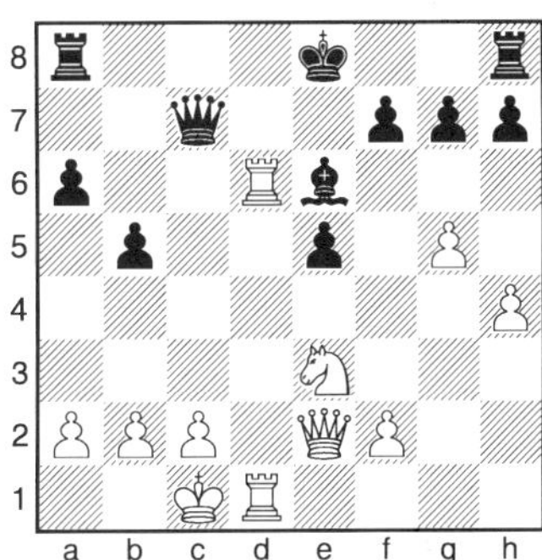

24.♘f5!

a) 24...0-0? 25.♘xg7! ♔xg7 26.♕xe5+ ♔g8 27.♖xe6 ♕c4 28.♖h6! ♕xa2 29.♕e4!! ♕a1+ 30.♔d2 ♖fd8+ 31.♔e3!+- Δ31...♕xd1 32.♕xh7+ ♔f8 33.♕h8+ ♔e7 34.♕e5+ ♔d7 35.♕f5+ nebst # in 5 Zügen.

b) ⌓24...♗xf5 25.♕xe5+ ♕e7 26.♕xf5 0-0 27.h5

91

Dessenne – Tringov

Frankreich 1990

1.e4 c5 2.♘f3 e6 3.d4 cxd4 4.♘xd4 ♘f6 5.♘c3 d6 6.g4 a6 7.g5 ♘fd7 8.♗e3 ♘c6 9.♗c4 ♕c7 10.♗b3 ♘c5 11.♕e2 ♘xd4 12.♗xd4 b5 13.0-0-0 ♗d7 14.e5

In der Partie entfernte Schwarz mit **14...♘xb3+?! 15.axb3 d5** genau die Figur, deren Deplatziertheit ihm einigen Vorteil versprach.

Und zwar nach **14...d5!** (Δb4, a5) mit folgenden Möglichkeiten.

1) 15.♗xd5? exd5 16.♘xd5 ♕b7–+

2) 15.♔b1 b4 16.♘xd5 exd5 17.♗xd5 ♗c6∓ z.B.**18.♗xc5 ♗xc5 19.e6 0–0!**

3) 15.a3 ♘xb3+ 16.cxb3 b4 17.axb4 ♖b8!?∓; 17...♕b7; 17...♗xb4

4) Am besten dürfte **15.♖he1!** sein, um **15...b4** nun doch mit **16.♗xd5!?** zu beantworten.

(16.♗xc5 ♗xc5 17.♘xd5 exd5 18.♗xd5 0-0 19.♗xa8 ♖xa8∓, 18...♗b5!?)

16...exd5 17.♘xd5

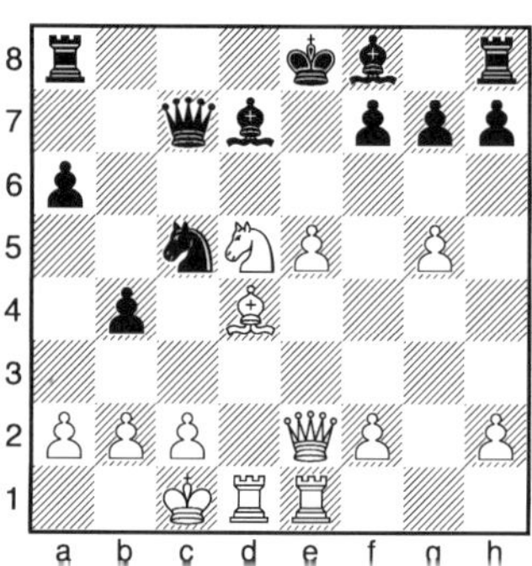

a) 17...♕b7? 18.e6!

– 18...♘xe6?? 19.♕e5 ♖c8 20.f4~+–

– 18...fxe6? 19.♕h5+ ♔d8 20.♘f6!±

– ⌓18...♗xe6 19.♗f6!!≅ Δf4

b) 17...♕c6 18.e6! (18.♘xb4 ♕b7∓)

18...♗xe6 (18...♘xe6? 19.♗f6!!≅) **19.♘xb4 ♘b3+ 20.axb3 ♗xb4∓**

92

Nijboer – Van Wely

Wijk aan Zee 1995

1.e4 c5 2.♘f3 e6 3.d4 cxd4 4.♘xd4 ♘f6 5.♘c3 d6 6.g4 ♘c6 7.g5 ♘d7 8.♗e3 ♗e7 9.♖g1 a6 10.♖g3 ♕c7 11.♕e2 ♘c5 12.♘xc6 ♕xc6 13.♗g2 b5 14.0-0-0 ♖b8 15.♗d4

1) Die Partie nahm nach der Fehlentscheidung **15...♔f8?** folgenden Verlauf.

16.♕h5! Δg6 **16...♔g8**

16...b4 17.♖f3 ♕e8 18.g6 f6 19.e5! ♕xg6 (19...f5 20.♘d5!) 20.♕xg6 hxg6 21.exd6 ♗xd6 22.♗xc5 ♗xc5 23.♖d8+

Und hier hätte Weiß mit **17.♗xg7!** (statt 17.♗f6? ♗f8) **17...♔xg7 18.e5+–** sofort durchdringen können.

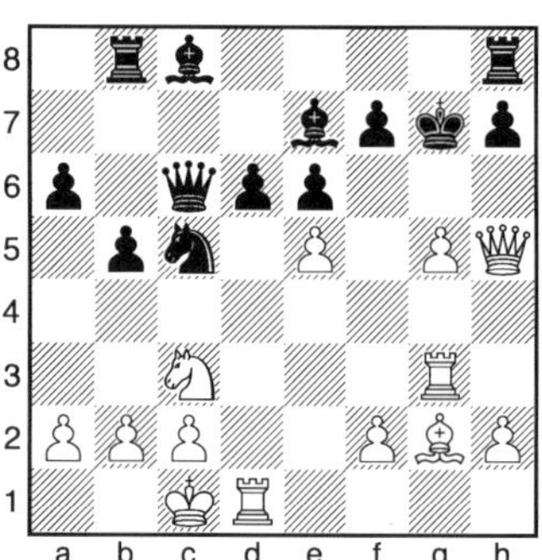

a) Ganz schlecht wäre nun **18...♕c7 19.exd6 ♗xd6 20.♖xd6! ♕xd6 21.♕h6+ ♔g8 22.♘d5! ♕xd5 23.♗xd5 exd5 24.♕d6**.

b) Und auch **18...d5 19.♕h6+ ♔g8 20.♘xd5 ♕xd5 21.♗xd5 exd5 22.♖xd5** wäre nur geringfügig besser.

2) Noch deutlich schlechter wäre **15...0-0?**.

(15...e5? 16.♗e3 nebst ♘d5± scheidet hier und im nächsten Zug aus positionellen Gründen aus.)

Denn mit **16.♗f6!** oder **16.♕h5!** (Δ♖h3) **Δ16...e5 17.♘d5 ♗d8 18.♘f6+** stehen Weiß gleich *zwei* Gewinnverfahren zur Auswahl.

3) Einzig richtig ist also **15...b4!** mit folgenden Möglichkeiten.

a) 16.♘d5?! exd5 17.exd5

– 17...♕c7?! 18.♗xg7 ♖g8 19.♗f6 ♔d8 20.♖e1 ♗xf6 21.gxf6 ♖h8 22.♕h5⩲ Δ♕xh7

– 17...♕b5!∓ 18.♕e3 ♗f5 19.♕f4 (19.♗xg7?! ♕c4!∓) 19...♗g6 20.♗xg7 ♖g8

b) 16.♗xg7 ♖g8 17.e5

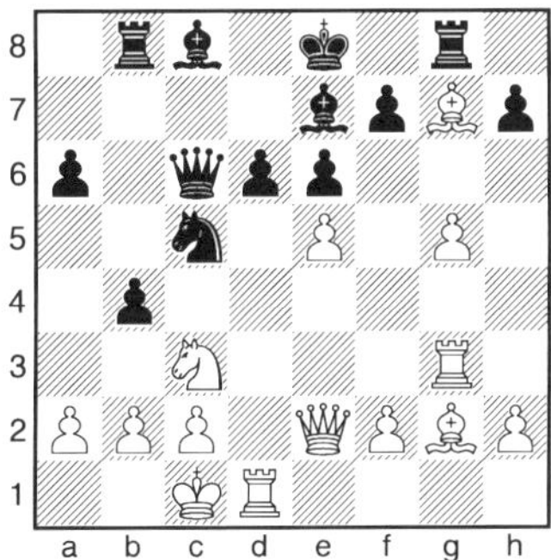

17...♕b6

17...d5?! 18.♘xd5 exd5 19.♗xd5± nebst ♗f6, ♕h5 usw.

18.♘d5 exd5 19.exd6 ♗e6 20.dxe7 ♖xg7 mit unklaren Verhältnissen nach 21.♕e5, 21.f4 oder auch sogleich 21.♗xd5 ♔xe7 usw.

93

Schijanowski – Rovner

Riga 1955

1.e4 c5 2.♘f3 ♘c6 3.d4 cxd4 4.♘xd4 ♘f6 5.♘c3 d6 6.♗g5 e6 7.♕d2 ♗e7 8.0-0-0 0-0 9.f4 h6 10.h4 ♘xd4 11.♕xd4 hxg5 12.hxg5 ♘g4 13.e5

Das weiße Figurenopfer beruhte offenbar darauf, dass die Dame nicht unbedingt in die h-Linie streben müsste, um verheerende Drohungen aufzustellen, zumal dies ebenso (und sogar schneller) entlang der Diagonale b1-h7 möglich ist.

1) Aufgrund dieser Tatsache wird rasch klar, dass **13...d5??** der Abstiegskandidat ist – angesichts der forcierten Folge **14.♕d3 f5** (14...g6? 15.♕h3) **15.gxf6 ♘xf6 16.exf6+–**

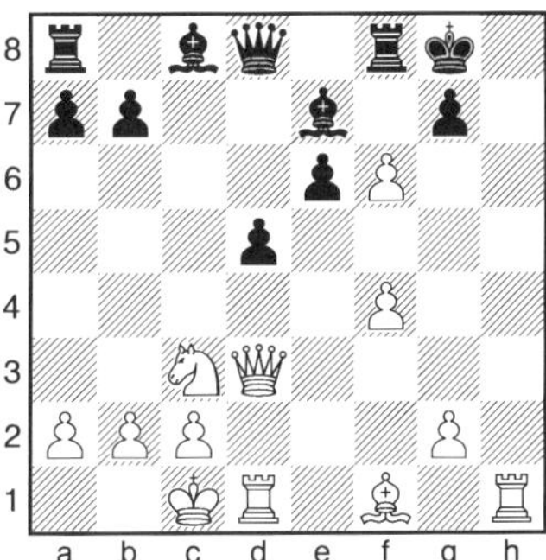

a) 16...♗xf6 17.♕g6! (Δ♗d3 nebst ♕h5) **Δ17...♕e8 18.♕h7+ ♔f7 19.♗b5! ♗d7 20.♕h5+ ♔g8 21.♗xd7 ♕xd7 22.♘e4; 22.f5**

b) 16...♖xf6 17.♕h7+ (17.♗e2) **17...♔f7 18.♗d3** und obwohl Weiß nicht direkt durchdringt, steht der Gewinn durch gelegentlichen Einsatz des f-Bauernhebels außer Frage. Hinzu kommt, dass der massive Angriff bislang ja nicht einmal einen Bauern gekostet hat.

2) Die Ausflucht **13...♗xg5? 14.fxg5**

♕xg5+ 15.♔b1 belässt Weiß doch noch Vorteil in der Größenordnung ±.

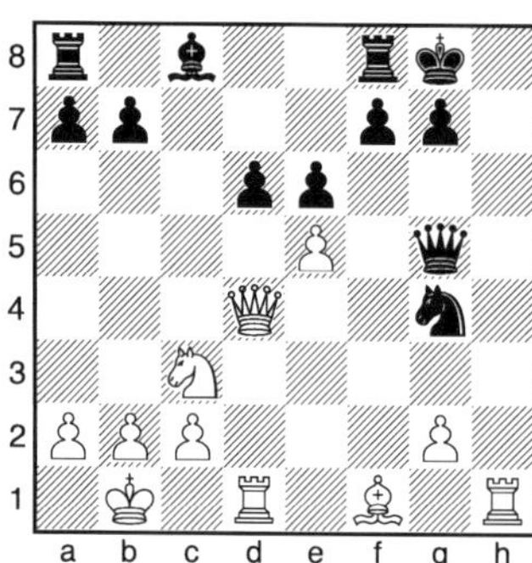

a) 15...d5 16.♗e2 ♘h6 (16...♘xe5? 17.♖h5+−) **17.g4!**

b) 15...dxe5 16.♕d6! (Δ♖h8+!) **Δ16...♘h6 17.♗e2** (17.g4!?) mit offensichtlich großen Problemen, den ♗c8 und somit den Damenflügel zu entwickeln.

3) Nicht besser ist das Spiel auf Damentausch mit **13...♕b6?** und der möglichen Folge **14.♕e4! ♕e3+15.♕xe3 ♘xe3 16.♖d3 ♘g4 17.♖dh3 ♘h6 18.gxh6 g6 19.♘e4** mit klarem Vorteil.

4) In der Partie folgte präzise berechnet **13...dxe5 14.♕e4 f5! 15.gxf6 ♘xf6** und nun griff Weiß mit **16.♕xe5?** kräftig daneben, wobei dahingestellt bleibt, ob aus reinem Materialismus oder aufgrund einer Fehlkalkulation.

Nach der Abwicklung 16.♖xd8 ♘xe4 17.♖xf8+ ♗xf8 18.♘xe4 exf4 19.♖h4! Δ19...g6 20.♗c4 hätte er ungeachtet des gegnerischen Läuferpaars über volle Kompensation verfügt.

16...♕b6 17.♗d3?

Erforderlich war 17.♗c4!=, denn nach dem Textzug hätte Schwarz die Sache mit 17...♗d6! (statt 17...♖d8?? 18.♖h3!∓ Δ♖dh1) Δ18.♗h7+ ♘xh7 19.♖xd6 ♕f2−+ unter Dach und Fach bringen können.

94

Mazi – Atalik

Slowenien 2000

1.e4 c5 2.♘f3 d6 3.d4 cxd4 4.♘xd4 ♘f6 5.♘c3 ♘c6 6.♗g5 e6 7.♕d2 a6 8.0-0-0 ♘xd4 9.♕xd4 ♗e7 10.f3 ♕c7 11.♔b1 b5 12.g4 ♖b8! 13.♗c1 b4 14.♘e2 e5 15.♕d2 ♗e6 16.♘g3 g6 17.g5 ♘d7 18.h4 a5 19.h5 a4 20.♖h2 ♖f8 21.♗d3 ♘c5 22.♗e2 b3 23.cxb3

I) Der Abstiegskandidat ist **23...♘xb3?? 24.axb3 axb3**

Mit dem König in der Mitte ist auch 24...♗xb3 oder 24...♖xb3 höchstens geringfügig besser.

25.♕c3 Δ25...♕a7 26.♕c6+ ♗d7 27.♕a6 und Weiß blockt den Angriff siegreich ab.

II) Der alternative Opferansatz **23...♗xb3!?** ist nicht ohne Gift, da Weiß nach **24.axb3 axb3** nicht die a-Linie sperren kann, so dass Schwarz über genug Kompensation verfügt.

A) Nach **25.♕c3 ♕a7 26.♗e3 ♕a2+ 27.♔c1** ...

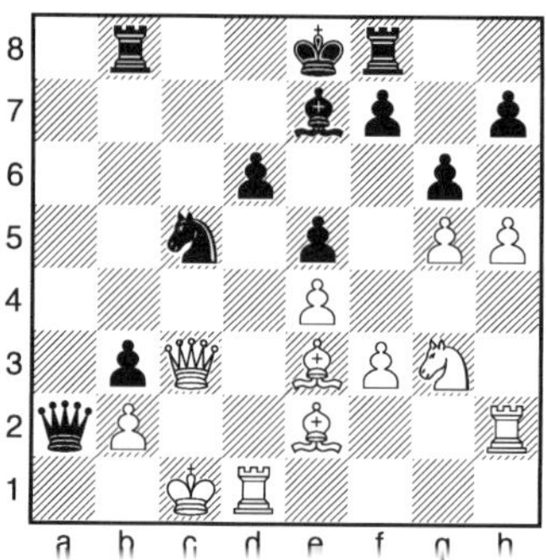

... erzwingt der Riesenzug **27...♗d8!!** wegen der tödlichen Drohung ♗a5 die folgende Abwicklung zum Dauerschach: **28.♗xc5 ♗xg5+ 29.♗e3 ♗xe3+ 30.♕xe3 ♖c8+ 31.♔d2 ♕a5+ 32.♔d3 ♕b5+** usw.

B) Auch **25.♕d5** führt in den meisten

Varianten zum Dauerschach, wenngleich auf wesentlich abenteuerlichere Weise.

1) Die harmlosere Version ist 25...♕a5

a) 26.♗e3?! ♕a2+ 27.♔c1 ♕a1+ 28.♔d2 ♕a5+ 29.♔c1 ♖c8! (♕a1+ =) 30.♗c4 ♘b7!∓

b) ⌓26.♕c6+ ♔d8 27.♖xd6+ ♗xd6 28.♕xd6+ ♔c8 29.♕xf8+ ♔b7 und nun 30.♕xf7+ mit Dauerschach oder 30.♕e7+ ♔a8 31.♗e3 ♕e1+ 32.♗c1 ♕a5 mit Zugwiederholung.

2) Hingegen stellt der Riesenzug 25...♔d7!! einen höchst seriösen Gewinnversuch dar; z.B. 26.♗e3 ♕a5 27.♗c4 ♖fc8 28.hxg6

(28.♕xf7?? ♖b4!−+ 29.♖xd6+ ♔xd6 30.♖d2+ ♔c6 31.♕d5+ ♔c7 32.♕xe5+ ♔b6)

28...hxg6 29.♕xf7 ♕a2+

(29...b4?? 30.♖xd6+ ♔xd6 31.♘f5+!! gxf5 32.♖h6+ +−)

30.♔c1 ♕a1+ 31.♔d2 ♕xb2+ 32.♔e1 ♕xh2 33.♗xc5 ♖xc5 mit Dauerschach ...

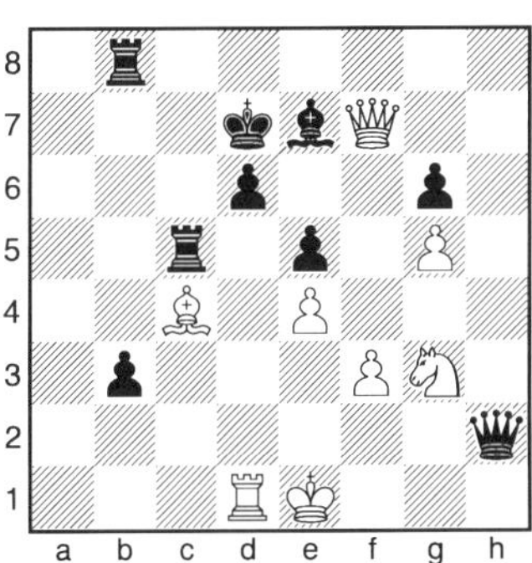

– von Weiß nach 34.♖xd6+ ♔xd6 35.♕e6+ ♔c7 36.♕xe7+

– oder von Schwarz nach 34.♕e6+ ♔c6 35.♕xe7 ♕xg3+ 36.♔e2 ♕h2+ 37.♔e3 ♕f4+.

III) In der Partie folgte nach **23...axb3 24.a3 ♘a4 25.♘f1** (25.♗d3 ♘c5 26.♗e2) der harmlose Schreckschuss **25...♕c2+** (Δ26.♕xc2?? bxc2+ 27.♔xc2 ♗b3+ −+), aber nach **26.♔a1 ♕xd2 27.♗xd2 ♔d7∞** verlief der Rest in geordneten Bahnen.

95

Mikhaltschischin – Csom

Kopenhagen 1980

1.e4 c5 2.♘f3 ♘c6 3.d4 cxd4 4.♘xd4 ♘f6 5.♘c3 d6 6.♗g5 e6 7.♕d2 a6 8.0-0-0 h6 9.♗e3 ♕c7 10.f4 ♗e7 11.♗e2 ♘a5 12.e5 dxe5 13.fxe5

1) In der Partie führte der schwere Fehler **13...♘d5?** nach **14.♘xe6! ♗xe6**

14...fxe6? 15.♗h5+ ♔d8 16.♘xd5 exd5 17.♕xd5+ ♗d7 18.♗b6!+−

15.♘xd5 ♗xd5 16.♕xd5 zu einer zumindest tendenziellen Gewinnstellung.

2) Unter den Springerzügen in der Ausgangsstellung gibt es auch nichts wirklich Brauchbares. Denn nach **13...♘d7** oder **13...♘h7** verfügt Weiß jeweils über die vielversprechende Angriffsschablone **14.♘f5! exf5 15.♘d5**±.

Und nach **13...♘g4!? 14.♗f4** (14.♗xg4? ♘c4 15.♕e2 ♘xe3 Δ16.♕xe3?? ♗g5−+) würde **14...♘xe5?** erneut an **15.♘f5!**+− Δ**15...exf5 16.♘d5** scheitern, während es nach **14...♘f2** mit **15.♗b5+ axb5 16.♕xf2**± weiterginge.

3) Nach dem frechen **13...♕xe5!? 14.♗f4 ♕c5 15.♘a4 ...**

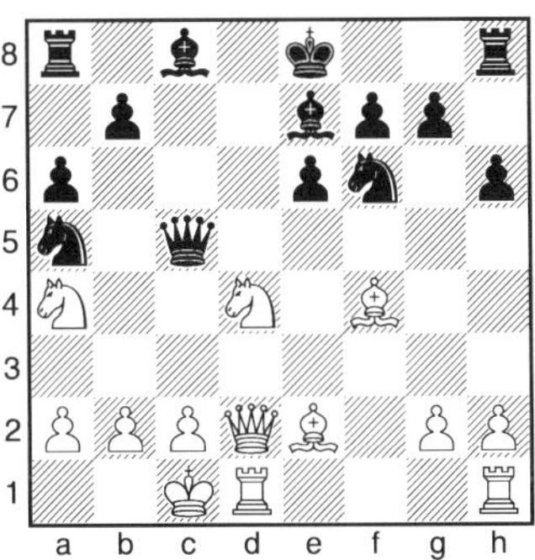

... muss Schwarz angesichts des unrochierten Königs und des losen Springers auf a5 allerlei Klimmzüge machen, um nicht völlig das Gleichgewicht zu verlieren.

a) Wie z.B. nach **15...♕b4? 16.♕xb4 ♗xb4**

– 17.♘b6?! ♘d5! 18.♘xa8 ♘xf4 19.♘b6 ♘xe2+ 20.♘xe2 ♔e7 21.♘f4±

– ⌓17.a3 (17.c3!?) 17...♗e7 18.♗c7!+– (18.♘b6 ♘d5!)

b) Hingegen hat Weiß nach **15...♕d5** zwar allerlei interessante Ansätze, jedoch keinen überzeugenden KO, so dass diese Möglichkeit wohl die besten praktischen Chancen bietet.

96

Fichtl – Malich

Prag 1958

1.e4 c5 2.♘f3 ♘c6 3.d4 cxd4 4.♘xd4 ♘f6 5.♘c3 d6 6.♗g5 e6 7.♕d2 a6 8.0-0-0 ♗d7 9.♗e2 b5 10.a3 ♖c8 11.f4 ♗e7 12.♘b3 ♕c7 13.♖he1 b4 14.axb4 ♘xb4 15.e5 dxe5 16.fxe5

1) Der Partiezug **16...♘g8?** bringt zwar die Doppeldrohung ♘a2+ und ♗xg5 mit sich, hat jedoch auch bedeutende Schattenseiten.

17.♗xe7? ♘xe7 Δ♘ed5

Freundliches Entgegenkommen mag in anderen Bereichen ein 'feiner Zug' sein – im Schach ist es klarerweise fehl am Platze, denn nach der erfolgten Entwicklungshilfe konnte Weiß sich höchstens noch an Minimalvorteil erfreuen.

Dabei hätte er mit **17.♔b1!**+– ein Musterbeispiel dafür liefern können, dass manchmal auch ein Prophylaxezug die Entscheidung herbeiführen kann. Hier ein Blick auf einige aussagekräftige Varianten, bei denen Weiß übrigens in fast jedem Zug allerlei Nebenlösungen zur Wahl stehen.

a) 17...h6 18.♗e3; **18.♗f4**

b) 17...♗xg5 18.♕xg5 g6 19.♕f4 Δ**19...♘d5 20.♖xd5! exd5 21.♗xa6**

c) 17...♘d5 18.♘xd5 exd5 19.♘d4

d) 17...♗c6 18.♘d4

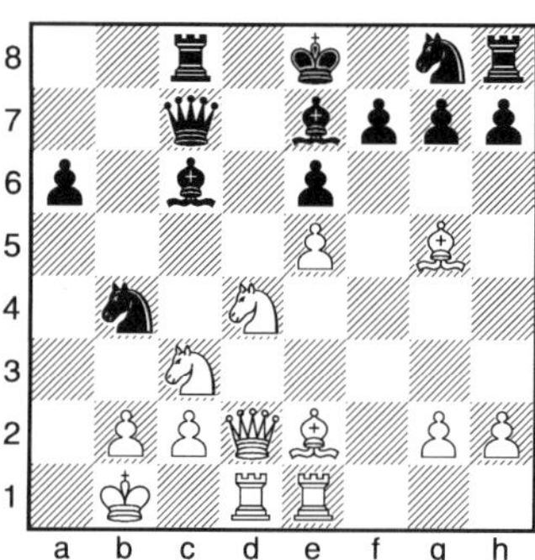

– 18...♗b7 19.♗b5+! axb5 20.♘dxb5; 19...♘c6 20.♖f1

– 18...♗d7 19.♗xe7 ♘xe7 20.♘e4

– 18...♗xg2 19.♗xa6 ♘xa6 20.♘cb5; 20.♕xg2

– 18...♖d8 19.♕f4 Δ19...♗xg2 20.♗b5+!

2) Der Überfallversuch **16...♘a2+? 17.♘xa2 ♘e4** wird mit **18.♕xd7+ ♕xd7 19.♖xd7 ♗xg5+** und nun **20.♔b1 ♔xd7 21.♗xa6**± oder auch **20.♖d2!?**± pariert.

3) Und auf die Variation des Themas mit **16...♘e4?** folgt **17.♘xe4 ♗xg5 18.♘xg5 ♕xc2+ 19.♕xc2 ♘xc2** (19...♖xc2? 20.♔b1+– Δ♖d4) **20.♗xa6 ♖c7** und nun **21.♔b1**± oder **21.♔d2**±.

4) Die sicherste Verteidigung wird eindeutig mit **16...♘fd5** ermöglicht.

a) Danach muss Weiß sich vor **17.♘xd5??** hüten, was nach **17...♕xc2+ 18.♕xc2 ♗xg5+ 19.♔b1 ♘xc2! 20.♘b6 ♘xe1 21.♘xc8 ♗xc8 22.♖xe1 ♗f4**∓ zu deutlichem schwarzem Vorteil führt.

b) Hingegen kann Weiß nach **17.♗xe7 ♘xe7** Δ♘ed5 oder ♘bd5 maximal Minimalvorteil reklamieren.

97

Tschigwinzew – Awertschenko

Russland 1997

1.e4 c5 2.♘f3 d6 3.d4 cxd4 4.♘xd4 ♘f6 5.♘c3 a6 6.h3 e6 7.g4 d5 8.exd5 ♘xd5 9.♗d2 b5 10.♗g2 ♗b7 11.♘e4 ♗e7 12.0-0 ♕c7 13.♘b3 ♘d7 14.♘a5 ♗c8

Die Partiefolge **15.c4!** war tatsächlich die stärkste.

15.♘c3!? und 15.a4!? sind höchstens für Minimalvorteil gut – und nach 18.♖c1 ähnelt das Spiel der Hauptvariante.

15...bxc4

I) Es folgte die ungenaue Zugfolge **16.♖c1?!**, die Schwarz (statt mit 16...♘7b6? 17.b3±) besser mit **16...♘e5!** hätte beantworten können.

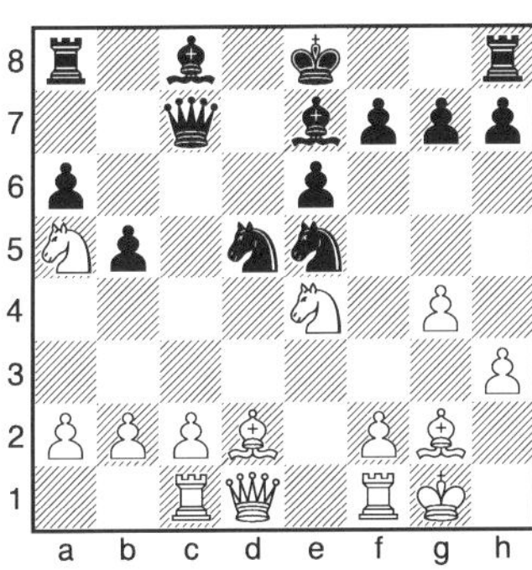

A) 17.♘c3 0-0! 18.♘xd5 (18.♗xd5 ♖b8!) **18...exd5 19.♗xd5 ♗e6! 20.♗xa8 ♖xa8**⩱

B) 17.b3 0–0 (17...♖b8!?) **18.♘xc4 ♘xc4 19.bxc4** (19.♖xc4 ♕b6) **19...♘f4! Δ20.♘f6+ ♗xf6 21.♗xf4 ♕xf4 22.♗xa8 ♗e5**⩱

II) Nach dem stärkeren Ansatz **16.b3!** hätte sich folgendes Bild ergeben.

A) 16...♘7b6? 17.bxc4+– 17...♘xc4 18.♕a4+; 17...♘f4 18.♗xf4 ♕xf4 19.♕d4

B) 16...♘5b6 16.♖c1 ♘g5±

C) 16...0–0 17.bxc4±

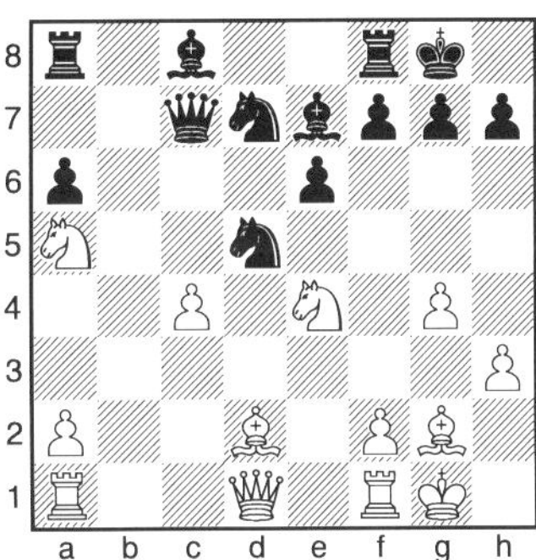

1) 17...♘5b6 18.♖b1; ♕e2

2) 17...♘b4 18.a3 ♘d3 19.♕c2

3) 17...♘f4 18.♘c6! Δ18...♘xh3+ 19.♔h1

a) 19...♘e5 20.♘xe5 ♕xe5 21.f4 ♕c7 22.♕f3

b) 19...♗h4 20.♕f3 ♘xf2+ 21.♘xf2; 20.♗a5 ♕f4 21.♕d3

D) 16...cxb3 17.♖c1 ♕b6 18.♘c4

1) 18...♕b8? 19.♘cd6+ ♗xd6 20.♖xc8+ +–

2) 18...♕c7 19.♘cd6+ ♗xd6 20.♖xc7 ♗xc7 21.♘c3; 21.♕xb3±

E) 16...c3 17.♘xc3! ♘7b6 (17...♘xc3? 18.♖c1+–) **18.♖c1** (18.♘xd5!?; 18.♕e1!?) **18...♕d7 19.♗e3!±**

98

Judasin – Van Wely

Kroatien 1997

1.e4 c5 2.♘f3 d6 3.d4 cxd4 4.♘xd4 ♘f6 5.♘c3 a6 6.♗e3 e6 7.g4 h5 8.g5 ♘g4 9.♗c1 ♕b6 10.h3 ♘e5 11.♗e2 g6 12.f4 ♘ec6

Wenn Schwarz in einem offenen Siziliener vier der ersten zwölf Züge dafür verwendet, den Königsspringer zum Damenspringer zu machen, darf er sich nicht wundern, wenn er deutlich in Nachteil gerät. Nur wie kommt Weiß über Minimalvorteil hinaus?

1) In der Partie folgte **13.♘b3?!**

(13.♘f3?! ♘d7 14.♕d2⩲ Δb3, ♗b2, 0-0-0)

Der weitere Tempoverlust **13...♕c7?** machte keinen guten Eindruck, zumal Weiß mit **14.♗e3**± Δ♕d2, 0-0-0 doch schon kräftigeren Vorteil erlangte. Allerdings dürfte auch die Alternative **13...♘d7** nach der energischen Fortsetzung **14.f5** auf dasselbe Ergebnis hinauslaufen.

2) Eine ganz andere Sprache hätte das dem Entwicklungsvorsprung entsprechende Vorgehen mit **13.♗e3!** gesprochen.

a) 13...♕xb2? 14.♘a4

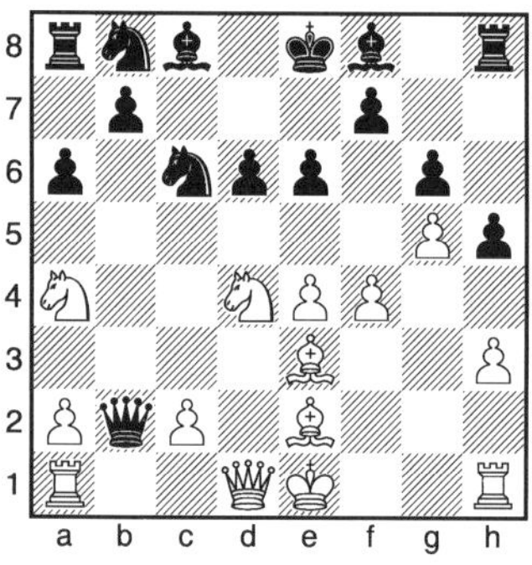

– 14...♕b4+? 15.c3+– Δ15...♕a5 ♘xc6; 15...♕a3 16.♔c1

– 14...♕a3 15.c3~+– z.B. 15...b5 16.♘b6 oder 15...d5 15.exd5 exd5 16.♘b6

b) 13...♘d7 14.a3!± Δ♕d2, 0-0-0; z.B. **14...♗e7 15.♕d2** Δ**15...♕xb2? 16.0-0 ♕b6 17.♘xe6**+–

c) 13...♗e7 14.♕d2± (Δ0-0-0) Δ**14...♕xb2? 15.♖b1**+– **15...♕a3 16.♖b3 ♕c5 17.♘f3** +++; **16...♕a5 17.♘xc6 ♘xc6 18.♗b6**

99

Nikolenko – Worobjow

Moskau 1995

1.e4 c5 2.♘f3 d6 3.d4 cxd4 4.♘xd4 ♘f6 5.♘c3 a6 6.♗e3 e6 7.g4 e5 8.♘f5 g6 9.♗g2 gxf5 10.exf5 h6 11.♕e2 ♘c6 12.0-0-0 ♖g8 13.h3 ♕a5 14.f4 ♗d7 15.a3 0-0-0 16.♕f2 ♔c7

I) In der Partie kam es nach **17.♗d2??** zu der Tragikomödie **17...♕c5??**

(⌓17...exf4! Δ18.♗xf4 ♔b8; 18.♘d5+ ♕xd5 19.♗xd5 ♘xd5)

Denn dieser Zug gestattete es dem Gegner, mit **18.♗e3 ♕a5** (18...♘d4 19.♖xd4+–; 18...♕c4 19.♗f1+–) wieder die Ausgangsstellung zu erreichen und es im zweiten Anlauf womöglich besser zu machen.

II) Schon besser wäre z.B. **17.♘d5+!? ♘xd5 18.♖xd5 b5?** (⌓18...♕a4 19.♗b6+±) **19.fxe5**+– mit einem zauberhaften Räumungsopfer nach **19...♘xe5?** (⌓19...♔b7 +++)

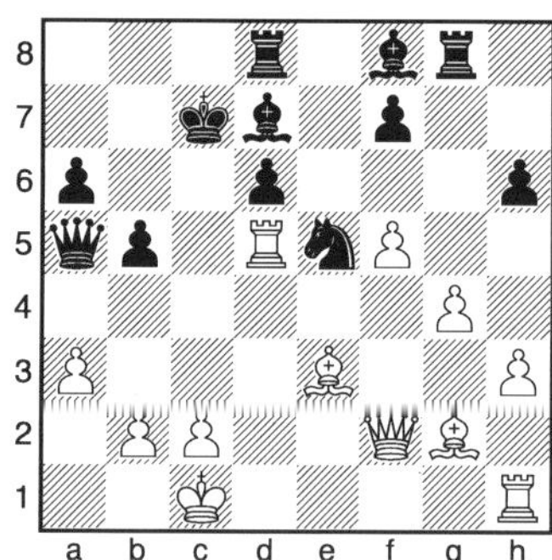

20.♗d2! ♕b6 21.♗a5!! ♕xa5 22.♕a7+ ♔c8 23.♖c5+ nebst # in wenigen Zügen.

III) Den Vogel schießt jedoch eindeutig dic brutale Alternative **17.♖d5!!** ab.

A) 17...♘xd5 18.♘xd5+ +−

1) 18...♔b8 19.♗b6 ♕b5 20.a4! ♕xa4 21.♗c7+

2) 18...♔c8 19.♗b6 ♕b5 20.♖d1!! Δ♗f1

B) 17...b5 18.fxe5

1) 18...♘xe5?? 19.♗g5! ♖xg5/hxg5 20.♕a7+ ♔c8 21.♖xb5 nebst # in 3

2) 18...dxe5 19.♖hd1~+−

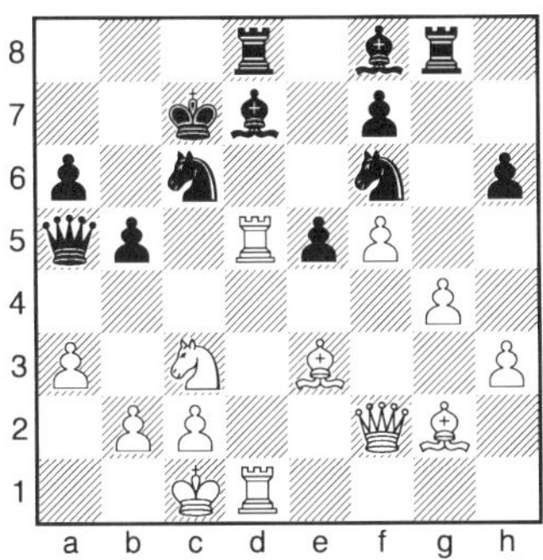

a) Nach 19...♔b7 werkelt Weiß mit 20.♖5d3! Δ♘d5 am labilen ♗d7 herum; z.B. 20...♕c7

– 21.♘e4 ♘xe4 22.♗xe4 Δ♗b6

– 21.♘d5 ♘xd5 22.♖xd5 Δ♗b6

b) Und der Gegenspielversuch 19...♗xa3 wird mit 20.♗b6+!! ♕xb6 21.♖xd7+ ♖xd7 22.♖xd7+ ♘xd7 23.♘d5+ abgeschmettert.

100

Beljawski – Soln

Slowenien 1996

1.e4 c5 2.♘f3 e6 3.d4 cxd4 4.♘xd4 ♘f6 5.♘c3 d6 6.g4 a6 7.g5 ♘fd7 8.h4 b5 9.♗e3 b4 10.♘ce2 ♗b7 11.♗g2 ♘c5 12.♘g3 ♘bd7 13.0-0 g6 14.a3 bxa3 15.♖xa3 ♘b6 16.♘b3

Zum Ernst der Lage zunächst ein Überblick über allerlei Ansätze, die zu einer mehr oder weniger deutlichen Verluststellung führen.

– 16...♘xb3? 17.♖xb3

– 16...♗c6? 17.♕d4 e5 18.♕c3; 17...♖g8 18.e5

– 16...♘cd7? 17.♘a5

– 16...♘bd7? 17.♘a5 Δb4

– 16...♕c7? 17.♘a5 Δb4

Entsprechend ist **16...♘c4!** der einzige Zug, um den Schaden einzugrenzen – und **17.♕d4!** der einzige, um Vorteil zu erzielen.

17...♘xe3

17...♘xa3? 18.♘xc5+− Δ18...♘xc2 19.♕a4+

18.♘xc5

18.♕xh8 ♘xf1 19.♘xc5 dxc5 20.♖d3± ist Zugumstellung zum späteren Text und relativ harmlos, aber womöglich war 18.fxe3 e5 19.♕c4 für mehr als Minimalvorteil geeignet.

18...dxc5

18...♘xf1? 19.♕a4+; 19.♘xb7~+−

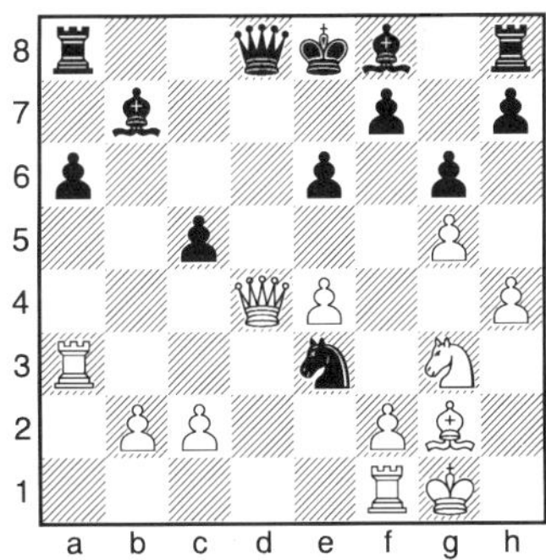

19.♕xh8

Auch nach 19.♕xe3 ♗e7; 19...c4!? ist nicht klar, ob und wie weit der weiße Vorteil aus dem Minimalbereich ist.

19...♘xf1 20.♖d3 ♕c7 21.♘xf1 mit Vorteil in der Größenordnung ±/±.

101

Arzukjewitsch – Osnos

Leningrad 1958

1.e4 c5 2.♘f3 ♘c6 3.d4 cxd4 4.♘xd4 ♘f6 5.♘c3 d6 6.♗g5 e6 7.♕d2 ♗e7 8.0-0-0 ♘xd4 9.♕xd4 0-0 10.f4 h6 11.♗h4 ♕a5 12.♕g1 ♗d7 13.g4 ♖ac8 14.♗e1

1) Vermeidet Schwarz mit **14...♕c7** die latente Drohung ♘d5, so führt **15.♗d3** zu verteilten Chancen.

2) Mit **14...♗c6** kann er sie allerdings auch zulassen oder geradewegs provozieren.

a) Danach kann Weiß die Einladung mit **15.♘d5** annehmen. Nur darf er nach **15...♕d8** nicht mit **16.♘xe7+??** **♕xe7** 'auf Läuferpaar' spielen, weil dies angesichts der Schwäche e4 zu einer annähernden Verluststellung führt, sondern muss mit **16.♘xf6+** **♗xf6** **17.♗d3**∞ wiederum kleine Brötchen backen.

b) Außerdem kann sich das Spiel nach **15.♗d3** **♕c7**∞ ruhig gestalten – oder unruhig nach **15.g5 hxg5 16.hxg5 ♘xe4!?** (16...♘d7∞) **17.♘xe4 ♕xa2 18.♘f6+ ♗xf6 19.gxf6 g6**⩲.

3) Größere Beachtung verdient der kaltschnäuzige Ansatz **14...♘xe4!? 15.♘xe4 ♕xa2** usw.

4) Tatsächlich ist es auch von Interesse, die Abzugsdrohung durch Eliminierung der mit Abzug drohenden Figur aus der Welt zu schaffen. So geschah in der Partie **14...♖xc3!? 15.♗xc3 ♕xa2 16.♗d3 e5!**

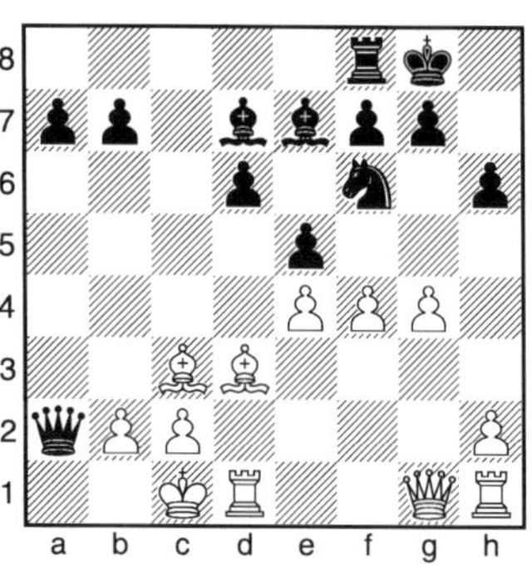

Mit diesem sehr starken Blockadezug legt Schwarz die Schwäche e4 fest und sperrt den ♗c3 aus. Dabei nutzt er die Tatsache, dass Weiß die Freigabe des Feldes g5 vermeiden muss: 17.fxe5?? ♘xe4–+ mit der tödlichen Drohung ♗g5+.

17.g5

Es gibt nichts Besseres (z.B. 17.h3? ♗c6∓) und zur Schadensbegrenzung auf mehr oder weniger kräftigen Minimalnachteil kommt höchstens noch die buchstäbliche Ausflucht 17.♔d2!? (Δ♖a1) in Frage, worauf Schwarz vor allem zwei interessante Fortsetzungen zur Wahl stehen.

– 17...d5 18.♖a1 ♘xe4+ 19.♗xe4 ♕c4 20.♗d3 ♕xf4+ 21.♕e3 ♕xg4

– 17...♕a4 18.♖e1 d5 19.exd5 ♕xf4+ 20.♕e3 ♕xe3+

– 21.♖xe3 ♘xd5 22.♖xe5 ♗g5+ 23.♖xg5 hxg5

– 21.♔xe3 ♘xd5+ 22.♔f3 ♘xc3 23.bxc3 ♖c8

17...hxg5 18.fxg5 ♘h5

18...♘g4!? 19.h4 ♗d8! Δ♗b6

19.h4 19.♔d2!? **19...♘f4** 19...♗d8!? **20.♕e3** 20.♔d2!? **20...♖d8** 20...♗d8!? **21.b3??**

Weiß hält dem konstanten Druck nicht stand und lässt sich eine tödliche Lockerung in Königsnähe zuschulden kommen (⌓21.♔d2∞).

21...♖c8−+ 22.♗c4

22.♗b2 ♕xb3; 22.♔d2 ♖xc3

22...d5! 23.exd5 ♗f5 24.♗b2 ♗a3 25.♕xe5 ♗xb2+ 26.♕xb2 ♘e2+ 0−1

102

Crouan – Harutyunyan

Frankreich 2016

1.e4 c5 2.♘f3 d6 3.d4 cxd4 4.♘xd4 ♘f6 5.♘c3 ♘c6 6.♗g5 e6 7.♕d2 a6 8.0-0-0 ♗d7 9.f4 h6 10.♗h4 g5 11.fxg5 ♘g4 12.♘f3 ♗e7 13.♔b1 ♘ge5 14.♗e2 ♖g8 15.♗g3 hxg5 16.♖hf1 ♕c7 17.♘xe5 dxe5

1) In der Partie stellte sich **18.♘d5? exd5 19.exd5** nach **19...0-0-0 20.dxc6 ♗xc6 21.♕e3 f6** als leere Demonstration heraus.

2) Ein erster Verbesserungsversuch besteht in **18.♕e3!?**, denn nach **18...♖f8?** (⌓18...♘a5 19.♕f3; 19.♕d3; 19.♗h5±) gestattet die Veränderung der Damenposition nunmehr das Motiv **19.♘d5! exd5 20.exd5+** ...

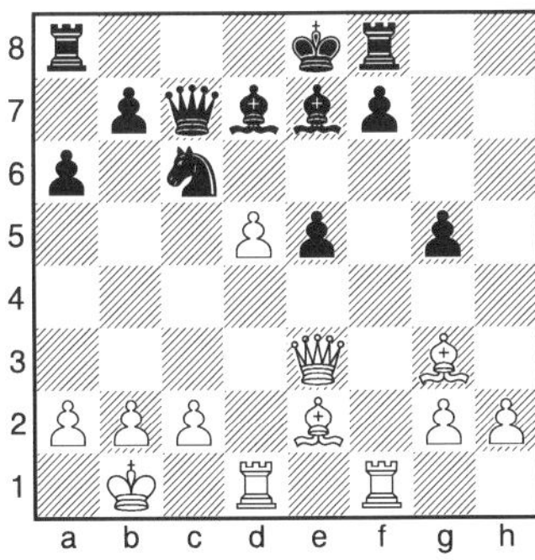

... mit Gewinn nach **20...♘d4 ♕xd4**, **20...♘b4 21.c3** oder **20...♖c8 21.dxc6 ♕xc6 22.♗xe5!?** (22.♗d3) **22...♕xc2+ 23.♔a1**.

3) Am naheliegendsten erscheint jedoch die Druckerhöhung auf die Schwäche f7 mit **18.♗h5**.

a) 18...♖g7? 19.♖xf7 ♖xf7 20.♗xf7+ +−

20.♕f2!? 0-0-0 21.♕xf7

20...♔xf7 21.♕xd7 ♕xd7 22.♖xd7 ♖b8 23.♘d1

b) 18...0-0-0 19.♗xf7 ♖gf8 20.♘e2!?± (20.♕e3) ∆**20...♖xf7 21.♖xf7 ♗e8 22.♖xe7 ♕xe7 23.♕e1**

103

Malakhow – Bjelow

Russland 2007

1.e4 c5 2.♘f3 d6 3.d4 cxd4 4.♘xd4 ♘f6 5.♘c3 a6 6.g3 e6 7.♗g2 ♕c7 8.0-0 ♗e7 9.♗e3 ♘c6 10.f4 ♗d7 11.♘b3 ♖c8 12.♔h1 b5 13.a3 ♕b8 14.♕e2 ♗d8 15.♖ad1 ♘a5 16.e5 dxe5 17.fxe5 ♕xe5

1) Der Partiezug **18.♕d3!?** reicht wegen der trickreichen Erwiderung **18...♘c4!** für keinen Gewinnvorteil.

Verfehlt sind folgende Alternativen:

– 18...♗c6? 19.♗xc6+ ♘xc6 20.♖xf6+− ∆20...♕xf6? 21.♕d7+ ♔f8 22.♗c5+ nebst baldigem Matt.

– 18...0-0? 19.♘xa5 ♗xa5 20.♗d4 ♕c7 (20...♕d6 21.♗xf6+−) 21.♖xf6!+− 21...♗xc3 (21...gxf6 22.♘e4) 22.♗xc3 gxf6 23.♕d4! (23.♕xd7?? ♖fd8−+) 23...e5 24.♕xd7 ∆24...♖fd8 25.♕g4+

19.♖xf6! 0-0

– 19...♖c7? 20.♗f4+−

– 19...♕c7? 20.♖f2 ♘xb2 21.♕xd7+ ♕xd7 22.♖xd7 ♔xd7 23.♗d4!~+−

20.♖f3?!

Die Alternativen 20.♖ff1± und 20.♖f4± waren wohl geringfügig besser.

20...♗c6

20...♘xb2?? 21.♕xd7 ♘xd1 22.♘xd1+–

21.♗d4

21.♗c1 ♗xf3 22.♕xf3 ♗g5

21...♕b8 22.♘e4± und Weiß hat nicht viel vorzuweisen.

2) Auch nach **18.♘xa5!? ♗xa5 19.♖xf6** hat Schwarz in der Folge einen 'einzigen Zug' zur Schadensbegrenzung.

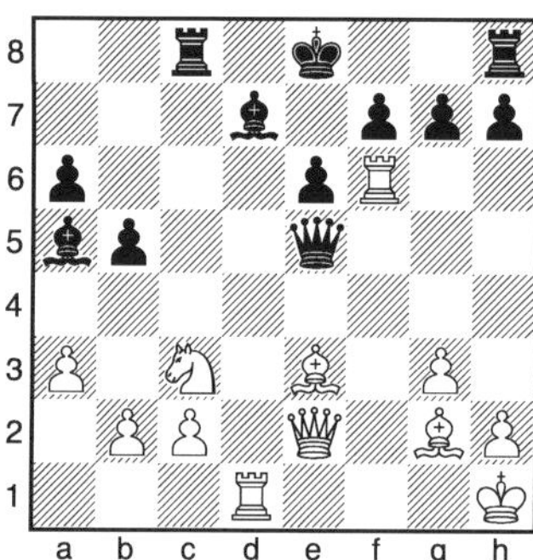

a) 19...gxf6? 20.♘e4+– (Δ♘d6+; Δ♗d4) **Δ20...♖c4 21.♘d6+ ♔e7 22.♕d3!** (Δ♘xc4; Δ♘b7; Δ♘xf7) **Δ22...♗c8 23.♗f4**

b) 19...♕xf6? 20.♘e4 ♕g6 21.b4! ♗c7 22.♘c5+–

c) 19...♗xc3? 20.♕f2+– **Δ20...♗xb2 21.♕f3**

– 21...♕f6 22.♕b7 ♕e7 23.♖fd2

– 21...f5 22.♗f4 ♕c3 23.♕b7 bzw. 22...♕c5 23.♖xd7! ♔xd7 24.♕b7+ ♔e8 25.♗d6

d) 19...♖xc3□ 20.♖f3 ♖c8 21.♖f4!± Δ♖fd4

3) Am kräftigsten ist eindeutig **18.♖xf6!** mit mehr oder weniger leichtem Gewinn in allen Abspielen.

a) 18...♕xf6 19.♘e4 Δ19...♕e7 20.♘d6+ ♔f8 21.♘xc8 nebst ♗c5

b) 18...♘xb3 19.♖xf7! Δ19...♔xf7 20.♖xd7+ ♔e8 21.♗c6! ♖xc6 22.♖xd8+ ♔xd8 23.♗b6+

c) Nach der zähesten Verteidigung mit **18...gxf6 19.♕d3** ...

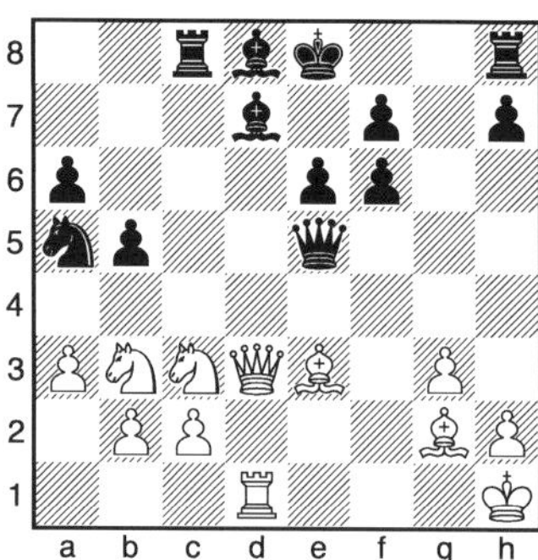

... **19...0-0! 20.♕xd7 ♕xe3 21.♕xc8 ♘c4** ist es verblüffend, wie präzise Weiß vorgehen muss, obwohl Schwarz nur einen einzigen Bauern für die Figur hat. Am besten ist **22.♖f1 ♘xb2** gefolgt von der prinzipiellen Entscheidung, ob mit **23.♘d1 ♘xd1 24.♖xd1** auf Konsolidierung – oder mit **22.♘e4 f5 23.♘ec5** auf Angriff gespielt werden sollte.

104

Hoogendoorn – Van Opstal

Niederlande 1993

1.e4 c5 2.♘f3 d6 3.d4 cxd4 4.♘xd4 ♘f6 5.♘c3 a6 6.g3 e6 7.♗g2 ♕c7 8.0-0 ♘bd7 9.♖e1 ♖b8 10.a4 b6

I) Der Partieansatz **11.♘d5?! exd5 12.exd5+** beruhte wohl hauptsächlich auf Wunschdenken – und tatsächlich ging dieses nach **12...♘e5?** sogleich in Erfüllung.

Nach 12...♗e7 13.♘f5 ♘e5 14.♘xe7 ♕xe7 15.f4 vermeidet die Tempoentwicklung 15...♗g4! 16.♕d2 ♘fd7 spätere Entwicklungsprobleme. Während Weiß seine Figur zurückbekommt und mit dem Läuferpaar verbleibt, bekommt Schwarz seinen Bauern zurück und verbleibt mit dem Riesenspringer auf e5. Entsprechend hat Weiß nach 17.b3 oder 17.h3 ♗f5 Δ18.g4 ♗g6 allenfalls Minimalvorteil.

13.f4 ♗b7

Nach 13...♗e7 14.fxe5 dxe5 führt sowohl 15.♘c6 als auch 15.♖xe5!? Δ15...♕xe5?! 16.♗f4+–; 15...0-0 16.♘c6 zu einer tendenziellen Gewinnstellung.

14.fxe5

Stärker erscheinen die Alternativen 14.♘f5!? und vor allem 14.♕e2!+–.

14...dxe5

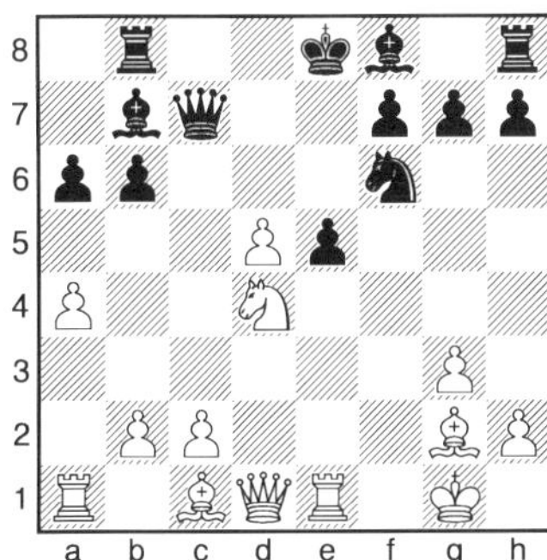

Und hier hätte außer der Partiefolge **15.♘c6 ♗xc6 16.dxc6 ♗c5+ 17.♔h1 0–0** auch der schärfere Ansatz 15.♖xe5+!? ♕xe5 16.♗f4 ♕e7 17.♗xb8 ♘xd5 18.♕f3! ♕c5 19.c3 ♗e7 20.b4 ♕c8 21.♘f5 ♕xb8 22.♖e1 nicht mehr als ± ergeben.

II) Für die Alternative **11.e5?!** gilt Ähnliches: Bei korrekter Verteidigung springt dabei nicht viel für Weiß heraus.

11...♘xe5

11...dxe5?! 12.♘c6 ♖b7 13.♕e2±

12.f4 und nun ist weder nach **12...♘g6** noch nach **12...♘c4** noch nach **12...♘ed7** eine Fortsetzung zu entdecken, nach der der weiße Vorteil deutlich über den Minimalbereich hinausgeht.

III) Es handelt sich also klarerweise um einen Fall für systematische Verstärkung – und zwar mit **11.f4!** und folgenden Abspielen, in denen es übrigens an mehreren Stellen ein Wiedersehen mit 'alten Bekannten' gibt – nur eben unter besseren Bedingungen!

A) 11...e5 12.♘d5!~+– 12...♕c5

1) 13.♗e3!? exd4 14.♗xd4 ♕c6 15.♖e3! Δ♖c3

2) 13.c3! exd4 14.cxd4

a) 14...♕c6 15.♕b3! Δe5

b) 14...♕c4 15.b3 ♕c6 16.♗b2

B) 11...♗b7

1) 12.e5?! ♗xg2 13.♔xg2 dxe5 14.fxe5

a) 14...♘xe5?? 15.♖xe5 ♕xe5 16.♗f4+–

b) 14...♘g8 15.♘e4± Δ15...♘xe5?? 16.♗f4+–

2) 12.♘d5!± Δ12...exd5? 13.exd5+ ~+–

a) 13...♔d8 14.♘c6+ ♗xc6 15.dxc6 ♘c5 16.b4 Δ♘e6 17.f5

b) 13...♗e7 14.♘f5 ♘g8 15.♖a3! ♔f8 16.♖c3!

– 16...♕d8 17.♖ce3 ♗f6 18.♘xd6

– 16...♘c5 17.♘xe7 (17.b4?? ♗f6∞) 17...♘xe7 18.b4

105

Morgan – Hoyos Millan

USA 1992

1.e4 c5 2.♘f3 e6 3.d4 cxd4 4.♘xd4 ♘f6 5.♘c3 d6 6.g4 h6 7.h4 ♘c6 8.♖g1 h5 9.g5 ♘g4 10.♘b3 ♕b6 11.♕e2 ♗d7 12.♗h3 ♘ce5 13.♖g2 ♖c8 14.f3

Nach dem Zertrümmerungsopfer **14...♖xc3!** und der Folge **15.bxc3 ♗b5** konnte Weiß getrost aufgeben. Stattdessen nahm er jedoch zunächst noch mit dem 'Damenopfer' **16.fxg4** Abschied von der Stellung – wohl in der Erkenntnis, dass 16.♕d1 ♘e3 Δ17.♗xe3 ♕xe3+

18.♖e2 ♘xf3+ 19.♔f1 ♕g1# ähnliche oder gar schlimmere Konsequenzen hätte.

106

Ristoja – Fridjonsson

England 1974

1.e4 c5 2.♘f3 e6 3.d4 cxd4 4.♘xd4 d6 5.♘c3 ♗e7 6.f4 ♘f6 7.♗e3 ♘c6 8.♕f3 e5 9.♘f5 ♗xf5 10.exf5 0-0 11.0-0-0 ♕a5 12.♗c4 ♖ac8 13.♗b3 exf4 14.♕xf4 ♘e5 15.♘d5 ♘xd5

In der Partie ließ Weiß sich den Fehler **16.♖xd5?** zuschulden kommen.

Nach stattdessen 16.♗xd5 garantiert das Läuferpaar quasi 'automatischen' Minimalvorteil.

16...♕xd5! 17.♗xd5 ♘d3+ nebst ♘xf4∓

107

Horvath – Van der Stricht

Belgien 1997

1.e4 c5 2.♘c3 ♘c6 3.♘f3 e6 4.d4 cxd4 5.♘xd4 ♕c7 6.f4 a6 7.♗e3 d6 8.♕f3 ♘f6 9.0-0-0 ♗e7 10.g4 0-0 11.g5 ♘d7 12.♖g1 ♖e8 13.♕h5 ♘xd4 14.♗xd4 b5

1) Selbstverständlich verdient die Partiefolge **15.♖d3!?** (Δ♖h3) Δ15...g6? 16.♕xh7+! nebst Matt in zwei Zügen große Beachtung.

2) Noch größere Beachtung verdient jedoch **15.g6! fxg6**

15...hxg6 16.♖xg6 ♗f8 17.♖g3+− Δ♖h3

16.♖xg6+−

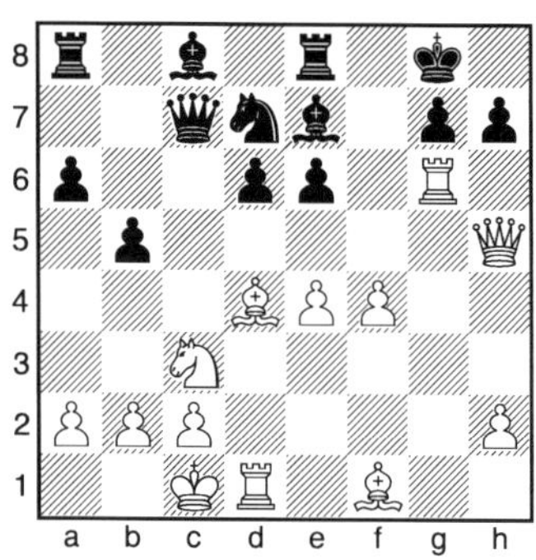

a) 16...♗f6 17.♖xg7+; **17.♖h6**

b) 16...e5 17.♗h3; **17.♗c4+**; **17.♖h6**

c) 16...hxg6 17.♕xg6 ♗f8 18.♕xe8

108

Nielsen P. H. – Vogt

Dänemark 1991

1.e4 c5 2.♘f3 e6 3.d4 cxd4 4.♘xd4 ♘f6 5.♘c3 d6 6.♗e2 ♗e7 7.0-0 0-0 8.f4 ♕b6 9.♔h1 ♘c6 10.♘b3 ♕c7 11.♗e3 a6 12.a4 b6 13.♗f3 ♗b7 14.g4 d5

1) In der Partie übersahen gleich beide Spieler, dass **15.e5?** an **15...♘xg4!** Δ16.♗xg4? d4−+; ⌓16.♗g1 ♘h6∓ Δ♘f5 scheitert. Stattdessen folgte 15...♘e4? mit unklarem Spiel.

2) Nach dem einzigen Zug **15.exd5** wäre außer **15...♖ad8**∞ und **15...♘xd5**∞ auch **15...♘b4**!Δ**16.dxe6 ♘xg4**=/∞ in Frage gekommen.

109

Zontakh – Georgiev

Italien 1999

1.e4 c5 2.♘f3 d6 3.d4 cxd4 4.♘xd4 ♘f6 5.♘c3 a6 6.♗e3 e6 7.g4 b5 8.g5 ♘fd7 9.h4 ♗b7 10.a3 ♗e7 11.♖g1 ♘c6 12.?xc6 ♗xc6 13.♕d4 0-0 14.0-0-0 ♕c7 15.h5 ♘c5 16.f3 ♖fd8 17.♔b1 ♖ab8 18.h6 ♗f8 19.b4

Zwar könnte Weiß den angegriffenen Springer auch nach einem Wartezug wie z.B. 19...♗b7?! nicht schlagen, aber nach 20.♕d2 oder 20.♗f2 müsste dieser dann doch wegziehen und Weiß hätte zumindest Minimalvorteil. Also empfiehlt es sich, die Gunst des Augenblicks für einen Gegenangriff zu nutzen.

19...a5! 20.g6?!

Außer etlichen 'neutralen' Züge wie z.B. 20.♗f2, die zu lebhaftem und unklarem Spiel führen, hat Weiß auch etwas aus der Kategorie 'Wie du mir, so ich dir!' – und zwar 20.♘d5!? exd5 21.exd5 ♗d7 Δ22.bxc5 dxc5∓. Allerdings ist er wohl der Ansicht, dass eine eventuell gegebene 'Widerlegung' eher am Königsflügel gegeben sein müsste.

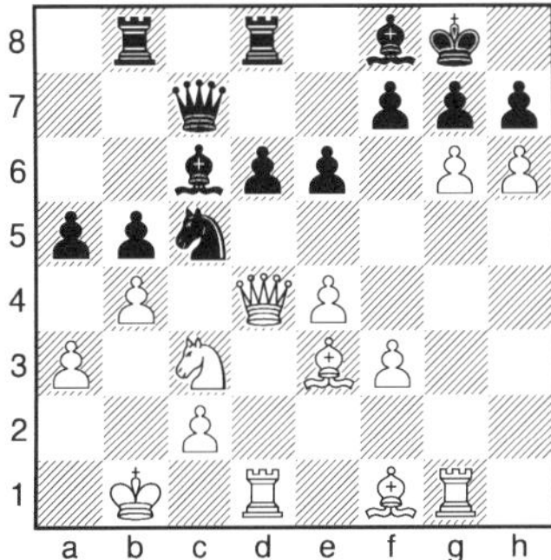

20...hxg6

Nach 20...fxg6?! 21.♗g5! geht der weiße Wunsch nach unklaren Verwicklungen auf; z.B. 21...axb4 +++ Δ22.♗xd8 ♕xd8 23.axb4 ♘a4≅.

21.♗g5 ♖d7!∓ Δ22...axb4 23.axb4 ♘a4

21...f6?? 22.hxg7! ♗e7 23.♗xf6± Δ23...e5? 24.♗c4+!!+–

110

Jansa – Kozma

Tschechoslowakei 1960

1.e4 c5 2.♘f3 d6 3.d4 cxd4 4.♘xd4 ♘f6 5.♘c3 e6 6.g4 ♘c6 7.g5 ♘d7 8.♗e3 a6 9.♗e2 ♕c7 10.f4 ♘a5 11.♕d2 ♘c4 12.♗xc4 ♕xc4 13.0-0-0 b5 14.b3 ♕c7 15.♖he1 ♘c5

Nach **16.♘f5!** erkannte Schwarz ganz richtig, dass die beste Verteidigung in dem Gegenangriff **16...b4** besteht.

– 16...exf5? 17.exf5+– Δ17...♔d7 18.♘d5 ♕c6 19.♘b4 ♕b6 20.♗xc5 ♕xc5 21.♖e5 ♕b6 22.♕d5

– 16...♘b7? 17.♗d4!+– Δ17...♖g8 18.♘d5! ♕c6 19.♗b6; 18...exd5 19.exd5+ ♔d8 20.♕e3

17.♗xc5! dxc5

17...bxc3? 18.♘xd6+ ♗xd6 19.♕xd6+–

Und hier traf Weiß mit der eher positionellen Folge **18.♘a4!?**± nur die zweitbeste Wahl.

Deutlich stärker war es, mit **18.♘d5!** beim einmal angeschlagenen Tonfall zu bleiben.

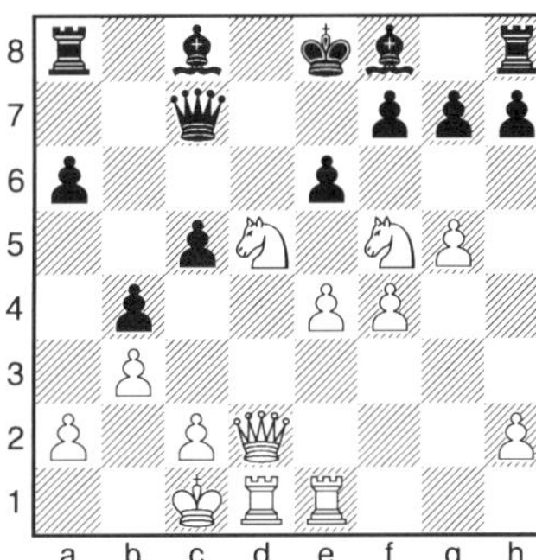

1) Danach führt **18...exd5 19.exd5+ ♔d8 20.d6** auf mehr oder weniger drastische Weise zum Gewinn; z.B. **20...♕b7** (20...♕d7 21.♕d5) **21.♖e7! ♗d7 22.♕e3! ♗xe7 23.dxe7+ ♔c7 24.♕xc5+**

a) 24...♗c6? 25.♕e5+ ♔b6 26.♘d6

b) 24...♔b8? 25.♕d6+ ♕c7 (25...♔c8 26.♖d5) **26.♕xd7** (26.♕xb4+) **26...♕xd7 27.♖xd7 ♔c8 28.♖d4**

c) 24...♕c6 25.♕e5+ ♔b7 26.♘d6+ ♔a7 27.♕d4+ ♕b6 28.♘xf7 Δ28...♗g4 29.♘xh8 ♗xd1 30.♕d7+

2) Zäher ist jedoch **18...♕d7 19.♘b6 ♕xd2+ 20.♖xd2 ♖b8 21.♘c4~+−** Δ21...exf5? 22.exf5+ ♗e7 23.f6+−.

111

Espig − Adamski

Polen 1970

1.e4 c5 2.♘c3 e6 3.♘ge2 ♘f6 4.d4 cxd4 5.♘xd4 d6 6.g4 ♗e7 7.g5 ♘fd7 8.♗e3 ♘c6 9.♖g1 0-0 10.♕h5 ♖e8 11.0-0-0 a6 12.f4 g6 13.♕h4 ♗f8 14.♕f2 ♘xd4 15.♗xd4 b5 16.f5 b4 17.♘a4 ♕a5 18.fxe6 fxe6

Nach dem brachialen Räumungszug **19.♗c4!!** ist Schwarz nicht in der Lage, die Bedrohung speziell des Einbruchsfeldes f7 zu parieren.

1) In der Partie folgte schwach **19...♕xa4? 20.♖gf1 ♘e5**

20...♖e7 21.♗xe6+!

21.♗xe5 dxe5

◯21...♕d7 22.♗xd6 ♗xd6 23.♖xd6 ♕e7 24.h4

22.♕f7+ 22.♖d8 **22...♔h8 23.♖d8!**

23.♕c7; 23.♖d3

23...♗b7

23...♖xd8 24.♕f6+ ♔g8 25.♕xd8 ♗b7 26.♖xf8+ ♔g7 27.♕e7#

24.♖d7 ♕xd7 25.♕xd7

Hier ein Blick auf die ebenfalls nicht erfreulichen Alternativen.

2) 19...♕c7 20.♖gf1+−

a) 20...♘e5 21.♗xe5 dxe5 22.♘b6 Δ22...♖b8 23.♘d7

b) 20...♘c5 21.♗xc5 dxc5 22.♘b6

3) 19...♘e5 20.♖gf1+−

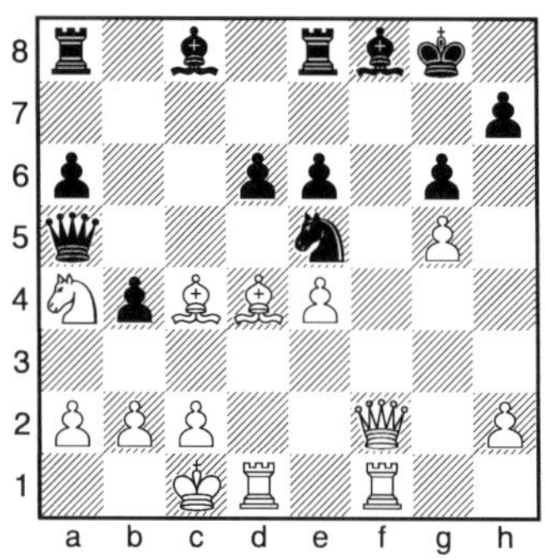

a) 20...♗e7 21.♗xe5; 21.♘b6

b) 20...♕xa4 21.♗xe5 ♕d7 22.♗xd6 ♗xd6 23.♖xd6

4) Noch am besten erscheint **19...♕d8 20.♔b1** oder **20.h4** jeweils mit der Idee ♖gf1 und tendenzieller Gewinnstellung.

112

Ljubojevic − Hjartarson

Barcelona 1989

1.e4 c5 2.♘f3 d6 3.d4 cxd4 4.♘xd4 ♘f6 5.♘c3 e6 6.g4 ♘c6 7.g5 ♘d7 8.♖g1 ♗e7 9.♖g3 0-0 10.♗e3 a6 11.♕e2 ♘xd4 12.♗xd4 ♖e8 13.♕h5 ♘f8 14.0-0-0 b5 15.♖dd3 b4 16.♖df3 g6 17.♕h6 e5 18.♘d5 exd4 19.♘f6+ ♔h8 **(V)**

Für das Linsengericht eines Läufers − so möchte man fassungslos sagen − hat Weiß einen Mattangriff erhalten, bei dem vier Angreifern ein einziger verteidigender Springer gegenübersteht − und zwar, ohne dass Schwarz auch nur das geringste Gegenspiel verweisen könnte. Dabei besteht das einzige Problem offenbar darin, einen Turm in die h-Linie zu bekommen.

1) Natürlich gewinnt auch die Partiefortsetzung **20.♗h3!?**, obwohl Schwarz die Sache danach statt **20...♗e6? 21.♗g4!**

mit der trickreichen Möglichkeit 20...b3! 21.axb3 ♕a5 angesichts des Dauerschach-Motivs ♕e1-♕a5 noch nach Kräften hätte komplizieren können.

2) Ähnliches gilt für die Alternative **20.♖f4!?**, nach der die 'long distance'-Verteidigung **20...♖a7!** Δ**21.♘xh7? ♘xh7 22.♖h4 ♗xg5+ 23.♖xg5 f5!** dem Weißen noch äußerst präzises Spiel abverlangt hätte.

3) Nur nach ausreichender Würdigung der Tatsache, dass in der zuletzt genannten Variante die Rettung darauf beruhte, dass auf g5 *mit Schach* geschlagen wird, kann man akzeptieren, dass es sich bei dem überzeugendsten der gegebenen Gewinnzüge **20.♔b1!!** um keinen schlechten Scherz handelt. Nunmehr ist die Drohung ♘xh7 nebst ♖h3 auch mit dem 'Wunderzug' **20...♖a7** nicht mehr zu parieren; z.B. **21.♘xh7 ♗xg5 22.♘xg5+ ♔g8** und nun nebenlösig **23.♗c4**, **23.♖f4** oder **23.♗h3**.

113

Kornejew – Bujisho

Frankreich 2012

1.e4 c5 2.♘f3 d6 3.d4 cxd4 4.♘xd4 ♘f6 5.♘c3 a6 6.♗e3 e6 7.g4 ♗e7 8.g5 ♘fd7 9.h4 ♘c6 10.♖g1 ♕c7 11.h5 g6 12.♕d2 b5 13.0-0-0 ♗b7 14.♘xc6 ♗xc6 15.a3 ♖b8 16.♗f4 ♘e5 17.♖g3 a5 **(V)**

Die richtige Zugfolge **18.♘d5!** führt zu einer annähernden Gewinnstellung.

Hingegen führt 18.♗xe5? dxe5 19.♘d5 zu unklaren Verhältnissen, weil Weiß nach 19...exd5 20.exd5 ♗xd5 21.♕xd5 0-0 ...

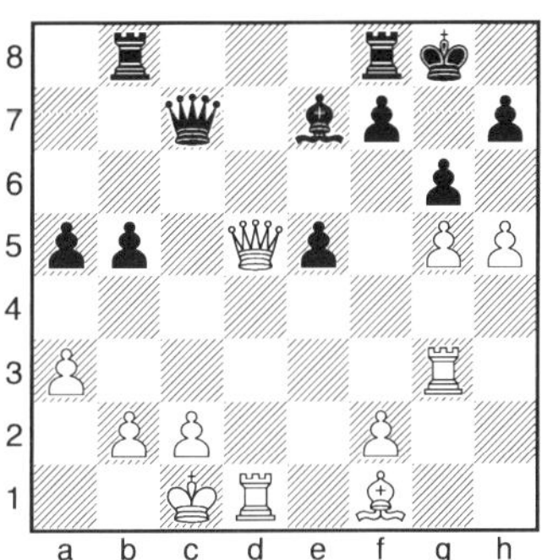

... über keinen brauchbaren Anschlusszug verfügt – z.B. 22.♖c3 ♗xg5+∞ oder 22.♗xb5 ♖fd8∞ (vergleiche nächste Anmerkung).

18...exd5 19.exd5 ♗d7

Nach 19...♗a8 stünde der Läufer in der Folge ungünstiger als nach dem Textzug.

Und nach diesmal 19...♗xd5 20.♕xd5 0-0 könnte Weiß nicht nur den klaren Gewinnkandidaten 21.♗xb5 wählen, sondern einige weitere mehr oder minder gewinnträchtige Anschlusszüge wie z.B. 21.♖c3.

20.♗xe5 dxe5 21.d6 ♕xd6?!

Besser 21...♗xd6 22.♕xd6 und weiter wie in der Partie.

22.♕xd6?!

⌓22.♖d3

22...♗xd6 23.♖xd6 mit bedeutendem Endspielvorteil nach 23...♗e6 24.♖a6; 23...♔e7 24.♖d5 oder 23...gxh5 24.♖e3 Δ24...♔e7? 25.♖h6+-.

114

Tolnai – Cvitan

Ungarn 1993

1.e4 c5 2.♘f3 e6 3.d4 cxd4 4.♘xd4 ♘f6 5.♘c3 d6 6.♗e3 a6 7.g4 ♗e7 8.g5 ♘fd7 9.h4 ♘c6 10.♕h5 0-0 11.0-0-0 ♘xd4 12.♗xd4 b5 13.e5 dxe5 14.♗xe5

1) Um die weiße Hauptdrohung zu verstehen, empfiehlt sich vorneweg ein Blick auf den schweren Fehler

14...♗b7??.

– Nach 14...♕a5?? 15.♖xd7!! ♗xd7 16.♗d3 ...

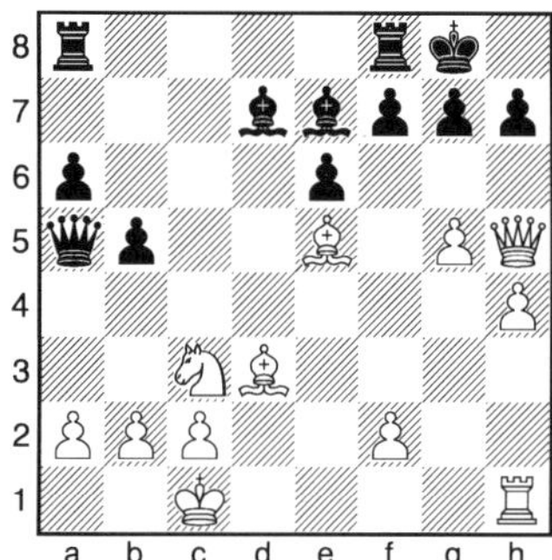

... kommt bereits Matt in Sicht; z.B. 16...g6 17.♕h6 f6 18.♗xg6! hxg6 19.♕xg6+ ♔h8 20.gxf6 nebst # in 3.

– Und nach 14...♘xe5? 15.♖xd8 ♖xd8 16.♗g2+– reicht das Material für die Dame bei Weitem nicht aus.

15.♗xg7!! ♔xg7 (15...♗xh1? 16.♗d3) **16.♕h6+ ♔h8 17.♗d3 f5 18.g6 ♘f6 19.g7+ ♔g8 20.gxf8♕+ ♕xf8 21.♖hg1+** usw.

2) In der Partie ließ Weiß sich nach dem groben Bock **14...♕e8??** den seinerseitigen Fehler **15.♗g2?** zuschulden kommen, der nach **15...♘xe5 16.♗xa8 b4** doch noch erhebliches Gegenspiel ermöglichte.

a) Verfehlt wäre auch **15.♖xd7? ♗xd7** (15...♕xd7?? 16.♗d3+–) **16.♗f6!**

(16.♗d3?? f5–+; 16.♗xg7 f5 17.♕h6 ♖f7 18.♗e5⩲)

Denn wenn Schwarz hier den einzigen Zug **16...♕d8!** findet ...

(– 16...gxf6?? 17.gxf6 # in 5

– 16...♗xf6?? 17.gxf6 ♕d8 18.♘e4+–)

... kann Weiß nach **17.♗xg7 ♔xg7 18.♕h6+ ♔h8 19.♗d3 f5 20.g6 ♖f7 21.gxf7** höchstens auf Minimalvorteil hoffen.

b) Hingegen dringt Weiß mit **15.♗xg7!** durch, wenn er nach **15...♔xg7** den Riesenzug **16.♖g1!!** findet.

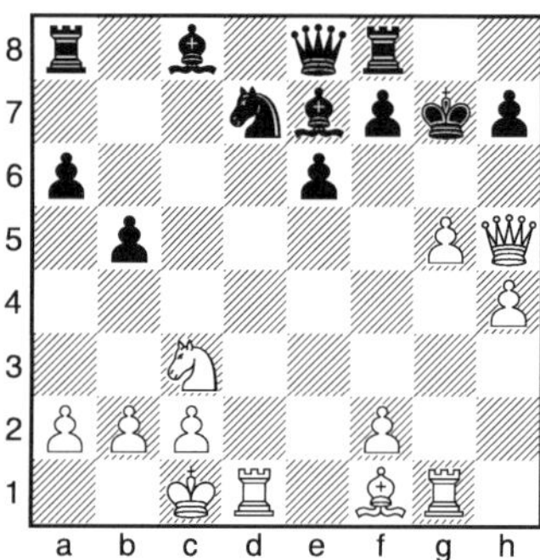

Damit wird vor konkreten weiteren Aktionen zunächst eine Bewegung des schwarzen f-Bauern verhindert. Nach beispielsweise **16...♖g8** (um f8 für König oder Springer zu räumen) und erst jetzt **17.♗d3** sind folgende Gewinnvarianten denkbar.

– 17...♔f8 18.♗xh7 ♖g7 19.♗e4 ♖b8 20.♕h8+ ♖g8 21.♕h6+ ♖g7 22.g6

– 17...♘f8 18.♘e4 ♘g6 19.♘f6 ♗xf6 20.gxf6+ ♔h8 21.♖g5! (Δ♕xh7+ nebst #) Δ21...♕f8 22.♗e4 ♖b8 23.♖d8

3) Der einzige Zug **14...g6!** basiert auf der bösen Pointe, dass die weiße Dame nach 15.♕h6?? ♘xe5! 16.♖xd8 ♖xd8–+ hilflos der Doppeldrohung ♘g4 und ♗f8 ausgeliefert wäre.

Und nach **15.♕f3** wären folgende Varianten denkbar.

a) 15...♖a7? 16.♕e3±

b) 15...♕b6? 16.♗d4! (16.♕xa8?? ♗b7∓) **16...♗c5** (16...♕b7? 17.♕h3!+–) **17.♗xc5 ♘xc5 18.♕f6±** Δh5 auch nach z.B. **18...♗b7 19.h5!** usw.

c) Am vernünftigsten ist also **15...♘xe5!**, auch wenn die Kompensation nach **16.♕xa8 ♕b6** oder **16...♕c7** nicht besonders üppig ausfällt.

115

Movsesian – Babula

Tschechien 1996

1.e4 c5 2.♘f3 e6 3.♘c3 d6 4.d4 cxd4 5.♘xd4 ♘f6 6.g4 ♘c6 7.g5 ♘d7 8.♗e3 ♗e7 9.h4 0-0 10.♕h5 a6 11.0-0-0 ♘xd4 12.♗xd4 b5 13.♗d3 b4

1) Der verfehlte Ansatz **14.♘d5??** wird nur im Falle gegnerischer Unaufmerksamkeit von Erfolg gekrönt.

a) So hätte Weiß nach **14...exd5?? 15.♗xg7!! ♔xg7** (15...♕e8? 16.♗f6 # in 6) **16.♕h6+ ♔h8** (16...♔g8 17.e5) **17.e5 f5 18.g6 ♖f7 19.gxf7 ♕f8 20.♕xf8+ ♘xf8 21.♖hg1** eine tendenzielle Gewinnstellung.

b) Nach dem einzigen Zug **14...♘e5!** mit der möglichen Folge **15.♘xe7+ ♕xe7 16.♗xe5 dxe5 17.♕g4** hätte Schwarz hingegen annähernden Ausgleich erlangt.

2) In der Partie folgte mit **14.♗xg7!**+– die tatsächlich durchschlagende Alternative.

a) 14...♘c5 15.♕h6

Das ist noch stärker als profan 15.♗xf8.

15...♖e8

15...♘xd3+ 16.♖xd3 Δ16...bxc3 17.♗f6 # in 6

Und hier wäre statt der 'positionellen' Lösung **16.♘e2** Δ♘g3–h5 die 'pointierte' Alternative 16.♖dg1! Δ♗f6 noch überzeugender gewesen.

b) 14...♔xg7 15.♕h6+ ♔h8 16.e5 (16.♘d5) **16...f5**

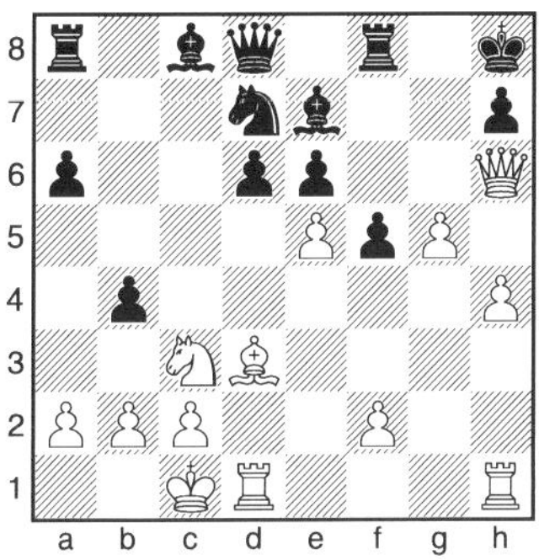

– 17.g6 ♖f7 18.gxf7 ♕f8

– 17.gxf6 ♖f7 18.fxe7 ♕xe7 19.exd6

c) 14...bxc3? 15.e5 # in 8

d) 14...♘e5 15.♗xf8; **15.♗xe5 dxe5 16.♘d5!**

116

Pokojowczyk – Budde

Kopenhagen 1981

1.e4 c5 2.♘f3 e6 3.d4 cxd4 4.♘xd4 ♘f6 5.♘c3 d6 6.g4 h6 7.h4 a6 8.♖g1 ♘fd7 9.g5 hxg5 10.♗xg5 ♕c7 11.♗e2 ♘b6 12.h5 ♗d7 13.♕d3 ♘c6 14.a3 ♖c8 15.♘xc6 ♕xc6 16.f4 ♘c4 17.♖b1 b5 18.♖g3 ♕b6 19.♘d1 ♕b7 20.♗f3 ♗c6 21.♘c3 ♖c7 22.♘d5

1) In der Partie folgte **22...♗xd5?!** und nach **23.exd5 e5** führte die Schließungsmaßnahme **24.f5** zu unklarem Spiel, wobei auch die Vertreibung des starken Springers mit 24.b3!? Δ24...♘xa3 25.♖c1⩲; 24...exf4 25.♗xf4 Δ25...♖e7+ 26.♔d1; 26.♔f1 durchaus in Frage kam.

2) Tatsächlich ist der schwarze Positionsvorteil nur mit **22...exd5!** festzuhalten (22...♖c8?/♖d7? 23.h6!∞), da die Öffnung der e-Linie dem weißen König viel mehr schadet als dem schwarzen. Vermutlich hatte Schwarz nach **23.exd5** die Kraft des Defensivzuges **23...f6!** nicht erkannt.

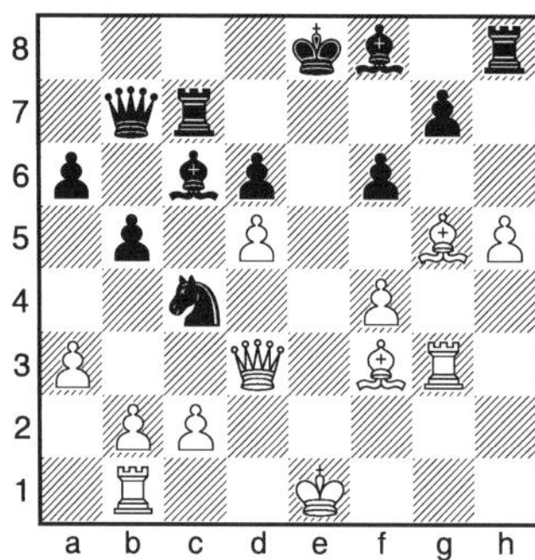

a) Zunächst ginge der Überfallversuch **24.♕g6+** nach **24...♔d8–+** komplett nach hinten los; z.B. **25.♗xf6+**

25.dxc6 ♖e7+ 26.♔f1 ♕b6

25...gxf6 26.♕xf6+ ♖e7+ 27.♔f2 ♗xd5!

27...♗e8!? 28.♕xh8 ♗g7 29.♕g8 ♕a7+ 30.♔g2 ♘e3+ nebst ♘f5

28.♕xh8

28.♗xd5 ♕xd5 29.♕xh8 ♖f7

28...♕a7+ 29.♔g2 ♖e2+ 30.♔h3

30.♔h1 ♕e7

30...♗e6+ 31.♗g4 ♗xg4+

– 32.♔xg4 ♕d7+ 33.♔f3 ♕e7

– 32.♖xg4 ♕e3+ 33.♖g3 ♕xf4

b) Auch nach **24.♗xf6 gxf6** würde 25.♕g6+ usw. scheitern (siehe 24.♕g6+), und da auch 25.dxc6? wegen 25...♕b6–+ Δ♖e7+ ausscheidet, bleibt einzig **25.♔f1** mit den etwa gleichwertigen Möglichkeiten **25...♖e7 26.dxc6 ♕b6∓** bzw. **25...♘d2+!? 26.♕xd2 ♗d7∓**.

c) Und nach der Alternative **24.dxc6 ♕b6** bzw. **24...♖e7+ 25.♔f1 ♕b6** hätte Schwarz die Initiative und somit zumindest Minimalvorteil.

117

Akopian – Anastasian

UdSSR 1989

1.e4 c5 2.♘f3 d6 3.d4 cxd4 4.♘xd4 ♘f6 5.♘c3 a6 6.♗c4 e6 7.♗b3 ♘bd7 8.f4 ♘c5 9.f5 ♗e7 10.♕f3 0-0 11.♗e3 e5 12.♘de2 ♘xb3 13.axb3 b5

In der Partie zeigte sich nach **14.♘xb5?** sogleich die Pointe, weil Schwarz eben nicht mit 14...♗xf5? 15.♘bc3 primitiv auf Materialausgleich spielt, sondern mit **14...d5!** auf Angriff.

1) Es folgte **15.exd5 ♘xd5∓** Δ♘xe3; Δ♗b7.

2) Zwar sagt man: Außergewöhnliche Stellungen erfordern außergewöhnliche Maßnahmen! – aber nach **15.♘bc3?! d4 16.0-0-0 ♕a5 17.♘xd4 exd4 18.♖xd4 ♗b4** hat die Faustregel '3 Bauern ~ Figur' keinerlei Bedeutung, zumal Schwarz massiven Angriff erhält und wohl schon über eine tendenzielle Gewinnstellung verfügt.

118

Rachels – Browne

USA 1989

1.e4 c5 2.♘f3 d6 3.d4 cxd4 4.♘xd4 ♘f6 5.♘c3 a6 6.a4 e6 7.♗e2 ♗e7 8.0-0 0-0 9.f4 ♕c7 10.♔h1 ♘c6 11.♗e3 ♖e8 12.♗f3 ♗d7 13.♘b3 b6 14.g4 ♗c8 15.g5 ♘d7 16.♗g2 ♖b8 17.♕h5 g6 18.♕h3 ♘b4 19.f5

Nach **19...♘xc2?** erhält Weiß eine annähernde Gewinnstellung.

In der Partie roch Schwarz den Braten und nach 19...♘e5 20.♘d4 hatte Weiß allenfalls Minimalvorteil.

20.fxg6

20.fxe6 fxe6 macht keinen Unterschied.

20...fxg6

Das Motiv 20...hxg6?? 21.♖xf7!+– ist natürlich bestens bekannt.

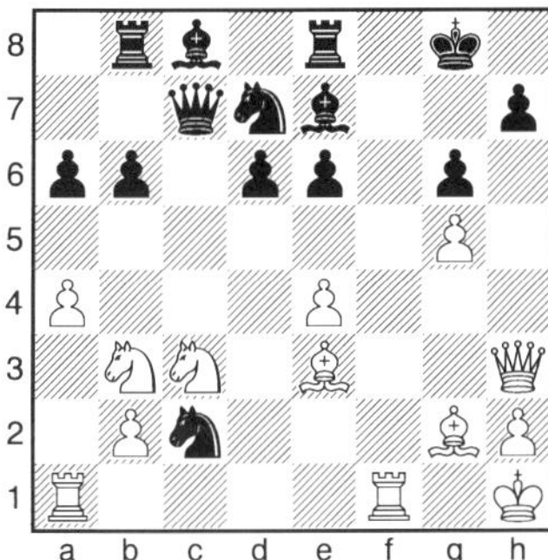

21.♖f7!!

Das Extra-Rufzeichen gibt's nicht etwa für die Demonstration, dass selbiges Motiv auch ohne Bauerngewinn stark ist, sondern für die Vermeidung der Verführung 21.♕xe6+??, weil diese nämlich nach der weitgehend forcierten Folge 21...♔h8 22.♘d5 ♕d8 23.♘xe7 ♕xe7 24.♕xe7 ♖xe7 25.♗d4+ ♘xd4 26.♘xd4 ♗b7 zu schwarzem Minimalvorteil führt.

21...h5 22.♖f2!+–

Erst dieser subtile Rückzug (mit Angriff auf den gierigen Springer!) ist die eigentliche Gewinnpointe.

22...♘c5

Nach 22...♘xe3? 23.♕xe6+ ♔h8 24.♕xg6 wäre der Gewinn zu einfach.

23.♘xc5 ♘xe3 24.♘xa6! ♘g4 25.♕xg4 ♕b7 26.♕d1! ♕xa6 27.e5! ♗b7

27...d5 28.♕c2

28.exd6 ♖f8 29.♖xf8+ ♗xf8 30.♕c2

119

Jansa – Stohl

Prag 1989

1.e4 c5 2.♘f3 d6 3.d4 cxd4 4.♘xd4 ♘f6 5.♘c3 a6 6.♗e2 e6 7.0-0 ♕c7 8.f4 ♗e7 9.♗e3 0-0 10.g4 ♖e8 11.g5 ♘fd7 12.♗h5 g6 13.♗g4 ♗f8 14.f5 ♘e5 15.fxe6 fxe6 16.♗h3 ♘bc6 17.♖f6 ♘xd4 18.♗xd4 ♗g7 19.♗xe5 dxe5 20.♖f3 ♗d7 21.♖d3 ♗c6 22.♕d2

1) In der Partie verzichtete Schwarz zu Unrecht auf den Bauerngewinn und gab sich mit dem Minimalvorteil nach **22...♗f8** zufrieden.

2) Dabei spricht absolut nichts gegen **22...♕b6+!**, denn ungeachtet der weißen Antwort ist der Bauer b7 in der Folge gedeckt, und da die Dame auf a3 keinem effektiven Springerabzug ausgesetzt sein wird, ist auch ihre Rückkehr ins eigene Lager gewährleistet.

So führt nach sämtlichen sinnvollen Möglichkeiten **23.♔g2/♔h1/♕f2/♕e3** die Fortsetzung **23...♕xb2 24.♖b1 ♕a3∓** zu einem völlig gesunden Mehrbauern. Und selbst wenn sich die Schwächung des weißen Damenflügels noch nicht in den nächsten Zügen bemerkbar macht, so sollte früher oder später der Zeitpunkt kommen, an dem sich dies ändert.

120

Rydstrom – Berglind

Schweden 2018

1.e4 c5 2.♘f3 d6 3.d4 cxd4 4.♘xd4 ♘f6 5.♘c3 a6 6.♗g5 e6 7.♕f3 ♗e7 8.♗e2 h6 9.♗e3 ♘bd7 10.0-0-0 ♕c7 11.♕g3 b5 12.a3 ♗b7 13.f3 ♘e5

Der positionelle Ansatz **14.f4** stellte sich als vollkommen harmlos heraus, da Schwarz nach **14...♘c4 15.♗xc4 ♕xc4 16.e5 dxe5 17.fxe5** zusätzlich zur Partiefolge **17...♘h5** über die Alternative 17...♘d5 18.♕xg7 ♖f8 19.♘xd5 ♗xd5⩱ verfügte.

Will Weiß mehr aus der Stellung herausholen, führt also kein Weg an **14.♕xg7!?** vorbei. Tatsächlich müsste Schwarz danach schon den einzigen

Zug **14...♘g6!** Δ♘h5 finden, um halbwegs das Gleichgewicht zu wahren.

Denn nach 14...♖g8? 15.♕xh6 ♖xg2 16.♖hg1, 14...♖h7? 15.♕g3 und 14... 0-0-0? 15.♕g3 steht der deutliche weiße Vorteil außer Frage, wobei im letzten Fall auch noch die 'verspielte' Alternative 15.♘dxb5!? axb5 16.♘xb5 ♕b8 17.♘xd6+ ♗xd6 18.♕xf6 ♖hg8 19.f4 oder 19.♗b6 große Beachtung verdient.

Hier ein Überblick über die wichtigsten und unterhaltsamsten Abspiele.

I) 15.♘cxb5

15.♘dxb5 axb5 16.♘xb5⩲ nebst ♘xd6+ usw.

A) 15...axb5?? 16.♗xb5+ +− Δ**16...♘d7 17.♘xe6** usw.

B) 15...♕d7 16.♘xe6! axb5 17.♗xb5 ♗c6 18.♗c4

18.♘c5 ♕c8 19.♗c4; ♖xd6

18...♖h7 19.♘c7+ ♔d8

19...♕xc7?? 20.♗xf7+ +−

20.♕xh7 ♘xh7 21.♘xa8 ♘xa8 22.♗xf7

II) 15.♘xe6 ♕c8 16.♗xb5+ axb5 17.♘xb5

A) 17...♖h7?? 18.♕xf6! ♗xf6 19.♘xd6+ ♔e7 20.♘xc8+ ♖xc8 21.♘d4+−

B) 17...♕xe6! 18.♘c7+ ♔d7 19.♘xe6 ♔xe6 (Δ♖h7!) Δ20.f4 ♗xe4; ♘xf4

III) 15.e5

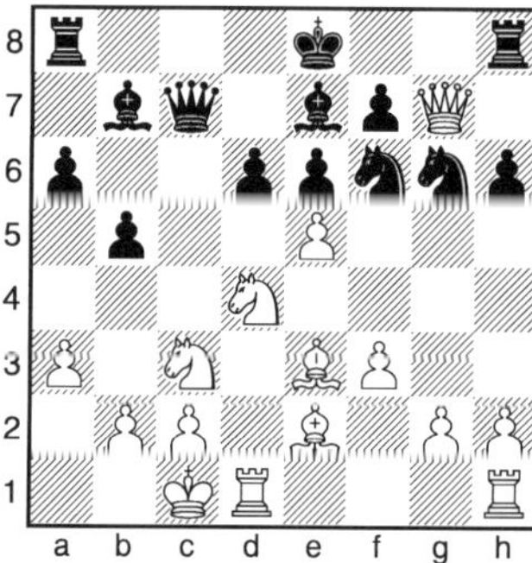

A) 15...♘h5 16.♘xe6 ♕d7

1) 17.♕xh8+ ♘xh8 18.♘c5 dxc5 19.♖xd7 ♔xd7

2) 17.exd6 ♘xg7 18.♘xg7+ ♔f8 19.dxe7+ ♕xe7 20.♘f5

B) 15...dxe5

1) 16.♗xb5+?? axb5 17.♘cxb5 ♕c4! 18.b3 ♕c8 19.♘xe6 ♗xa3+! 20.♘xa3 ♕xe6 21.♘b5 ♖c8!! 22.♘d6+ ♔e7−+ 23.♔b2 ♗a8! 24.♘xc8+ ♕xc8

2) 16.♘cxb5 ♕c8 17.♘xe6 axb5 18.♗xb5+ ♗c6 19.♗c4 ♗d5 20.♗b5+ ♗c6=

3) 16.♘xe6 ♕c6 17.♘xb5

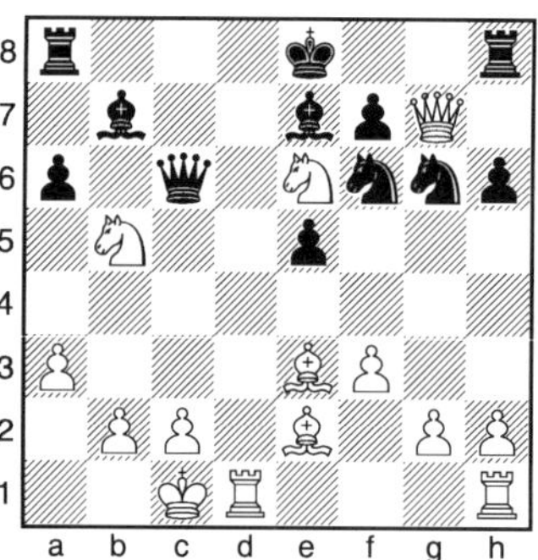

Wenn Weiß im Sizilianer auf gleich *zwei* der neuralgischen Punkte einbrechen kann, möchte man meinen, damit sei die Sache eigentlich gelaufen. Und dabei ist strenggenommen gar nicht viel los.

17...♖c8 18.♗d3

a) 18...♖g8 19.♗xg6 fxg6 20.♘bc7+ ♖xc7 21.♘xc7+ ♕xc7 22.♕xh6

b) 18...♕xe6 19.♗xg6 ♖f8

(19...fxg6 20.♕xg6+ ♕f7)

20.♖d6!! ♗xd6 21.♗f5 ♖xc2+! 22.♔b1 ♖xb2+ 23.♔xb2 ♗xa3+ 24.♘xa3 ♕xf5 25.♘c4 ♕e6 26.♖d1 ♕xc4 27.♕xf6 ♕b5+ nebst Dauerschach

121

Kengis – Orsag

Prag 1993

1.e4 c5 2.♘f3 e6 3.d4 cxd4 4.♘xd4 ♘f6 5.♘c3 d6 6.g4 ♘c6 7.g5 ♘d7 8.h4 ♗e7 9.♗e3 0-0 10.♕h5 a6 11.0-0-0 ♘xd4 12.♗xd4 b5 13.f4 b4 14.♗xg7 ♔xg7 15.e5 ♘c5 **(V)**

Die Eingangsfrage ist insofern irreführend, als Weiß sich nach **16.♕h6+ ♔h8** mit dem Ablenkopfer **17.♘a4!!** nicht nur *retten*, sondern den Gegner vor gewaltige Verteidigungsprobleme stellen kann.

1) So führt die Annahme das Opfers mit **17...♘xa4??** zum Verlust.

18.♗d3 f5 19.exf6 ♖f7 20.g6 ♕f8

- 20...♗f8? 21.g7+ # in 3

- 20...♗xf6? 21.gxf7 # in 5

21.fxe7!

21.♕xf8+?? ♗xf8 22.gxf7 ♖a7

21...♕xh6 22.e8♕+ ♖f8 23.♕xa4+-

2) Selbiges gilt auch für **17...♘e4?? 18.♗d3 ♗b7 19.♖he1** (Δ♖xe4) Δ**19...♖g8 20.♘c5!!**

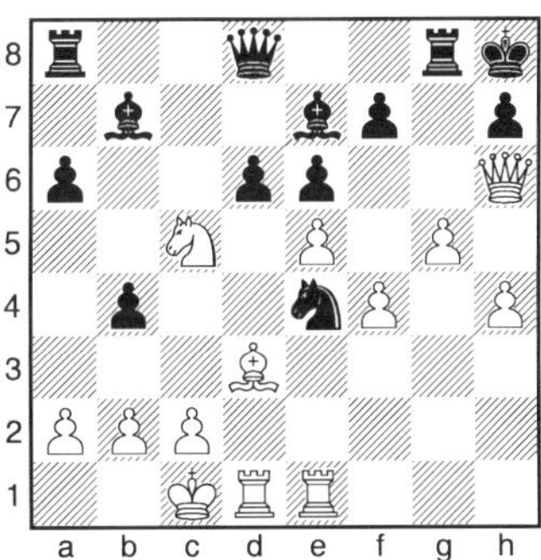

20...♖g6 21.♘xb7 ♕b6 22.♕h5+-.

3) Die einzige Rettung (für Schwarz!) besteht in **17...d5!**, weil nach **18.♘xc5 ♗xc5 19.♗d3** die Öffnung der 7. Reihe mit **19...f5 20.exf6 ♖a7** die Abwehr direkter Mattdrohungen ermöglicht. Und nach beispielsweise **21.♔b1** hat Weiß mit zwei Bauern und anhaltendem Angriff selbstredend ausreichende Kompensation für die Figur.

122

Sakharow – Tukmakow

Ukraine 1968

1.e4 c5 2.♘f3 d6 3.d4 cxd4 4.♘xd4 ♘f6 5.♘c3 e6 6.g4 h6 7.♗g2 ♘c6 8.♘b3 ♗e7 9.h4 ♘d7 10.♗f4 ♘de5 11.♗g3 a6 12.♕e2 b5 13.0-0-0 ♕c7 14.f4 ♘c4 15.g5 ♗d7 16.♖he1 ♖c8 17.♘d5 exd5 18.exd5 ♘6e5 19.fxe5 dxe5 20.♔b1 ♗d6 21.♘d4

1) In der Partie konnte Weiß seine Stellung nach **21...0-0?** mit **22.♘c6** konsolidieren, war dann jedoch dermaßen auf seine Drohung gxh6 fixiert, dass er diese auch nach dem Befreiungsversuch **22...f5 23.gxh6?** zum Einsatz brachte, worauf **23...gxh6** zu einer unklaren Stellung führte, zumal der König jetzt über die 7. Reihe verteidigt werden konnte.

Nach dem besseren 23.gxf6 ♖xf6 24.♗e4± hätte Weiß die gegnerischen Figuren weitgehend ausschalten und die eigenen besser postieren können.

2) Der Zwischentausch **21...hxg5? 22.hxg5±** kann angesichts der Anschlussdrohungen ♘c6, ♖h1 und g6 nur zu weißen Gunsten ausschlagen.

Und **22...♘xb2?** scheitert diesmal an **23.♗xe5 0-0 24.♖h1!! ♗xe5 25.♕h5 ♗h2 26.♗e4!+-** und nicht etwa 26.♖xh2?? ♕xh2 27.♕xh2 ♘xd1.

3) Die gesuchte 'Ausrede' bestand in **21...♘xb2!** mit der weitgehend forcierten Folge **22.♗xe5**

22.♔xb2? ♕c3+ 23.♔b1 ♕xg3∓

22...0-0 23.♔xb2

Der Fehler 23.♗xd6? führt nach 23...♘xd1! und der einzigen Riposte

24.♕e5 ...

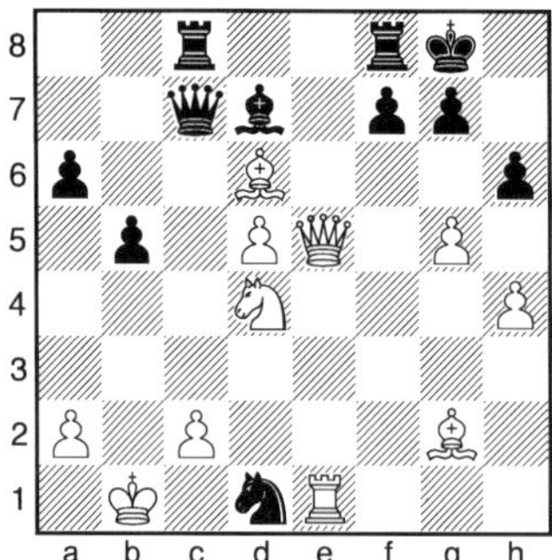

... höchstwahrscheinlich zum Dauerschach; z.B. 24...♘c3+ 25.♔b2 ♘a4+ 26.♔c1 ♕c3 27.♗xf8 ♕a1+ 28.♔d2 ♕c3+ 28.♔c1 usw.

23...♕c3+ 24.♔b1 ♗xe5 25.♕xe5 ♖ce8 26.♘e6 ♕xe5 27.♖xe5 fxe6 28.gxh6 gxh6 29.♖g1±

123

Saathoff – Olbrich

Deutschland 1995

1.e4 c5 2.♘f3 e6 3.d4 cxd4 4.♘xd4 ♘f6 5.♘c3 d6 6.♗e3 ♗e7 7.f4 0-0 8.♕f3 e5 9.♘de2 ♘c6 10.0-0-0 ♕a5 11.f5 b5 12.♔b1 ♗b7 13.g4 ♘b4 14.a3

Das zu bedeutendem Vorteil führende taktische Motiv ist eigentlich 'kalter Kaffee', bringt jedoch zwei Stolpersteine mit sich – und zwar 1. die richtige Zugfolge und 2. die richtige Fortsetzung.

1) In der Partie wählte Schwarz mit **14...♘xc2!** die richtige Zugfolge, nach **15.♔xc2** jedoch mit **15...♘xe4?** die falsche Fortsetzung.

Nach der korrekten Folge 15...b4! (15...♖fc8!?) 16.axb4 ♕xb4 17.♗g2 ♖fc8 erlangt er bedeutenden Vorteil; z.B. 18.♔b1 ♖ab8 19.♖d2 ♖c4∓ oder 18.♘g3 d5∓; 18...♖ab8∓ usw.

a) Allerdings ließ Weiß die Panikreaktion **16.♖d5??** folgen und stand nach **16...♘f6!** Δe4 auf Verlust.

b) Nach der besonnenen Verteidigung mit **16.♘d5!** wäre Schwarz nicht über Kompensation hinausgekommen; z.B. **16...♕a4+ 17.b3 ♕xa3 18.♕xe4**

18.♘xe7+?? ♔h8–+ 19.♘c3 ♖ac8 20.♘xc8 ♖xc8 21.♗c1 ♕a2+

18...♕a2+ 19.♔d3 ♕xb3+ 20.♘ec3 ♖ac8

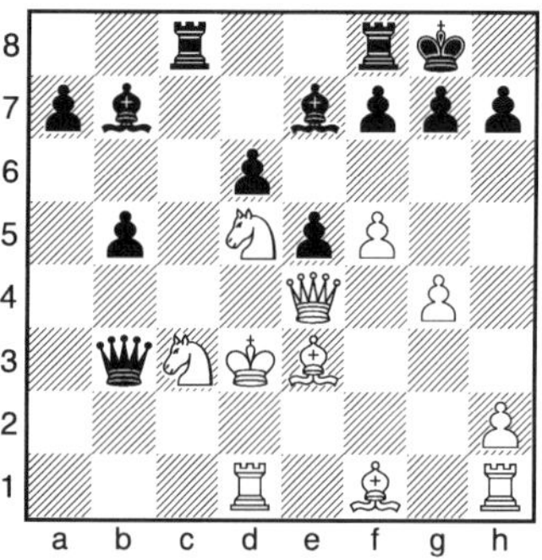

Mit dem denkbaren Schlussspiel (à la 'Viel Lärm um nichts') **21.♘xe7+?? ♔h8 22.♕xb7 ♖xc3+ 23.♔e2 ♖xe3+ 24.♔f2 ♕xd1 25.♔xe3 ♕d4+** nebst Dauerschach.

2) Die falsche Zugfolge **14...♘xe4? 15.♘xe4 ♘xc2** kann Weiß auf verschiedene Arten unterlaufen, wonach Schwarz auf Kompensation bzw. Dauerschach eingeschränkt bleibt.

a) 16.♗g2 d5; 16...♕a4≌

b) 16.♗c1 ♕a4; 16...♖ac8; 16...b4≌

c) 16.f6 ♘xa3+! 17.bxa3 ♕xa3 18.♗g2 (18.♘2c3?? ♖fc8–+) **18...♕b3+ 19.♔a1 ♕a3+**

124

Bon – Sonnet

Frankreich 2002

1.e4 c5 2.♘f3 d6 3.d4 cxd4 4.♘xd4 ♘f6 5.♘c3 a6 6.♗c4 e6 7.a4 ♕c7 8.♕e2 ♘c6 9.♗e3 ♗e7 10.0-0 0-0 11.f4 ♗d7 12.f5 e5 13.♘f3 ♖ac8 14.♘d2 ♘b4 15.♗b3 ♗c6 16.g4 d5 17.g5 d4 18.gxf6 ♗xf6

1) Bei seinem Ansatz **19.♘d5?** versprach Weiß sich offenbar zu viel von der forciert folgenden Räumung des traumhaften Zentrumsfeldes e4.

19...♗xd5

Auch nach 19...♘xd5 20.exd5 dxe3 21.♘e4 ♗d7 22.♕xe3 hätte Weiß kräftigen Minimalvorteil, wobei Schwarz sich allerdings nicht mehr um seinen wackelig postierten Springer zu kümmern bräuchte.

20.exd5 dxe3 21.♘e4

a) In der Partie gestattete **21...♖fd8??** den Kurzschluss **22.♘xf6+ gxf6 23.♕g4+ ♔h8 24.♕xb4** und somit den Nachweis, dass der besagte Springer tatsächlich 'wackelig' stand.

b) Von den Alternativen scheidet auch **21...♘xc2? 22.♖ac1+– Δ22...♘d4? 23.♘xf6+** leicht ersichtlich aus.

Und bei den übrigen Varianten bewegt sich der weiße Vorteil jeweils im Bereich von 'kräftig ±' bis 'schwach ±'.

c) 21...♗h4 22.c3 ♘d3 23.♕xd3 ♕b6 24.♕c2 e2+ 25.♖f2

d) 21...a5 22.d6; 22.♖ad1

e) Dabei verläuft **21...♕b6** am trickreichsten.

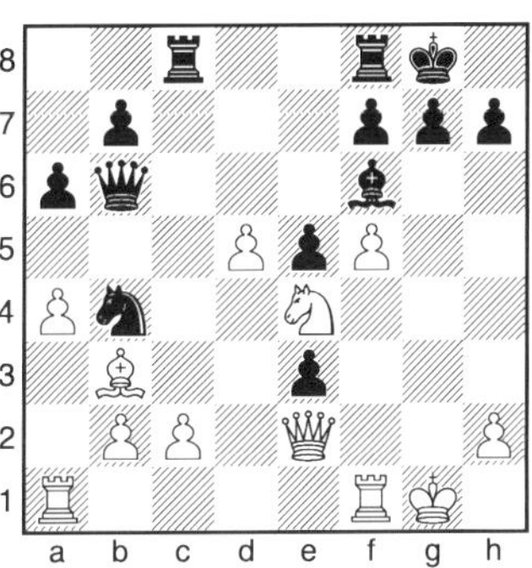

Hier ein Blick auf den möglichen Fortgang **22.a5** (22.♔h1!? Δ♖ad1) **22...♕d4 23.♘xf6+ gxf6 24.c3 ♕d3 25.♖fe1!**

25.♕g4+?? ♔h8 26.♕xb4 ♖g8+ 27.♔h1 e2 28.♖f2 ♕e3 nebst # in 4 Zügen

25...♕xe2 26.♖xe2 ♘d3 27.♖xe3 Δ27...♘xb2 (27...♘f4!?) **28.♖b1 ♘c4 29.♗xc4 ♖xc4 30.♖g3+ ♔h8 31.♖xb7 ♖c5 32.d6 ♖d5** (32...♖xa5? 33.♖e7! Δd7) **33.♖d7!**

2) Mit dem pointierten Rückzug **19.♗f2!+– Δ19...dxc3 20.bxc3** nutzt Weiß den Umstand, dass der ♘b4 seinerseits über kein Rückzugsfeld verfügt. Tatsächlich bräuchte der ♘c3 auch nach **19...♖fd8** noch nicht zu weichen (20.♘d1? d3), sondern Weiß könnte mit **20.♖fd1, 20.♘f3** oder **20.♘c4** in Ruhe seine Stellung verstärken.

125

Renet – Summermatter

Schweiz 1992

1.e4 c5 2.♘f3 e6 3.d4 cxd4 4.♘xd4 ♘f6 5.♘c3 d6 6.g4 a6 7.g5 ♘fd7 8.♗e3 b5 9.a3 ♗b7 10.h4 ♘c6 11.h5 ♘xd4 12.♕xd4 ♘e5 13.0-0-0 ♘c6 14.♕d2 ♖c8 15.♖h3 b4 16.axb4 ♘xb4 17.♔b1 ♕a5 18.f3 ♗e7 19.g6 0-0 20.♖g3 ♗f6 21.♗d4 e5 22.♗e3 d5 23.gxh7+ ♔xh7 24.♗g5

1) In der Partie konnte Weiß nach **24...d4?? 25.♗xf6 gxf6** mit **26.♗h3!+–**

sein Gewinnmotiv am Königsflügel zur Anwendung bringen.

2) Dieses käme auch nach einem ‘Wartezug’ wie z.B. **24...♖cd8?? 25.♗xf6 gxf6 26.♗h3**+– mit der möglichen Folge **26...♗c8 27.♖dg1 ♖g8 28.♕g2** zum Tragen.

3) Und nach **24...♗xg5?? 25.♕xg5 ♖g8 26.♕f5+ ♔h8 ...**

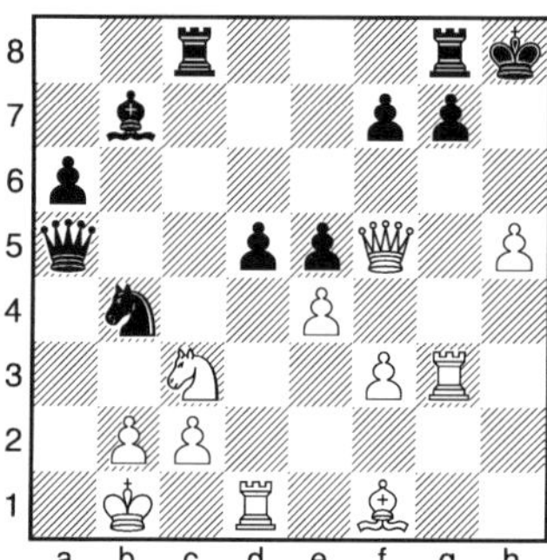

... wird die schwarze Stellung mit **27.h6**+– aus den Angeln gehoben; z.B. **27...♖xc3 28.hxg7+ ♖xg7** und nun am elegantesten **29.♗c4! ♖xg3 30.♕xe5+ ♔g8 31.♕xg3+ ♔f8 32.♕d6+ ♔e8 33.♖h1** mit absehbarem Matt.

4) Die einzige Verteidigung bestand in **24...♖xc3! 25.♕xc3 ♕a2+**

25...♖c8?? 26.♕a3+–

26.♔c1

a) 26...♕a4 27.♕b3 ♗xg5+ 28.♖xg5 ♕xb3 29.cxb3 dxe4 30.fxe4 ♗xe4 31.♖d7±

31.♖xe5? ♖c8+ 32.♔d2 ♖d8+ 33.♔e1 ♘c2+ 34.♔e2 ♗f3+

b) Auch nach **26...♕a5** mit der analogen Folge **27.♕b3 ♗xg5+ 28.♖xg5** und nun **28...dxe4 29.c3±** behält Weiß die Nase minimal vorn.

29...f6 30.♖g2 ♕a1+ 31.♔d2 ♖d8+ 32.♔e1 ♖xd1+ 33.♕xd1 ♕xd1+ 34.♔xd1 exf3 35.♖f3 d5 36.♖xf3

– Womöglich ist aber der beherzte Königseinsatz 29...♔h6!? etwas besser; z.B. 30.cxb4 ♕c7+ 31.♔b1 ♔xg5 32.♕e3+ ♔f6 33.fxe4 usw.

126

Schöneberg – Tukmakow

DDR 1967

1.e4 c5 2.♘c3 e6 3.♘f3 d6 4.d4 cxd4 5.♘xd4 ♘f6 6.g4 ♘c6 7.g5 ♘d7 8.♗e3 ♗e7 9.♖g1 a6 10.♕d2 0-0 11.0-0-0 ♘xd4 12.♗xd4 b5 13.f4 b4 14.♘a4 e5 15.♗e3 exf4 16.♗xf4 ♕a5 17.♗xd6 ♗xd6 18.♕xd6 ♕xa4 19.♗c4 ♕a5 20.g6

1) In der Partie folgte nach dem verheerenden Fehler **20...♕c5??** eine dieser gar nicht so seltenen Schach-Tragödien: Ein deutlich unterlegener Gegner erhält gegen einen renommierten GM die Chance, auf spektakuläre Weise zu gewinnen, aber dann versagen seine Nerven und am Ende verliert er sogar...

21.gxf7+ ♔h8 22.♕h6 ♕e5 23.♖d3?

Nach 23.♖d6! Δ♖dg6 wären bei Schwarz einfach die Lichter ausgegangen; z.B. 23...♗b7 24.♖dg6

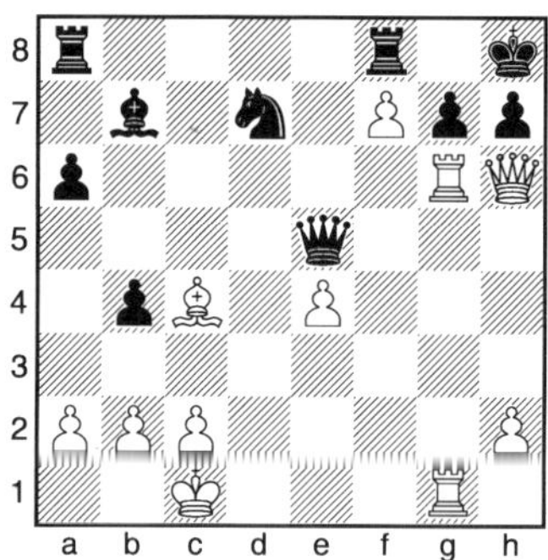

24...♗xe4 25.♖xg7 ♘f6 26.♕xf6 ♕xf6 27.♖g8+ ♖xg8 28.♖xg8+ ♖xg8 29.fxg8♖#.

23...♕f6 24.♕xf6 ♘xf6 25.♖dg3??

Mit 25.e5 konnte Weiß wenigstens noch einen Minimalvorteil bewahren; z.B. 25...♘e4 (25...♘h5? 26.♖d4± Δe6)

– 26.e6 ♗xe6 27.♗xe6 ♘c5 28.♖e3 ♘xe6 29.♖xe6 ♖xf7=

– 26.♗d5 ♘c5 27.♗xa8 ♘xd3+ 28.cxd3 ♗e6±

25...♘h5! 26.♖g5 ♘f4 27.♖xg7 ♗e6!–+

2) Auch **20...♕b6?** wäre schlecht.

Eine weitere Verlustvariante ist übrigens 20...hxg6?? 21.♕xg6 ♕e5 22.♖df1.

Und 20...♔h8 führt nach 21.gxf7 ♕e5 über Zugumstellung zu Abspiel 3.

21.gxf7+ ♔h8 22.♕f4

22.♕g3 ♕f6 23.♖d6 ♕e5 24.♕g2⩱

a) Nach **22...♘f6?** (22...♗b7? 23.e5; 23.♕g5+–) **23.e5 ♘g4** (23...♘h5 24.♕g5) ist **24.♔b1!!+–** (zum Ausschluss von ♕e3+) noch stärker als 24.♖de1!? ♕h6 25.♕xh6 ♘xh6 26.e6 ♗xe6 27.♖xe6 g6 28.h4! usw.

b) Nur mit **22...♕f6 23.♕xf6 ♘xf6 24.e5±** ist gewisse Schadensbegrenzung möglich.

3) Korrekt war die sofortige Überdeckung des neuralgischen Punkts g7 mit **20...♕e5** und unklarer Stellung nach **21.gxf7+ ♔h8 22.♕xb4**.

Nicht jedoch **22.♕h6?**

(Δ22...gxh6?? 23.♖g8+

22...♕f6?? 23.♕xf6 ♘xf6 24.e5+–)

22...♗b7! 23.♕h4 ♘f6–+

127

Huguet – Matulovic

Italien 1968

1.e4 c5 2.♘f3 ♘c6 3.d4 cxd4 4.♘xd4 ♕c7 5.♘c3 e6 6.♗e3 a6 7.♗d3 ♘f6 8.♘b3 b5 9.f4 d6 10.♕f3 ♗e7 11.0-0-0 ♗b7 12.g4 ♘b4 13.♔b1 d5

1) Bei der Entscheidung für **14.g5??** hatte Weiß wohl übersehen, dass Schwarz nach der forcierten Folge **14...dxe4 15.♘xe4 ♘xe4 16.♗xe4** über den bösen Witz **16...♕xc2+! 17.♗xc2 ♗xf3–+** verfügt.

2) Auch nach **14.a3?** könnte Schwarz die taktischen Gegebenheiten in der langen weißen Diagonale nutzen, denn da nach **14...♘xd3 15.cxd3 dxe4 ...**

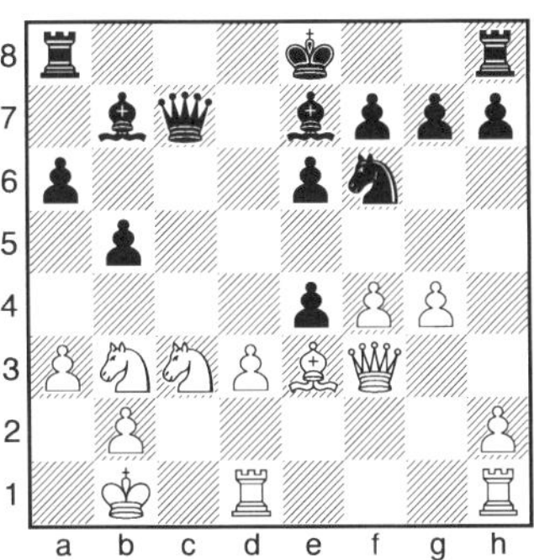

... das 'natürliche' Zurückschlagen **16.dxe4?** auf den weiteren bösen Witz **16...♕xc3!~–+** träfe, müsste Weiß sich mit dem bedeutenden Nachteil nach **16.♘xe4 ♘xe4 17.dxe4 f5 18.gxf5 exf5 19.♘d2 fxe4** (19...0–0!?) **20.♕h5+ g6 21.♕h6 ♗f6∓** Δ♗g7 abfinden.

3) Nach dem einzigen Zug **14.♖c1!** führen die etwa gleichwertigen Züge **14... 0–0**, **14...♖c8** und **14...dxe4** zu einem Hauch von Minimalvorteil.

128

Zunker – Holfelder

Deutschland 2002

1.e4 c5 2.♘f3 d6 3.d4 cxd4 4.♘xd4 ♘f6 5.♘c3 a6 6.♗g5 ♘bd7 7.f4 ♕b6 8.♕d2 ♕xb2 9.♖b1 ♕a3 10.♗xf6 gxf6 11.♘d5 ♕xa2 12.♕b4 b5 13.♘c7+ ♔d8 14.♘d5

Nach der teils plausiblen, teils erzwungenen Zugfolge **14...♗b7 15.♘c3 a5 16.♕xb5 ♕a3** ...

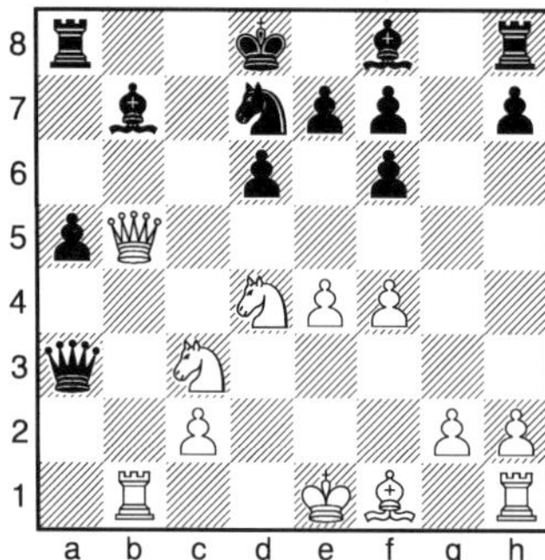

... hätte Weiß am besten mit 17.♘d5 oder sogar 17.♔d2!? fortgesetzt, da Schwarz nach **17.♖b3?** mit **17...♕c1+** starken Gegenangriff hätte erhalten können.

129

Rasik – Schipow

Frankreich 1994

1.e4 c5 2.♘f3 d6 3.d4 cxd4 4.♘xd4 ♘f6 5.♘c3 e6 6.g4 h6 7.h4 ♗e7 8.♗e3 ♘c6 9.♖g1 h5 10.gxh5 ♘xh5 11.♗e2 g6 12.♕d2 a6 13.0-0-0 ♗d7 14.f4 ♘f6 15.♘f3 ♕a5 16.e5 dxe5 17.fxe5

Zwar führt **17...♘xe5?** nicht etwa zum Verlust, aber Schwarz gerät mächtig unter Druck.

In der Partie roch Schwarz den Braten oder wählte einfach kategorisch 17...♘d5! 18.♘xd5 ♕xd2+ und hier hätte Weiß mit 19.♖xd2 exd5 20.♖xd5 wenigstens auf Minimalvorteil abzielen können; z.B. 20...♘b4?! (⌓20...♗e6⩲; 20...♗f5) 21.♖d2 ♘xa2+ 22.♔b1 ♘b4 23.♗c4!± Δ♗xf7+.

18.♘xe5

Nach 18.♖g5? ♘xf3 19.♗xf3 kommt Weiß nicht über Kompensation hinaus.

18...♕xe5

1) Allerdings führt der direkte Ansatz **19.♗d4?!** nach **19...♕c7** nur zu Kompensation bzw. zu unklarem Spiel; z.B. **20.♕e3!** (20.♖gf1? e5) **20...♖xh4 21.♖h1! ♖xh1 22.♖xh1 0-0-0!** und nun einfach **23.♗b6** nebst ♗xd8 oder komplizierter **23.♖f1 ♘e8 24.♖xf7** (24.♗b6 ♗g5) **24...♘d6 25.♖xe7 ♘f5 26.♗b6** bzw. **26.♕g5** usw.

2) Ähnlich verhält es sich mit **19.♖gf1?!** Δ♗d4; Δ♖xf6 **19...♖xh4!** mit unklarem Spiel nach 20.♗d4 ♖xd4!; 20.♗f4 ♖xf4!; 20.♗g5 ♖d4! oder auch 20.♖xf6 ♗xf6 21.♕xd7+ ♔f8 usw.

3) Wirklich problematisch wird es für Schwarz nur nach dem buchstäblichen Seitenhieb **19.h5!** mit deutlichem Vorteil in folgenden Beispielvarianten.

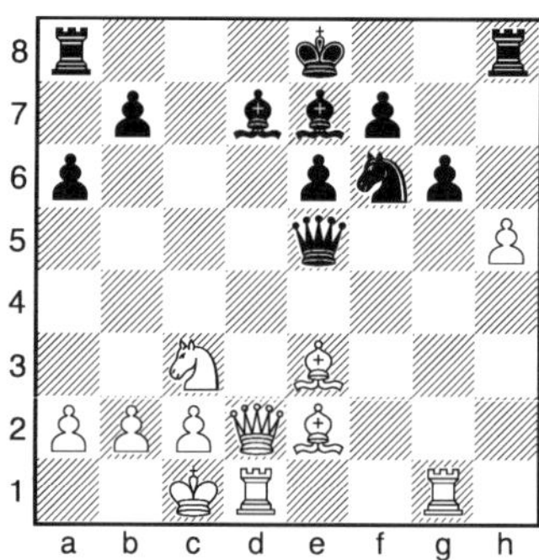

a) 19...gxh5 20.♖gf1 mit der Doppeldrohung ♖xf6 und ♗d4

b) 19...♕c7 20.hxg6 fxg6 21.♖xg6 0-0-0 22.♗f4! e5 23.♕e3 exf4 24.♕xe7

c) 19...0-0-0 20.♗d4 ♕c7 21.hxg6 e5 22.g7

130

Tal – Olafsson

Jugoslawien 1961

1.e4 c5 2.♘f3 ♘c6 3.d4 cxd4 4.♘xd4 e6 5.♘c3 ♕c7 6.♗e3 a6 7.a3 ♘f6 8.f4 d6 9.♕f3 ♗e7 10.♗d3 0-0 11.0-0 ♗d7 12.♖ae1 b5 13.♕g3 ♔h8 14.♘xc6 ♗xc6 15.♗d4 e5! 16.fxe5 ♘h5 **(V)**

1) Nach **17.♕h3? dxe5 18.♕xh5 exd4**

19.♘d5 ♗xd5 20.exd5 g6 steht Weiß mit leeren Händen da.

2) Schon deutlich besser ist **17.♕f3!? dxe5 18.♘d5 ♗xd5 19.exd5 exd4**

Eher schlechter ist 19...♗c5 20.♗xc5 ♕xc5+ 21.♔h1± nebst ♖xe5.

20.♕e4 f5 21.♕xe7 ♕xe7 22.♖xe7 g6 23.d6; **23.♖fe1** mit deutlichem Vorteil, zu dessen Ausnutzung allerdings noch gewisse technische Probleme gelöst werden müssen.

3) Es spricht für Tals Genie, angesichts einer solch verlockenden Abwicklung überhaupt noch nach Alternativen zu suchen – und dabei auszutüfteln, dass **17.exd6!!** sogar noch besser ist, weil damit die besagten 'technischen Probleme' vermieden werden können.

a) 17...♘xg3? 18.dxc7 ♘xf1 19.♘d5! mit mehr oder weniger deutlicher Gewinnstellung in sämtlichen Abspielen.

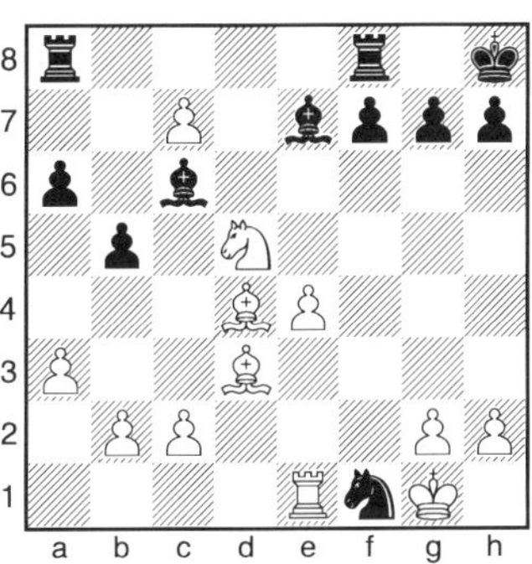

– 19...♗d6 20.e5!; 19...♗g5 20.♖xf1 ♖ac8 21.♗e5

– 19...♖fe8 20.♖xf1 ♔g8 21.c4!! (21.♘b6!?) 21...♖ac8 (21...♗xd5 22.cxd5 ♗d6 23.♖c1) 22.cxb5 ♗xd5 (22...axb5 23.♖c1) 23.exd5 ♖xc7 24.bxa6

– 19...♗xd5 20.exd5 ♗d6 21.♗e5!! ♖fe8 (21...♗xe5 22.♖xe5) 22.♗xd6! ♖xe1 23.♔f2

b) 17...♗xd6

17...♕xd6? 18.♕xd6 ♗xd6 19.e5+– nebst g4

18.♕h4 ♗e5 19.♗xe5 ♕xe5 20.♖f5 ♕d4+ 21.♖f2±

131

Wittmann – Dür

Österreich 1981

1.e4 c5 2.♘f3 e6 3.d4 cxd4 4.♘xd4 ♘c6 5.♘c3 d6 6.♗e3 ♘f6 7.f4 ♗e7 8.♕f3 0-0 9.0-0-0 ♕c7 10.♔b1 a6 11.♗e2 ♖e8 12.♖hf1 ♖b8 13.e5 dxe5

1) Die Partiefolge **14.fxe5?** hätte sich bei präziser Verteidigung als relativ harmlos herausstellen sollen. Allerdings...

14...♘xe5 15.♕g3

Nach 15.♗f4 ♘xf3 16.♗xc7 ♘xd4 17.♗xb8 ♘xe2 18.♘xe2 besteht der einfachste Kompensationsnachweis in 18...♘d5 nebst b5. Schwarz verfügt über das Läuferpaar und blockiert die d-Linie, sodass Weiß größte Mühe hat, seine Mehrqualität zur Geltung zu bringen.

15...b5?

Damit wirft Schwarz eine Stellung weg, in der Weiß nach 15...♘d5 16.♘xd5 exd5 mit 17.♗f4 oder 17.♗f3 auf Kompensation eingeschränkt gewesen wäre.

16.♗f4

Eine Nebenlösung bestand in 16.♗h6 g6 17.♘c6!; 16...♗f8 17.♖xf6.

16...♘fd7?

Dies gestattet einen Sieg 'mit Pauken und Trompeten'.

Nach dem zäheren 16...♗d6 wäre sowohl 17.♘c6! Δ17...♕xc6 18.♖xd6 als auch 17.♘b3 noch stärker gewesen als das naheliegende 17.♘dxb5

– 17...♖xb5 18.♖xd6 ♕xd6 19.♘xb5

– 17...axb5 18.♖xd6 ♕xd6 19.♗xe5

17.♘xe6! (17.♘f3)

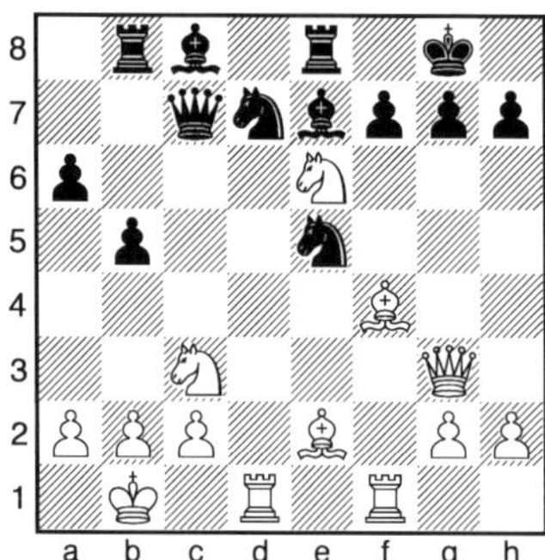

17...fxe6 18.♖xd7 ♕xd7 19.♗xe5

2) Nach dem richtigen Herangehen **14.♘xc6** kann Schwarz bedeutenden Nachteil nicht vermeiden.

a) 14...bxc6 15.fxe5 ♗b4! 16.exf6 ♗xc3 17.♗b6 ♕xb6 18.♕xc3±

b) 14...♕xc6 15.fxe5 ♕xf3 16.♗xf3

16.gxf3 ♘d7 17.f4±

16...♘d7 17.♗a7 ♖a8 18.♗d4± Δ♘e4

132

Müller K. – Kempinski

Hamburg 1999

1.e4 c5 2.♘f3 d6 3.d4 cxd4 4.♘xd4 ♘f6 5.♘c3 a6 6.♗c4 e6 7.♗b3 ♗e7 8.g4 ♘c6 9.g5 ♘xd4 10.♕xd4 ♘h5 11.♖g1 b5 12.♗e3 ♗d7 13.0-0-0 a5 14.a3 ♖b8 15.e5 d5 16.♘xd5 exd5 17.♕xd5 ♖f8

1) Der Partiezug **18.e6!?** ist nicht etwa ein Fehler, sondern er macht die Sache nur unnötig kompliziert.

18...fxe6

Nach 18...♗xe6? 19.♕f3 ♕c8 20.♗xe6 ♕xe6 ist 21.♗c5! oder 21.♖ge1 noch kräftiger +− als das profane Herangehen mit 21.♕xh5 ♕f5 usw.

Erst nach dem tatsächlichen Fehler **19.♕e4?** blieb Weiß auf Kompensation eingeschränkt und musste sich später mit Remis begnügen.

Die Pointe des ‘Zwischenzuges’ **19.♕e5!!** liegt darin, dass die Doppeldrohung ♗xe6 und ♖xd7 nur mit **19...♖f5** pariert werden kann, sodass die Dame nach **20.♕e4! e5 21.♕d5!** unter Beendigung ihres subtilen Dreiecksmanövers Zutritt zur Grundlinie erhält.

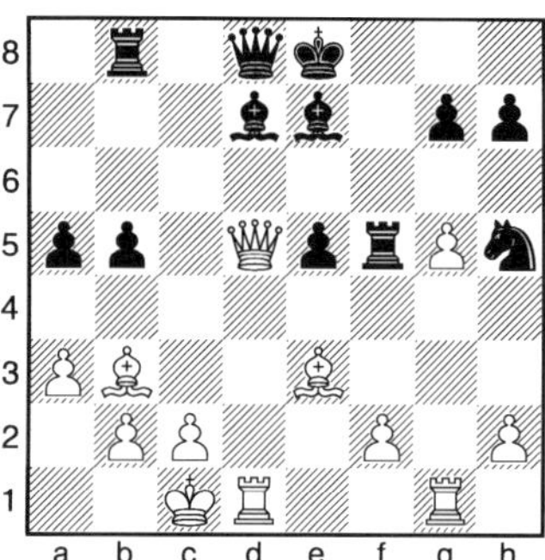

Mit den mehr oder weniger deutlich gewonnenen Mustervarianten **21...♗f8 22.♕g8** oder **21...♕c7 22.♕g8+ ♖f8 23.♕xh7 ♘f4 24.♗xf4 ♖xf4 25.♕xg7** usw.

2) Die letztlich einfachere Lösung bestand in **18.♕e4!** und die stärkste Verteidigung in **18...♕c8**.

a) Damit stellt Schwarz nämlich die Falle **19.♕xh7?**, denn nach **19...♗f5** (19...g6? 20.♖xd7+−) **20.g6** (20.♕xh5? a4∓) **20...fxg6 21.♖xg6 ...**

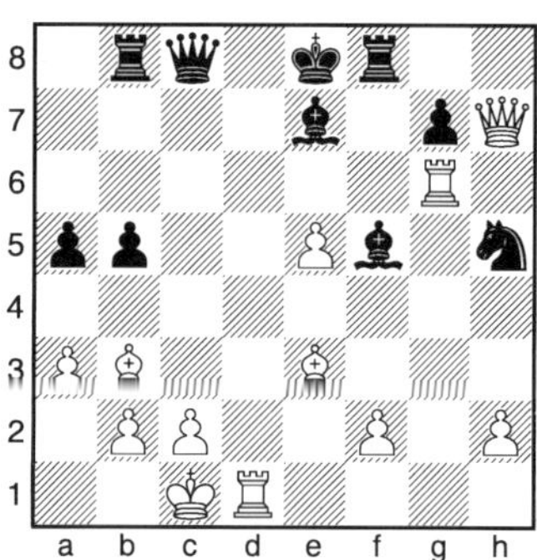

... 21...♕c6!! (21...a4?? 22.♕xh5+−) **22.♖xc6 ♗xh7 23.♖c7** hat Weiß nicht mehr als soliden Minimalvorteil.

b) Hingegen würde **19.♖xd7! ♕xd7 20.♖d1 ♕c7 21.♕xh7** zu einer einfach zu spielenden und zumindest tendenziellen Gewinnstellung führen.

133
Tomcik – Cimra
Slowakei 1993

1.e4 c5 2.♘f3 d6 3.d4 cxd4 4.♘xd4 ♘f6 5.♘c3 a6 6.♗c4 e6 7.♗b3 ♘bd7 8.0-0 ♘c5 9.♖e1 ♗e7 10.♗g5 ♘fxe4 11.♗xe7 ♘xc3 12.bxc3

1) In der Partie ließ Schwarz sich den Schablonenzug **12...♕xe7?** zuschulden kommen und setzte nach **13.♘f5** mit **13...♕f6?!** erneut schwach fort.

Zwar wäre 13...exf5 14.♖xe7+ ♔xe7 15.♕d4+– langfristig kaum haltbar, aber mit 13...♕c7!? Δ14.♕d4 f6 15.♘xd6+ ♔e7 16.♖ad1 ♗d7 war sicherlich mehr Widerstand zu leisten.

14.♘xd6+ ♔e7

14...♔f8 gestattet den wie eine optische Täuschung wirkenden Spaziergang 15.♕d5! ♕xc3 16.♕f5!+–.

15.♕d5! ♕xc3 16.♖ad1+–

2) Wenn Schwarz nach der besonnenen Alternative **12...♔xe7!** und der Folge **13.♘f5+ ♔f8 14.♘xd6** den Überfall 14...♔e7? 15.♘f5+ ♔f6 16.♕h5!!

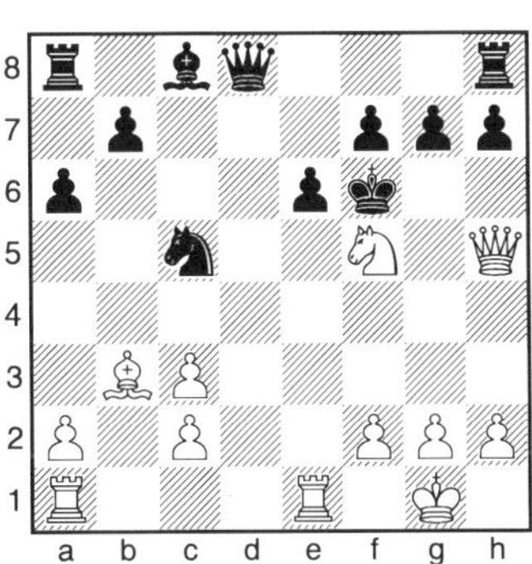

16...♘xb3 17.♖ad1! ♘d2 18.♘g3+– vermeidet, kommt Weiß nach **14...♕c7 15.♕d4** noch nicht über 'mehr oder weniger ±' hinaus.

134
Bonn – Ouadi
Frankreich 2006

1.e4 c5 2.♘f3 d6 3.d4 cxd4 4.♘xd4 ♘f6 5.♘c3 a6 6.♗c4 e6 7.♗b3 ♘bd7 8.f4 ♘c5 9.0-0 ♗e7 10.♕f3 ♕c7 11.f5 ♘xb3 12.axb3 ♗d7 13.♖d1 0-0 14.♗e3 b5 15.♖d2 b4 16.♘d1 e5 17.♘e2 ♗c6 18.♘f2 ♕b7 19.♘g3 d5

1) Die Partiefortsetzung **20.exd5?** kommt der gegnerischen Absicht quasi gehorsam entgegen, nur dass Schwarz die Sache jetzt mit **20...♘xd5?** (statt 'primitiv' 20...♗xd5 Δ21.♕e2 ♗xg2–+) unnötig kompliziert machte und sich nach **21.♘fe4** (21.♘ge4!?) **21...♘xe3 22.♕xe3 ♖fd8** mit Minimalvorteil zufrieden geben musste.

2) Nach der wesentlich besseren Defensivmaßnahme **20.♘h5!** hätte sich folgendes Bild ergeben.

a) 20...♘xe4?? 21.♘xe4 dxe4 22.♕g3 g6 23.♕xe5

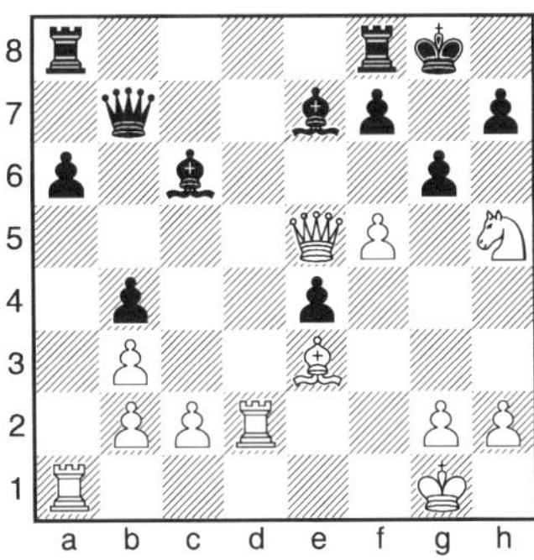

23...f6 (23...gxh5? 24.f6) **24.♕e6+ ♖f7 25.fxg6 hxg6 26.♕g4 ♔h7 27.♘f4 ♖g7 28.♘e6**+–

b) 20...♘xh5? 21.exd5 ♗xd5 22.♕xd5 ♕xd5 23.♖xd5 ♖fc8 24.♖xe5 ♗f6 25.♖c5±

c) 20...dxe4 21.♘xf6+ ♗xf6 22.♕g3 Δ♘g4 **22...♗d8∓**

d) 20...d4 21.♗g5 ♘xh5

21...♘xe4?? 22.♗xe7+− Δ22...♘xd2? 23.♕g3

22.♗xe7 ♕xe7 23.♕xh5 ♗b5!∓

135

Sergijewski – Bjelow

UdSSR 1966

1.e4 c5 2.♘f3 d6 3.d4 cxd4 4.♘xd4 ♘f6 5.♘c3 a6 6.h3 e5 7.♘de2 ♗e6 8.g4 ♗e7 9.♗g2 ♘c6 10.♗e3 b5 11.a3 ♖c8 12.♕d2 ♘a5 13.b3 0-0 14.0-0 h5 15.g5 ♘d7 16.h4 ♕c7 17.♖ac1 ♖fd8 18.♘d5 ♗xd5 19.♕xd5 ♘b6 20.♕d2 ♘b7

1) Angesichts des aufgeweichten weißen Damenflügels ist die Lockerung auch des anderen Flügels mit **21.f4?** quasi von Hause aus suspekt. Tatsächlich hätte das Vertrauen auf die altbewährte Faustregel 'Angriff am Flügel – Konter im Zentrum' sich bestens bewährt, wenn Schwarz nach **21...d5! 22.exd5** ...

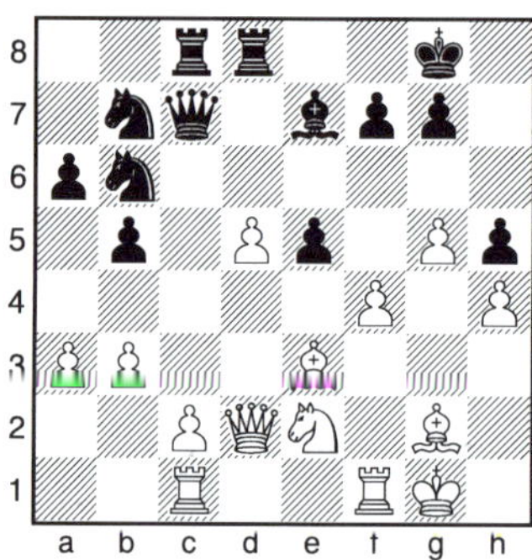

... noch die Geduld und das positionelle Fingerspitzengefühl für 22...e4! 23.♗xe4 ♗xa3⩱ Δ24.♖a1 ♗c5 25.♖xa6 ♗xe3+ 26.♕xe3 ♘xd5; 25...♘d6 aufgebracht hätte, denn nach dem sofortigen **22...♗xa3??** drängte sich das gewinnträchtige Qualitätsopfer **23.fxe5 ♗xc1 24.♖xc1**+− förmlich auf.

Stattdessen hätte das strohtrockene Spiel auf Besetzung des Vorpostens d5 auf gleich zweierlei Art zu bedeutendem Vorteil geführt.

2) Entweder direkt mit **21.♗xb6 ♕xb6 22.♘c3± Δ22...♕a5? 23.b4! ♕xa3 24.♘d5+− Δ24...♖e8 25.♕d1** usw.

3) Oder nach vorheriger Entlastung der c-Linie mit **21.♗h3 ♖b8** und erst dann **22.♗xb6 ♕xb6 23.♘c3±** usw.

136

Abergel – Grundman

Frankreich 2007

1.e4 c5 2.♘c3 d6 3.♘f3 ♘f6 4.d4 cxd4 5.♘xd4 a6 6.♗c4 e5 7.♘f5 ♗xf5 8.exf5 ♗e7 9.♗e3 b5

1) Selbstredend ist der Normalzug **10.♗b3** nach **10...♘bd7 11.0−0 11.a4** oder vielleicht besser **11.g4!?** für soliden Minimalvorteil gut.

2) Hingegen ist der weiße Vorteil nach dem schablonenfreien Zug **10.♗d5!? ♘xd5 11.♘xd5±** bereits aus dem Minimalbereich heraus. Allerdings nach **11...♘d7** nicht schablonenhaft 12.♘xe7 wegen 12...♔xe7! (mit doch nur geringem Vorteil), sondern 12.♕d3, 12.a4 oder vielleicht am stärksten 12.♕g4!? usw.

137

Tompa – Juferow

UdSSR 1991

1.e4 c5 2.♘f3 d6 3.d4 cxd4 4.♘xd4 ♘f6 5.♘c3 a6 6.♗c4 e6 7.♗b3 ♘bd7 8.♗e3 ♘c5 9.f3 ♗e7 10.♕d2 ♗d7 11.g4 h6 12.h4

♕c7 13.0-0-0 0-0-0 14.g5 hxg5 15.hxg5 ♘xb3+ 16.cxb3 ♖xh1 17.♖xh1 ♘e8 18.♔b1 ♔b8

Zunächst sei gesagt, dass außer dem Partiezug 19.f4 auch eine Handvoll anderer Züge für Vorteil in der Größenordnung ± gut waren.

1) Mit **19.♘d5?? exd5 20.♖c1** spekuliert Weiß auf die Beengtheit der gegnerischen Dame, wird jedoch nach **20...♕b6 21.♘f5** ...

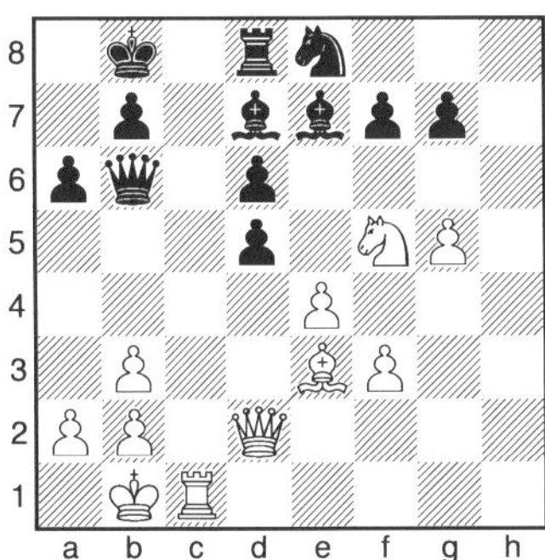

... von der Widerlegung **21...♗xg5! 22.♗xg5 ♖c8** heimgesucht.

2) Hingegen führt **19.♘f5!** zu einer mehr (a) oder weniger (b) deutlichen Gewinnstellung.

a) 19...exf5 20.♘d5 fxe4 21.♘xc7 ♘xc7 22.fxe4

b)19...♗f8 20.♖h8!; 19...♗c6 20.♘xe7 ♕xe7 21.♕d4!

138

Musitschuk – Dorfman

Tschechien 2013

1.e4 c5 2.♘f3 d6 3.d4 cxd4 4.♘xd4 ♘f6 5.♘c3 a6 6.h3 e5 7.♘de2 h5 8.♗g5 ♗e6 9.f4 ♘bd7 10.f5 ♗c4 11.♘g3 ♖c8 12.♕f3 ♕a5 13.♗xc4 ♖xc4 14.0-0-0 b5 15.♔b1 ♖xc3 16.bxc3 ♘b6

1) Bei **17.♗xf6?!** ahnt man schon Schlimmes, derweil dem Schwarzen in der Partie ein Hoffnungsschimmer am Horizont erschienen sein mag.

17...gxf6

Vielleicht hatte Weiß auch auf die Abwicklung 17...♕a3?? 18.c4! gehofft, die nach 18...♘xc4 19.♕xa3 ♘xa3+ 20.♔b2 ♘c4+ 21.♔c3 gxf6 22.a4 zum Gewinn führt; z.B. 22...h4 23.axb5 axb5 24.♘e2 ♖g8 25.♖d5 ♖xg2 26.♖xb5.

18.♘xh5??

Und schon ist es passiert! Mit 18.h4 oder 18.♔a1 war das Spiel wenigstens noch in der Schwebe zu halten.

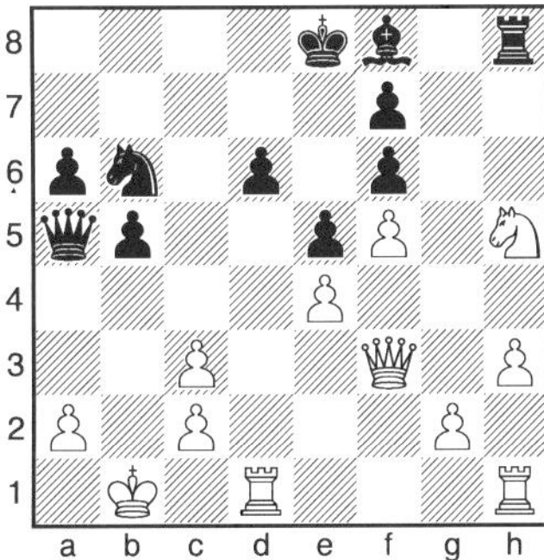

18...♖xh5! mit Gewinnstellung, da 19.♕xh5? nach 19...♕a3 nebst ♘a4 zum baldigen Matt führen würde.

2) Nach der ebenso einfachen wie soliden Herangehensweise **17.h4!±** (um den Läufer prinzipiell zur Betreuung der defekten Königsstellung zu behalten) hätte Schwarz noch einiges an Verteidigungsarbeit leisten müssen, um den Kompensationsnachweis in Richtung Stellungsausgleich zu führen; z.B. **17...♘a4**

17...♕a3 18.♗c1; 17...♘c4 18.♔a1

18.♖d3 (18.♘e2!?) Δ**18...♘c5 19.♖e3 ♕a3 20.c4 ♕b4+ 21.♔a1 ♘a4 22.♖b3 ♕xc4 23.♗xf6** (23.c3 ♘d7) **23...gxf6 24.♘xh5**; **24.♔b1**

139

Dwoiris – Ruban

UdSSR 1987

1.e4 c5 2.♘f3 d6 3.d4 cxd4 4.♘xd4 ♘f6 5.♘c3 ♘c6 6.♗g5 e6 7.♕d2 a6 8.0-0-0 h6 9.♗e3 ♘xd4 10.♗xd4 b5 11.f4 ♗e7 12.♗d3 b4 13.♘a4 ♖b8 14.♕f2 0-0 15.♔b1 e5 16.fxe5 dxe5

1) In der Partie erhielt Schwarz nach **17.♗xe5 ♘g4 18.♕d4 ♘xe5 19.♕xe5 ♗d6 20.♕d4 ♕c7** (Δ♗xh2; Δ♗e5) mühelos Kompensation, denn 21.♗xa6?? verliert nach 21...♗e5 22.♕c4 ♗xa6 23.♕xa6 ♖a8 24.♕b5 ♖fb8 eine Figur.

2) Das Spiel auf Gewinn des Bauern a6 mit **17.♗a7** (17.♗b6 ♕e8∓) kann außer mit **17...♖a8 Δ18.♗xa6?? ♕a5**–+ auch mit der giftigen Feinheit **17...♖b7! Δ18.♗xa6?? ♖d7!**–+

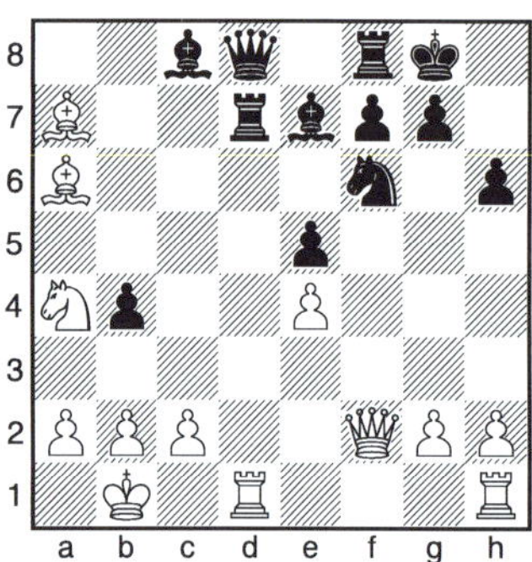

Δ19.♖xd7 ♕xd7 20.♗xc8 ♖xc8; **Δ19.♗d3 ♕a5** pariert werden.

140

Gratschew – Bitkinin

Russland 2018

1.e4 c5 2.♘f3 d6 3.d4 cxd4 4.♘xd4 ♘f6 5.♘c3 a6 5.♘b3 e6 7.g4 h6 8.♗g2 e5 9.h3 ♗e6 10.0–0 ♗e7 11.f4 ♗c4 12.♖e1 ♘c6 13.♘d5 h5 14.g5 ♘d7

Indem er nach **15.♘xe7** die latente Gefährdung des ♗c4 ausnutzt.

In der Partie hatte er nach 15.f5? ♗xd5 16.exd5 ♘a5 nur Minimalvorteil.

15...♕xe7 (15...♘xe7 16.♕xd6) **16.♘d2 ♘b6 17.b3**

Nach 17.f5 hat Schwarz noch die (wenngleich hässlichen) Ausreden 17...f6 oder 17...a5.

17...♗e6 18.f5 ♗d7 und nun führt sowohl 19.♘f3 als auch 19.♘b1 Δ♘c3 zu einer tendenziellen Gewinnstellung.

141

Santos – Reis

Portugal 1992

1.e4 c5 2.♘f3 d6 3.d4 cxd4 4.♘xd4 ♘f6 5.♘c3 a6 6.a4 b6 7.♗e2 ♗b7 8.f3 ♘bd7 9.♗e3 e6 10.0-0 ♗e7 11.♕e1 0-0 12.♖d1 ♕c7 13.g4 ♘c5 14.g5 ♘e8 15.h4 ♖c8 16.h5 g6 17.hxg6

1) Zwar ist in vergleichbaren Situationen das ‘Schlagen zum Zentrum’ fast immer richtig, aber eben nur *fast*. Tatsächlich liegt hier nämlich eine der seltenen Ausnahmen vor und nach **17...hxg6? 18.♕h4!** verfügte Weiß angesichts der Doppeldrohung ♖f2-h2 und ♔g2,♖h1 bereits über eine zumindest tendenzielle Gewinnstellung. Denn die Sperrung der h–Linie mit ♘g7–h5 stellt sich bei präzisem Angriffsspiel als Augenblicksrettung heraus.

a) In der Partie kamen nach **18...d5** außer **19.exd5** auch die Alternativen 19.♔g2 und 19.♖f2 in Betracht, aber da Schwarz in allen drei Fällen das lebensverlängernde Manöver 19...♕e5! nebst ♕g7 zur Verfügung steht, ist die Vorschaltung von 19.f4! womöglich am nachhaltigsten.

b) Nach **18...e5** führt **19.♔g2 ♘g7 20.♕h6 Δ20...♘h5 21.♗c4** die Liste der Gewinnfortsetzungen mit großem Vorsprung an.

c) Nach **18...♘g7 19.♖f2 ♘h5** dringt Weiß mit **20.♖h2 ♔g7 21.f4 ♖h8 22.f5** oder auch sogleich **20.f4!?** durch.

d) Am zähesten erscheint **18...f6**, da Weiß die Verführung 19.♕h6?! ♖f7! umgehen und stattdessen die korrekte Gewinnfolge finden muss – nämlich **19.♗c4 ♘g7 20.♘f5!!**

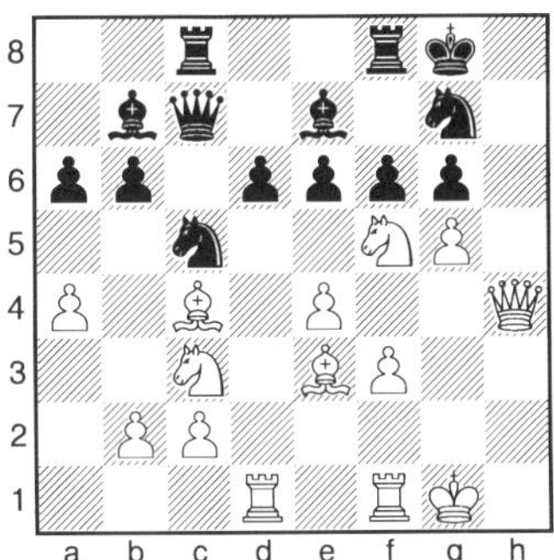

Δ20...fxg5 21.♘xe7+ ♕xe7 22.♗xg5

2) Nach der korrekten Folge **17...fxg6** kommt Weiß auf keine Weise über Minimalvorteil hinaus; z.B. **18.b4** (18.♗c4 ♘g7 19.b3) **18...♘d7 19.♘cb5 axb5 20.♘xe6 ♕xc2 21.♘xf8±**.

142

Vazquez – Muresan

Malta 1980

1.e4 c5 2.♘f3 d6 3.d4 cxd4 4.♘xd4 ♘f6 5.♘c3 a6 6.f4 ♘bd7 7.♕f3 e5 8.♘b3 b5 9.a3 ♗b7 10.♗d3 ♗e7 11.0-0 0-0 12.f5 ♖c8 13.♗e3 ♘b6 14.♖ad1

1) In der Partie hätte Schwarz nach **14...♘c4?!** und der richtigen Folge **15.♗xc4** (statt 15.♗c1? 16.♘xa3∓) **15...♖xc4 16.♘d2 ♖c8** höchstens soliden Minimalvorteil verzeichnet. Selbstredend kommt in der gegebenen Konstellation auch **16...♖xc3!? 17.bxc3 ♕c7** mit ausreichender Kompensation in Betracht, wobei Weiß mit 18.a4!? oder 18.c4!? größeren Schaden abwenden kann.

2) Und apropos – natürlich kann Schwarz auch sogleich zu **14...♖xc3!? 15.bxc3** greifen, zumal ihm für die anschließende Massage des geschwächten gegnerischen Damenflügels auch noch der Springer zur Verfügung steht. So macht nach der plausiblen Folge **15...♘a4 16.♗d2** neben 16...♕c7, 16...♕b6+ 17.♔h1 ♖c8 und 16...d5 der stille Verstärkungszug 16...♖e8!∓ Δd5 den stärksten Eindruck.

3) Allerdings hat Schwarz weder Materialopfer noch Vorbereitungszüge nötig, zumal der sofortige Vorstoß **14...d5!** zu einer tendenziellen Gewinnstellung führt; z.B. **15.exd5 ♘bxd5 Δ16.♘e4 ♘xe3 17.♕xe3 ♕d5** usw.

143

Kortschnoi – Ribli

Reykjavik 1988

1.e4 c5 2.♘f3 d6 3.d4 cxd4 4.♘xd4 ♘f6 5.♘c3 a6 6.♗c4 e6 7.0-0 ♗e7 8.a3 b5 9.♗a2 0-0 10.♕f3 ♗b7 11.♕g3 ♘h5 12.♕h3 ♘f6 13.♖e1 ♘bd7 14.♗g5 ♖c8 15.♖ad1 ♔h8 16.e5

1) Nach **16...♘xe5?** führte die forcierte Sequenz **17.♘xe6 fxe6 18.♖xe5 dxe5 19.♖xd8 ♖fxd8∞** in der Partie zu einer äußerst schwer zu beurteilenden Materialverteilung, wobei nur anzumerken bleibt, dass 19...♖cxd8 vermutlich etwas stärker gewesen wäre.

2) Stattdessen hätte die unerschrockene Alternative **16...dxe5!** in allen Varianten zu bedeutendem Vorteil geführt.

a) Und zwar am deutlichsten in dem Abspiel **17.♗xf6? ♗xf6 18.♘xe6 fxe6 19.♗xe6**, weil der bizarr wirkende Ausfall **19...♗h4!!** ...

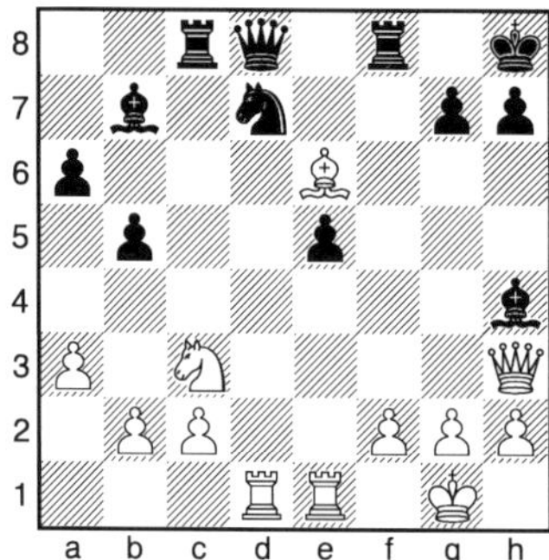

... bereits zu einer tendenziellen Gewinnstellung führt; z.B. **20.g3**

20.♖f1 ♕b6! 21.♖d2 ♖xc3!

20...♕f6 (u.a. Δ♕f3); z.B. **21.♖f1 ♖xc3!**

21...♕f3!? 22.♘d5 ♗d8

22.♖xd7 ♗e4 23.♗d5 ♗xg3 24.hxg3 ♗xd5 25.♖xd5 ♖xc2 usw.

Entsprechend bleiben nur zwei vergleichbar gute bzw. schlechte Alternativen.

b) 17.♗xe6 fxe6∓ (17...exd4!? 18.♗xd7 ♖c5) **18.♘xe6 ♕b6** (18...♕e8 19.♘xf8 ♗xf8) **19.♘xf8 ♖xf8**

c) 17.♘xe6 fxe6 18.♗xe6 ♕b6∓ 19.♗xd7 ♘xd7 20.♗e3 ♘c5 21.b4 ♕e6 22.bxc5 ♕xh3 23.gxh3 ♗xc5

144
Nunn – Ftaćnik
Dänemark 1985

1.e4 c5 2.♘f3 d6 3.d4 ♘f6 4.♘c3 cxd4 5.♘xd4 a6 6.♗e3 e6 7.♕d2 b5 8.f3 ♗b7 9.g4 h6 10.0-0-0 ♘bd7 11.♗d3 b4 12.♘ce2 d5 13.exd5 ♘xd5 14.♘f4 ♗d6 15.♘h5 ♗e5 16.♖he1 ♕a5 17.♔b1 ♘c3+ 18.bxc3 bxc3

In dieser für Weiß ohnehin höchst unschönen Stellung wurde er mit **19.♕c1?!** womöglich zum Opfer eines trügerischen Instinkts, die Dame in Königsnähe zu halten, denn als Konsequenz erlischt auch jegliche Hoffnung auf Gegenspiel.

Nach 19.♕e2!? ♗xd4 20.♗c4! kann die Königsstellung notdürftig geflickt werden und Schwarz hat allenfalls Minimalvorteil.

19...♗xd4 20.♗xd4

Womöglich bot 20.♗c4 bessere Verteidigungschancen.

20...♗d5 21.a3 ♖b8+ 22.♔a1 ♖b2 23.♘xg7+ ♔f8 24.♕xb2 cxb2+ 25.♗xb2 ♖g8–+

145
Hazai – Karolyi
Ungarn 1986

1.e4 c5 2.♘f3 d6 3.d4 cxd4 4.♘xd4 ♘f6 5.♘c3 a6 6.f4 ♕c7 7.♘f3 e6 8.♗d3 ♘c6 9.0-0 ♗e7 10.♕e1 ♘d7 11.♕g3 0-0 12.♔h1 ♖e8 13.e5

1) Der Kommentator muss aus gleich zwei Gründen kritisiert werden, denn einerseits trifft die Aussage nicht zu und andererseits gibt er dem Partiezug **13...♘b4?** *kein* Fragezeichen, obwohl dieser nach dem starken Angriffszug **14.f5!** zum Verlust führt.

14...exf5?!

Hier ein Blick auf zwei noch schlechtere Alternativen.

– 14...♘xd3? 15.♗h6 g6 16.fxe6 fxe6 17.cxd3+–

– 14...dxe5? 15.fxe6 fxe6 16.♗h6+–

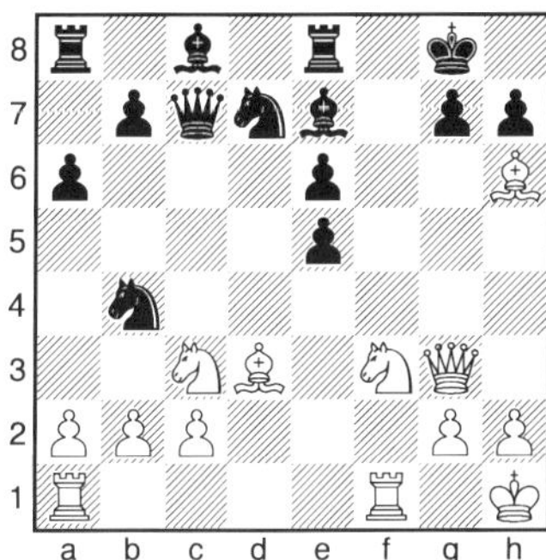

– 16...♗f8 17.♗xh7+!! ♔xh7 18.♘g5+ ♔g8 19.♘ge4! Δ♕g6 nebst ♘g5

– 16...♗f6 17.♘g5! (17.♘e4) Δ17...♘xd3 (17...♗xg5 18.♕xg5 ♘f8 19.♘e4) 18.♘xe6! ♖xe6 19.♘d5+–

15.♗xf5 ♘xe5

– 15...♘b6? 16.♘d4!+– Δ16...dxe5 17.♗xh7+!

– 15...dxe5 16.♗h6 g6 (16...♗f6? 17.♘e4+–; 16...♗f8? 17.♘g5+–) 17.a3 ♘c6 18.♘d5±

– Am besten war vielleicht noch 15...♘f8!?

16.♗xh7+! ♔xh7 17.♘xe5± und selbst wenn der Angriff noch nicht 'unwiderstehlich' ist, so ist er doch recht kräftig.

2) Tatsächlich ist **13...dxe5** sogar der beste Zug, allerdings nur, wenn Schwarz nach **14.fxe5** die Katastrophe 14...♘dxe5??/♘cxe5?? 15.♗h6; 15.♗f4+– vermeidet und stattdessen mit **14...f5!** die Gegenüberstellung der Damen zu deren Abtausch und somit zur deutlichen Entlastung nutzt. Nach **15.exf6 ♕xg3** hat er nichts mehr zu befürchten, und zwar auch nicht nach dem kleinen Intermezzo **16.f7+ ♔xf7 17.hxg3 ♔g8**∞ usw.

146

Polgar – Hulak

Amsterdam 1989

1.e4 c5 2.♘f3 e6 3.d4 cxd4 4.♘xd4 ♘c6 5.♘c3 ♕c7 6.♗e2 a6 7.0-0 ♘f6 8.♗e3 ♗e7 9.f4 d6 10.♕e1 ♗d7 11.♕g3 0-0 12.♖ae1 b5 13.a3 ♘xd4 14.♗xd4 ♗c6 15.♗d3 ♖ab8 16.e5 ♘e8 17.f5 exf5 18.♖xf5 dxe5 19.♕h3 h6 20.♗xe5 ♕a7+ 21.♔h1 ♗d6

Zunächst sei angemerkt, dass nur mit 21...♖d8 das Gleichgewicht zu halten war.

Und wie bereits angedeutet, kann der Textzug auf gleich zweierlei Weise widerlegt werden.

1) In der Partie wählte Weiß **22.♖g5!!**+– mit der Folge **22...♕f2**

22...♗xe5 23.♕xh6; 22...f5 23.♕xh6

23.♖f1

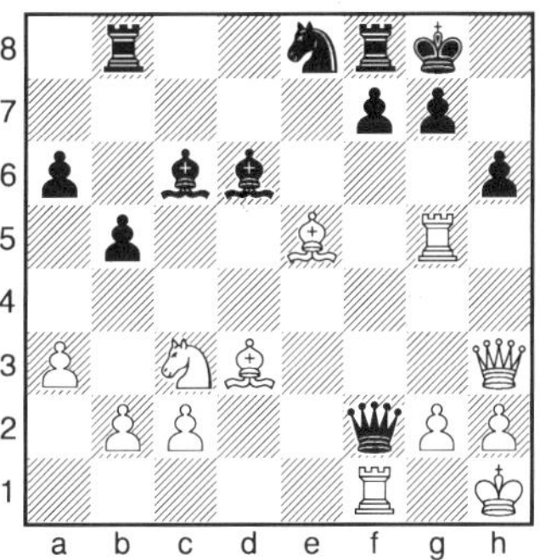

23...♕xf1+

23...♕d2 24.♕f5

24.♗xf1 hxg5 25.♗d3 f5 26.♗xf5 ♗xe5 27.♕h7+ ♔f7 28.♕g6+ ♔e7 29.♕e6+ ♔d8 30.♕xe5

2) Die Nebenlösung bestand in **22.♗xg7! ♘xg7**

22...♔xg7 23.♖g5+ hxg5 24.♕h7+ ♔f6 25.♕h6#

23.♖f6+–

23.♕xh6!? ♘xf5 24.♗xf5

23...♖fe8 24.♗h7+! ♔h8 25.♗e4 h5 25.♖xd6

147

Short – Chandler

Dänemark 1985

1.e4 c5 2.♘f3 d6 3.d4 cxd4 4.♘xd4 ♘f6 5.♘c3 a6 6.a4 e5 7.♘f3 ♕c7 8.♗g5 ♘bd7 9.♘d2 h6 10.♗h4 g5 11.♗g3 ♘c5 12.♕f3 ♗e7 13.♗c4 ♘e6 14.h4 ♘f4

Da Schwarz nach der Partiefolge 15.♗xf4 gxf4 vollkommen sorgenfrei war, ist Weiß sogar zu **15.hxg5!** gezwungen, wenn er darauf aus ist, seinem Gegner Sorgen zu bereiten.

15...♗g4 16.♘d5 ♘6xd5

– 16...♘4xd5? 17.♕b3!±

– 16...♕d7 17.♕b3! ♘6xd5 18.♗xd5 ♘xd5 19.exd5 ♗xg5 20.♘c4±

17.♕xg4 ♘xg2+ 18.♔e2

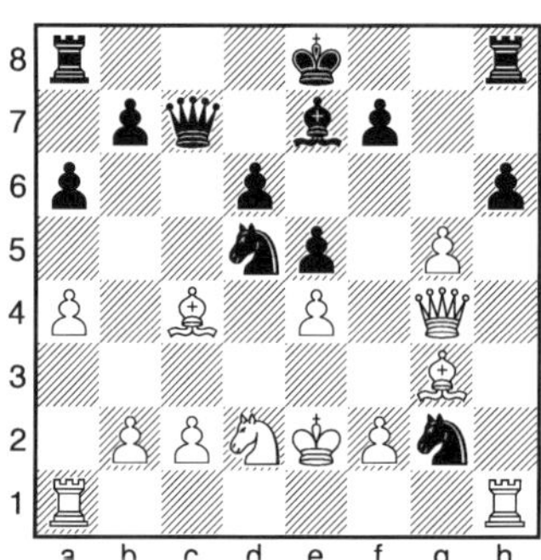

1) 18...♘gf4+? 19.♔d1!+– (19.♔f1? ♘b6 20.♗b3±) **∆19...♘b6 20.♖xh6! ♖xh6 21.gxh6 ♘xc4 22.♕g8+ ♗f8 23.♗xf4 exf4 24.h7**

2) 18...♘df4+ 19.♔f1 ∆19...h5 20.♕f5 mit Vorteil zwischen ± und ±.

148

Gay – Russell

USA 2014

1.e4 c5 2.♘f3 d6 3.d4 cxd4 4.♘xd4 ♘f6 5.♘c3 a6 6.f3 h5 7.♗e3 e6 8.♕d2 b5 9.0-0-0 ♗b7 10.♗e2 ♘bd7 11.h3 b4 12.♘b1 d5 13.exd5 ♗xd5

1) Nach **14.♖he1?** und der starken Antwort **14...♕a5** gelang es Weiß nicht mehr, den Druck am Damenflügel abzuschütteln.

Die vermeintlich trickreiche Öffnung der a-Linie mit 14...♖c8? geht nach 15.♗xa6 ♖a8 16.♗b5! ♖xa2 17.♗g5± deutlich nach hinten los.

Weiß wählte den Gegenspielversuch **15.g4**, wonach der schwarze Vorteil sich zwischen ∓ und ∓ bewegte.

Es ist auch keine wirkliche Verbesserung zu entdecken; z.B. 15.a3 ♖c8 ∆♕a4 oder 15.c4 ♕xa2 16.b3 ♕xd2+ 17.♘xd2 ♗b7.

Nach **15...hxg4 16.hxg4 ♗xa2** hätte Weiß sich mit **17.g5 ♘d5 18.g6!** noch ziemlich auf die Hinterbeine stellen können.

Stärker war in der Tat **15...♕xa2!** mit der möglichen Folge **16.g5 ♘c5!!** (16...♘g8?! 17.♘f5⩱)

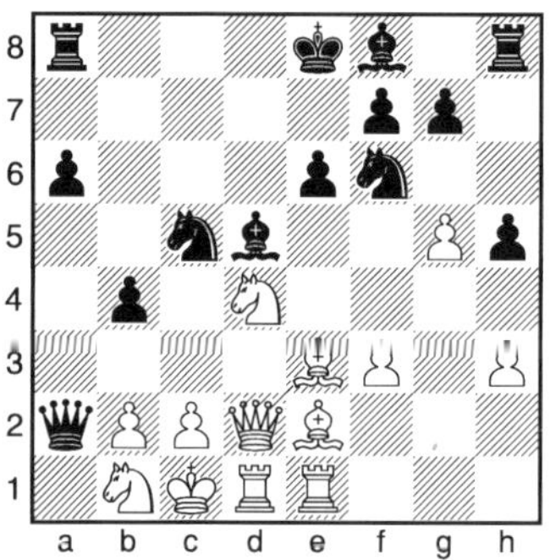

17.♘xe6

17.gxf6? ♘a4–+; 17.♘b5? ♘b3+!–+

17...fxe6 18.♗xc5 ♗xc5 19.gxf6 0-0! 20.fxg7 ♖f7 usw.

2) Der widersinnig erscheinende Vorstoß **14.c4!** beruht auf dem Plan, am Damenflügel nach beispielsweise **14...♖c8** mit **15.b3 ♗b7 16.♘c2** eine provisorische Festung zu errichten, die zumindest so lange hält, bis die eigene Figurenstellung ausreichend harmonisiert wurde und man auf den unrochierten gegnerischen König zu sprechen kommen kann.

149

Lagarde – Donchenko

Frankreich 2010

1.e4 c5 2.♘f3 d6 3.d4 cxd4 4.♘xd4 ♘f6 5.♘c3 a6 6.♕f3 e6 7.h3 ♘c6 8.♘b3 ♗e7 9.♗e3 ♕c7 10.g4 h6 11.♗g2 ♖b8 12.0-0 ♘e5 13.♕g3 ♘c4 14.♗f4 b5 15.a3 ♗b7 16.♖ad1 ♖c8 17.♗c1 ♕b6 18.♘d4 b4 19.axb4 ♕xb4 20.b3 ♘e5 21.♗b2 g5 22.f4 gxf4 23.♖xf4 ♖g8 24.♕f2

1) Bei dem Rückzug **24...♘fd7?!** versprach Schwarz sich wohl etwas zu viel von dem drohenden Qualitätsgewinn mit ♗g5, denn immerhin ist dieser Läufer nicht nur für den Schutz der schwarzen Felder verantwortlich, sondern auch für den Schutz des unrochierten Königs.

25.♘d5!?

So tritt Weiß eine beherzte Flucht nach vorn an, obwohl auch die solide Umsetzung 25.♘ce2!? Δ25...♗g5 26.♖f1! ♗xf4 (26...♖g7!?) 27.♘xf4 mit der Hauptdrohung ♘d3 einen sehr guten Eindruck macht.

25...exd5 26.exd5 ♕c5 27.c4

Angesichts des eingemauerten ♗b7 sowie des Vorpostens f5 für den weißen Springer ist der schwarze Vorteil noch nicht weit aus dem Minimalbereich heraus.

2) Deutlich kräftiger ist **24...♖xc3! 25.♖xf6**

a) Nur jetzt nicht etwa **25...♗xf6? 26.♗xc3 ♕xc3 27.♕xf6** mit völlig unklarer Stellung, die nach einigem Schattenboxen zu einem friedlichen Ausgang führen könnte; z.B. **27...♗xe4 28.♗xe4 ♕e3+ 29.♔f1 ♕xe4 30.♘xe6 fxe6 31.♖xd6 ♕f3+ 32.♕xf3 ♘xf3 33.♖xe6+** usw.

b) Hingegen führt der buchstäbliche Seitenhieb **25...h5! ...**

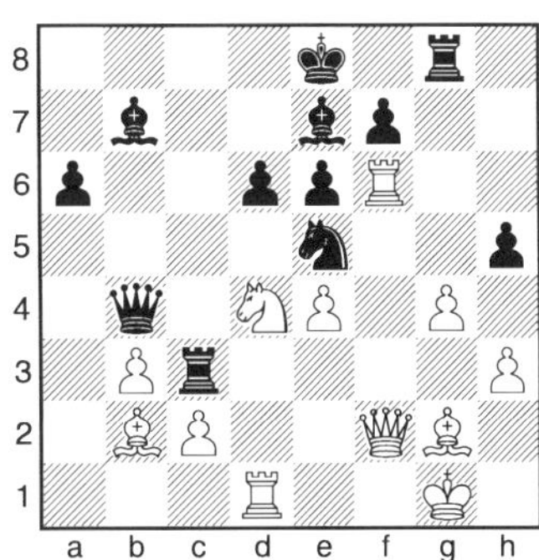

... nach **26.♗xc3**

26.♕d2 ♗xf6 26.♗xc3 ♕b6

26...♕xc3 27.♖f3 ♘xf3+ 28.♗xf3 hxg4 29.♗xg4 ♕c5 zu einer tendenziellen Gewinnstellung.

150

Van Riemsdijk – Van Mechelen

Belgien 2016

1.e4 c5 2.♘f3 d6 3.d4 cxd4 4.♘xd4 ♘f6 5.♘c3 a6 6.♗g5 e6 7.♕d3 ♗e7 8.f4 ♘bd7 9.♗e2 ♕c7 10.♗f3 h6 11.♗xf6 ♘xf6 12.0-0-0 ♗d7 13.♖he1 0-0-0 14.g3 ♗e8 15.♕e2 ♘d7

I) In der Partie hatte Weiß nach **16.f5?!** und der ebenfalls ungenauen Antwort **16...♘f8?!** gefolgt von **17.♗g4 ♗d7 18.♖d3** (18.♖f1!?) nicht mehr als Minimalvorteil vorzuweisen.

Hingegen hätte **16...♘c5** sogar zu völlig gleichen Chancen geführt, wie zwei Beispielvarianten zeigen mögen.

A) 17.♗g4 ♗d7

1) 18.b4 ♘b3+ (18...h5; 18...♘a4)

a) 19.axb3 ♕xc3 20.♔b1 e5 21.f6! ♗xf6 22.♗xd7+ ♖xd7 23.♘f5 ♕xb4 24.♕f3⩲ Δ♘e3-d5

b) 19.cxb3 ♕xc3+ 20.♔b1 ♔b8 oder 20...♕xb4 21.fxe6 fxe6 22.♘xe6; 22.♗xe6

2) 18.fxe6 fxe6 19.b4 (19.e5) **19...♘b3+** (19...h5) **20.cxb3**; **20.axb3**

B) 17.fxe6 fxe6 Δ18.b4

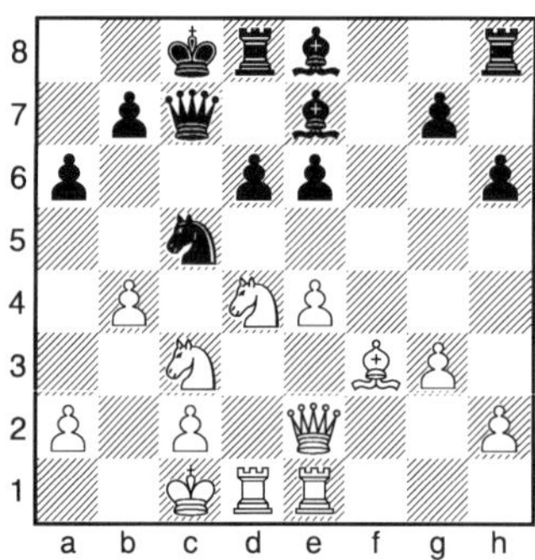

18...♗f7!∓

18...♘d7 19.♘a4 ♘f8 20.♘b2 ♔b8∓

Δ19.bxc5 dxc5

1) 20.♘b3?! c4

– 21.♘d2? ♗a3+ 22.♔b1 ♖xd2!−+

– 21.♘d4? ♗a3+ 22.♔b1 ♖xd4!−+

– 21.♘a1 ♔b8∓

2) 20.♘xe6 ♗xe6 21.♗g4 ♗g5+ 22.♔b1 ♕b6+ 23.♔a1 ♔b8 24.♗xe6 ♕xe6∓

II) 16.♗g4! (16.♘f5? ♗f8) mit der Doppeldrohung ♗xe6 und f5 führt bei richtiger Fortsetzung im nächsten Zug zu bedeutendem Vorteil.

16...♔b8

16...♘c5? 17.♘d5+−; 16...♗f6 17.♗xe6±

A) 17.f5!?±

1) 17...h5!?

a) 18.fxe6 hxg4 19.♘d5 ♕a5

b) 18.♗h3 e5 19.♘d5 ♗g5+ 20.♔b1

2) 17...e5 18.♘d5 ♗g5+ 19.♔b1 ♕c8 20.♘b3

B) Deutlich stärker ist jedoch das hemdsärmelige Herangehen mit **17.♗xe6! fxe6 18.♘xe6±**

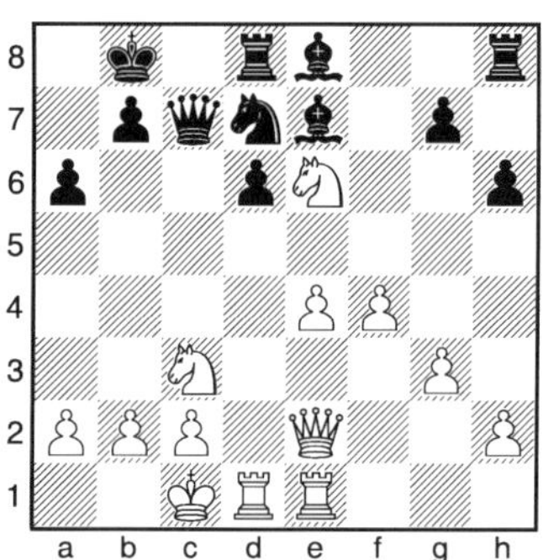

18...♕c8

18...♕a5 19.♘xd8 ♕xd8 20.♘d5

19.♘xd8 (19.♘xg7?) **19...♕xd8** (19...♗xd8 20.♖xd6) **20.♘d5** usw.

151

Ljubojevic – Kasparow

Belgrad 1989

1.e4 c5 2.♘f3 d6 3.d4 cxd4 4.♘xd4 ♘f6 5.♘c3 a6 6.♗g5 e6 7.f4 ♕c7 8.♕e2 ♘c6 9.0-0-0 ♘xd4 10.♖xd4 ♗e7 11.g3 ♗d7 12.♗g2 h6 13.♗h4 ♗c6 14.f5 0-0 15.♖hd1 b5 16.g4 c5 17.♖4d3 b4 18.♗xf6 bxc3 19.♗xe7 cxb2+ 20.♔b1 ♕xe7

1) In der Partie führte der sofortige Materialausgleich mit **21.♖xd6?** nach **21...♖fc8!** angesichts der Drohung ♗a4 zu einer annähernden Gewinnstellung.

22.♖1d2

22.f6 gxf6 Δ♗a4

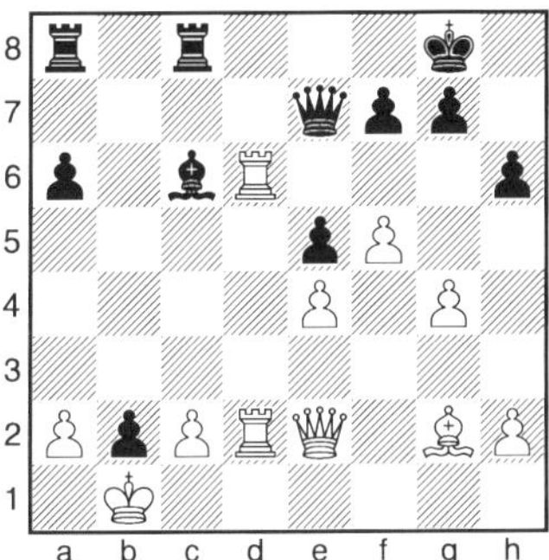

Und hier wäre **22...♖ab8!-+** (statt 22...♗b5) noch stärker gewesen, denn nach **23.♕xa6 ♗b5 24.♕a3 ♗c4** Δ♖a8 tastet Schwarz sich an die nunmehr freigelegte Schwäche auf a2 heran.

2) Die Pointe von **21.f6! gxf6** zeigt sich nach dem Zwischenspiel **22.♕d2! ♔g7 23.♖h3 ♖h8** erst jetzt gefolgt von dem Zugriff auf d6 **24.♕xd6.** Denn Schwarz kann den Damentausch nicht gut vermeiden und nach **24...♕xd6 25.♖xd6** wird Weiß früher oder später materiell ausgleichen und muss dann nur noch sicherstellen, dass kein gegnerischer Turm in sein Hinterland eindringt.

152

Westerberg – Nordstrom

Schweden 2008

1.e4 c5 2.♘f3 e6 3.d4 cxd4 4.♘xd4 a6 5.♗e2 ♘f6 6.♘c3 d6 7.0-0 ♕c7 8.♗g5 ♗e7 9.a4 ♘c6 10.♔h1 0-0 11.♕d2 ♗d7 12.♖ad1 ♖fd8 13.♕e3 h6 14.♗h4 ♘xd4 15.♕xd4 ♗c6 16.f4 ♖ab8 17.♕e3 ♘g4 18.♗xg4 ♗xh4 19.f5 ♕e7 20.fxe6 fxe6 21.♕h3

1) In der Partie wurde die schwarze Stellung nach dem passiven Herangehen **21...♗d7?** mit **22.e5!** positionell aus den Angeln gehoben, denn da es nach 22...dxe5? auf d7 klingeln würde, musste Schwarz den Einengungsbauern mit **22...d5** am Leben lassen.

23.♘e2!

Nach 29.♕d3 (mit den Drohungen ♘xd5, g3 und ♕g6) kann Schwarz sich mit dem Gegenangriff 29...♕g5 halbwegs über Wasser halten.

Nach dem Textzug muss zunächst die Hauptdrohung ♘f4 pariert werden.

23...♗g5 24.♘d4 ♖e8

Und nun wären die konkreten Ansätze 25.♕d3 Δ♕g6; Δg3-h4 und 25.♖f3 Δ♖df1 wohl noch deutlicher ± gewesen als der eher prophylaktische Textzug **25.b3**.

2) Die Alternative **21...♖e8!** ist nicht etwa 'auch passiv', denn nach **22.♗xe6+ ♕xe6 23.♕xh4** kann ungeachtet aller taktischen Bedenken mit **23...♗xe4!** die freigelegte Gegenschwäche eingesammelt werden.

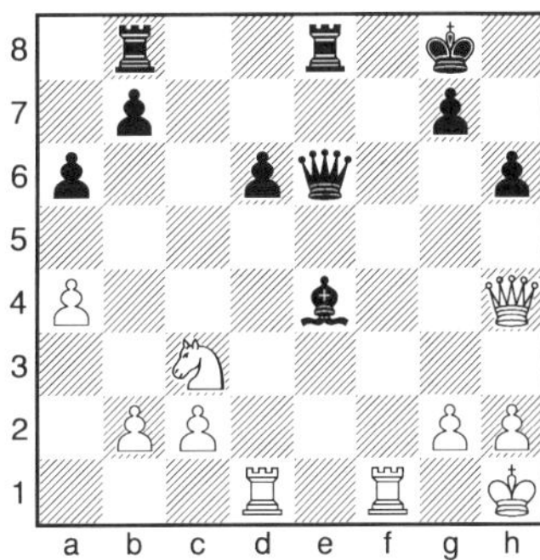

a) 24.♖fe1 d5 25.♘xd5 ♕g6⩲

b) 24.♘xe4 ♕xe4 25.♕xe4 ♖xe4 26.♖xd6 ♖xa4, 26...♖e2⩲

153

Joachim – Bönsch

Deutschland 2002

1.e4 c5 2.♘f3 d6 3.d4 cxd4 4.♘xd4 ♘f6 5.♘c3 e6 6.g4 h6 7.♗e3 a6 8.♗g2 ♘c6 9.h3 ♘e5 10.♕e2 g5 11.f4 gxf4 12.♗xf4 ♘fd7 13.0-0-0 ♘g6 14.♗g3 h5 15.gxh5

♕g5+ 16.♔b1

1) Womöglich hatte Schwarz bei **16...♕xg3? 17.hxg6 ♕xg6** die Nachschubmöglichkeit **18.♘f5!**übersehen.

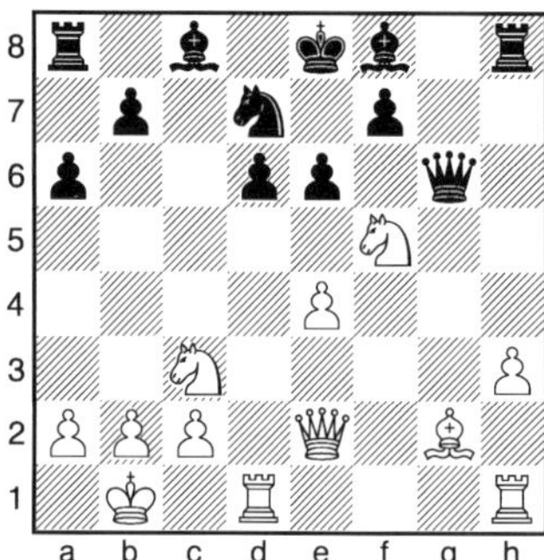

Dafür spricht auch die Tatsache, dass er mit **18...♘e5?!** (⌓18...♖g8 19.♗f3; 19.♖hg1) **19.♘xd6+ ♗xd6 20.♖xd6**+– gleich noch einmal danebengriff.

2) Auch nach **16...♕xh5? 17.♗f3** (u.a. Δh4-h5) würde Schwarz angesichts des eklatanten Entwicklungsnachteils am Rande des Abgrunds wandeln; z.B. **17...♕g5 18.♘f5! exf5 19.exf5+ ♘ge5 20.♗g4**+–.

Es bleibt also die Schlussfolgerung, dass Schwarz von *beiden* Zügen die Finger lassen sollte. Tatsächlich ist 16...♘ge5 die einzige Möglichkeit, den Schaden auf ± einzudämmen.

154
Zapata – Mokry
Bosnien 1986

1.e4 c5 2.♘f3 d6 3.d4 cxd4 4.♘xd4 ♘f6 5.♘c3 a6 6.a4 e6 7.♗e2 ♗e7 8.0-0 0-0 9.♗e3 ♘c6 10.f4 ♕c7 11.♔h1 ♖e8 12.♗d3 ♘d7 13.♕f3 ♗f6 14.e5 dxe5 15.♘xc6

1) In der Partie ging es nach **15...bxc6?? 16.fxe5 ♘xe5** rasch bergab.

Nach 16...♕xe5 führt die einfache Verstärkungsmaßnahme 17.♖ad1! Δ♘e4 usw. bereits zu einer tendenziellen Gewinnstellung.

(Weniger überzeugend ist 17.♕xc6?! ♕xe3 18.♕xa8 ♘c5.)

Hier ein Blick auf eine Beispielvariante: 17...♕c7 18.♘e4 (Δ♗g5) 18...♖f8 19.♕h5 g6 20.♘xf6+ ♘xf6 21.♕h4 usw.

17.♕g3

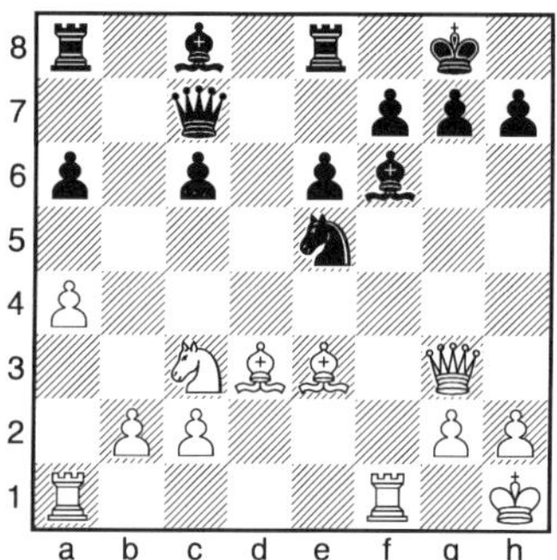

17...♗d8

Nach 17...♔h8 gewinnt 18.♗f4 Δ18...♕a5 19.b4.

Und der Trickzug 17...♖e7 (Δ18.♖xf6? ♘xd3!) wird mit 18.♗f4 widerlegt.

18.♗f4 f6 19.♖ae1 ♕e7 20.♗xe5 fxe5

Und hier wäre Weiß nach 21.♕xe5 Δ♘e4 auf Gewinnkurs geblieben, während Schwarz sich nach **21.♖xe5? ♖f8!** spürbar entlasten konnte.

2) Nach **15...♕xc6 16.♗e4** (16.♕xc6? bxc6∓ Δ17.♗e4?! ♖b8∓) liegt die Bewertung des weißen Spiels zwischen ‘deutlich bequemer’ und ‘leicht vorteilhaft’; z.B. **16...♕c7 17.fxe5 ♕xe5 18.♗d5, 17...♘xe5 18.♕g3** oder **16...♕d6 17.♖ad1** oder vielleicht am besten **16...♕c4 17.♖ad1** usw.

3) Nach **15...exf4** könnte sich das Spiel in unklaren Bahnen entwickeln; z.B. **16.♕e4** (16.♗xf4 ♕xc6 17.♗e4) **16...♘f8**

17.♘d5 exd5

17...♕xc6 18.♘xf6+ gxf6 19.♕xf4±

18.♕xe8 fxe3 19.♖xf6 gxf6 20.♘e7+ ♔g7 21.♘xd5 ♕e5 22.♕xe5 fxe5 23.♘xe3 usw.

155

Harestad – Valenti

England 1974

1.e4 c5 2.♘f3 d6 3.d4 cxd4 4.♘xd4 ♘f6 5.♘c3 a6 6.♗d3 e6 7.0-0 ♗e7 8.♗e3 ♕c7 9.f4 0-0 10.♕f3 ♘c6 11.♖ae1 ♗d7 12.♘b3 b5 13.♕h3 ♘b4

Da der ♗d3 keineswegs ein reiner Verteidiger, sondern einer der Hoffnungsträger des weißen Angriffs ist, versteht es sich eigentlich von selbst, dass dessen Eliminierung die schwarze Stellung spürbar entlastet. Entsprechend führte 14.♘d4? ♘xd3 15.cxd3 b4 in der Partie zu vollem Ausgleich.

Nur mit **14.e5!** kann Weiß die Gunst der Stunde nutzen, wie die folgenden Varianten bestätigen.

1) Nach **14...♘xd3 15.exf6 ♘xe1 16.fxe7 ♖fe8 17.♖xe1**± sind die beiden Springer einem Turm langfristig überlegen.

2) Und auch nach **14...dxe5 15.fxe5 ♕xe5 16.♗d4** kann Schwarz Materialverlust nicht vermeiden.

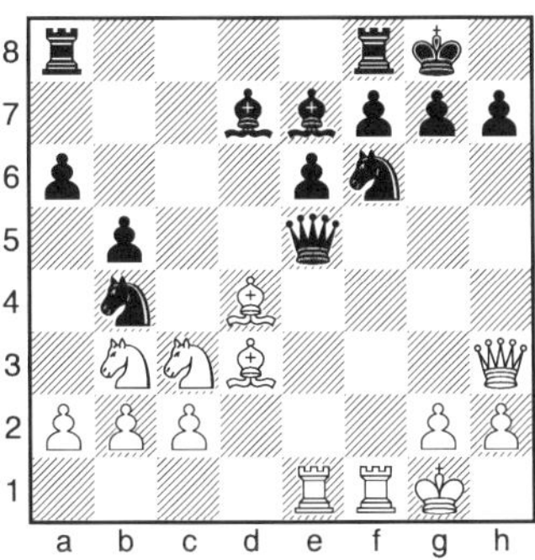

a) So führt **16...♕c7? 17.♗xf6 ♘xd3 18.♗xe7 ♘xe1 19.♗xf8 ♖xf8 20.♖xe1 b4 21.♘d1 ♕xc2 22.♕h4! ♗c6 23.♕f2** bereits zu einer tendenziellen Gewinnstellung.

b) Und nach **16...♕h5 17.♗xf6 ♕xh3 18.♗xe7 ♕h5 19.♗xb4±** blicken die drei Leichtfiguren in eine rosigere Zukunft als die Dame.

156

Fernandez Aguad – Schomojew

Internet 2004

1.e4 c5 2.♘f3 d6 3.d4 cxd4 4.♘xd4 ♘f6 5.♘c3 a6 6.♗e2 e5 7.♘b3 ♗e7 8.0-0 0-0 9.♔h1 ♘c6 10.a4 ♗e6 11.f4 ♘b4 12.f5 ♗d7 13.♗g5 ♗c6 14.♗xf6 ♗xf6 15.♗c4 ♖c8 16.♕e2 ♕c7 17.♖fd1

1) In der Partie geschah **17...♗xe4?!**, wobei Schwarz womöglich davon ausgegangen war, dass auch sein Gegner sich vornehmlich am Material orientiert. Allerdings ging dieser mit **18.♘xe4!** (zunächst) umsichtiger ans Werk.

Die von Schwarz erwartete bzw. erhoffte Folge sah wohl folgendermaßen aus: 18.♗xf7+? ♕xf7 19.♕xe4 ♖c4 20.♕e2 d5! (20...♗e7!?∓ 21.f6! Δ21...gxf6?! 22.♘d5∞) 21.♘xd5 ♖xc2 und nun 22.♘xf6+ ♕xf6 23.♕g4 ♘c6 oder 22.♕e4 ♘xd5 23.♕xc2 ♘e3 mit Vorteil im Bereich ∓/∓.

18...♕xc4

Leider griff Weiß nun mit **19.♕xc4? ♖xc4 20.♘xf6+ gxf6 21.c3 ♘c2**∓ doch noch kräftig daneben.

Nach der korrekten Fortsetzung **19.♕g4!** hätte es zwei ähnliche und ähnlich spektakuläre Wege zum Remis durch Dauerschach gegeben.

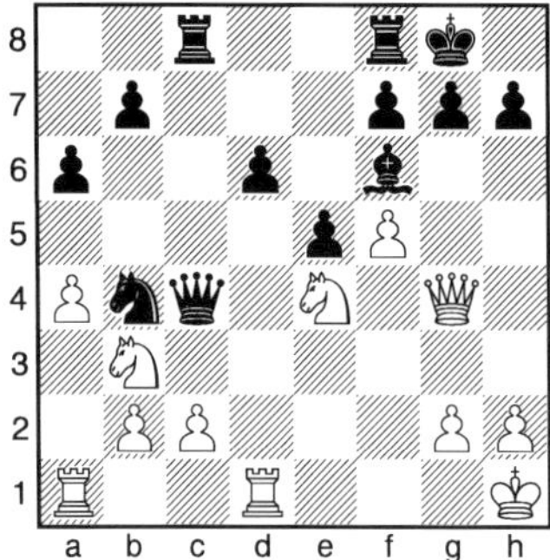

Hier nur die jeweiligen Hauptvarianten.

a) 19...♗d8 20.♘bd2 ♕xc2 21.f6 g6 22.♘xd6 ♘d3!! 23.♕xc8 ♘f2+ 24.♔g1 ♘xd1 25.♕xc2 ♗b6+ 26.♔h1 ♘f2+ 27.♔g1 ♘d1+

b) 19...♔h8 20.♘bd2 ♕xc2 21.♘xf6 ♘d3!! 22.♕h4 gxf6 23.♕xf6+ ♔g8 24.♕g5+

2) Mit der Verstärkungsmaßnahme **17...♖fd8!** kann Schwarz die Rahmenbedingungen für die Drohung ♗xe4 zunächst in Ruhe verbessern.

Danach würde die ‘Flucht nach hinten’ **18.♗d3?!** selbstredend mit **18...d5**∓ beantwortet.

Und die Version ‘nach vorn’ **18.♗d5** würde sowohl nach **18...♘xd5 19.exd5 ♗d7** als auch nach **18...♗xd5 19.exd5 ♕c4 Δ20.♖e1 ♕xe2 21.♖xe2 ♖c7** nebst ♖dc8 zu solidem Minimalvorteil führen, wobei übrigens mit 21...♖xc3?! 22.bxc3 ♘xd5 23.c4 ♘c3 erneut ein ungeduldiges Herangehen als schwer zu widerstehende Verführung am Wegesrand lockt.

Quellenverzeichnis

Konikowski, Jerzy, Bekemann, Uwe: 1.e4 siegt!
(2. Auflage), Joachim Beyer Verlag 2020

Konikowski, Jerzy: Modernes Sizilianisch – richtig gespielt
(4. Auflage), Joachim Beyer Verlag 2021

Konikowski, Jerzy: Schnellkurs der Schacheröffnungen – Theorie
(7. Auflage), Joachim Beyer Verlag 2021

Konikowski, Jerzy, Bekemann, Uwe: Eröffnungen; lesen – verstehen – spielen; Sizilianisch
(2. Auflage), Joachim Beyer Verlag 2021

Elektronische Medien:

Mega Database 2021

ChessBase News

ChessBase 16

Stockfish 14

Komodo 13

Zeitschriften:

Rochade Europa

ChessBase Magazin

Schachmagazin 64

Über den Autor

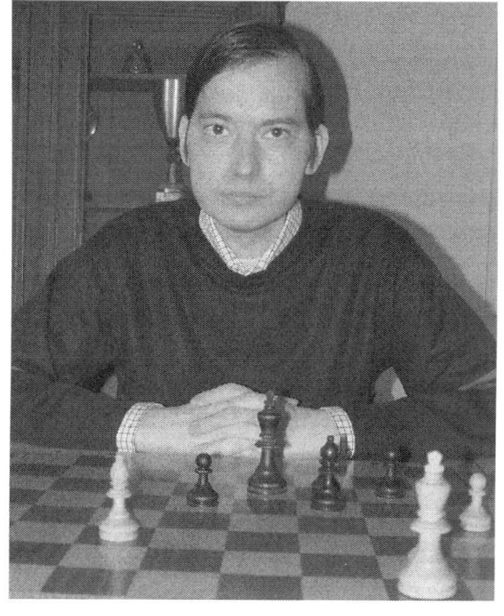

GM Dr. Karsten Müller wurde am 23. November 1970 in Hamburg geboren. Er studierte Mathematik und promovierte 2002. Von 1988 bis 2015 spielte er für den Hamburger SK in der Bundesliga und errang den Großmeister-Titel 1998. Zusammen mit Frank Lamprecht ist er Autor der hochgeschätzten Werke *Secrets of Pawn Endings* (2000) und *Fundamental Chess Endings* (2001), mit Martin Voigt *schrieb er Danish Dynamite* (2003), mit Wolfgang Pajeken *How to Play Chess Endgames* (2008), mit Raymund Stolze *Zaubern wie Schachweltmeister Michail Tal* und *Kämpfen und Siegen mit Hikaru Nakamura* (2012).

Aufmerksamkeit fand außer Müllers Buch *Bobby Fischer, The Career and Complete Games of the American World Chess Champion* (2009) besonders auch seine exzellente Serie von ChessBase-Endspiel-DVDs Schachendspiele 1-14. Müllers beliebte Rubrik *Endgame Corner* erschien unter www.ChessCafe.com von Januar 2001 bis 2015, seine Rubrik *Endspiele* im ChessBase Magazin seit 2006. Der vielbeschäftigte, weltweit anerkannte Endspiel-Experte wurde 2007 als „Trainer des Jahres" vom Deutschen Schachbund ausgezeichnet.

Im Joachim Beyer Verlag sind bereits 14 seiner Bücher erschienen: Karsten Müller – *Schachtaktik, Positionsspiel, Verteidigung* (zusammen mit Merijn van Delft), *Schachstrategie* (zusammen mit Alexander Markgraf) und *Italienisch mit c3 und d3* (zusammen mit Georgios Souleidis), *Magie der Schachtaktik* sowie *Magische Endspiele* (zusammen mit C.D. Meyer), *Spielertypen* (zusammen mit Luis Engel) und *Die Endspielkunst der Weltmeister* (Band 1 + 2), *Die besten Kombinationen der Weltmeister* (Band 1 + 2) zusammen mit Jerzy Konikowski, *Schach-WM 2021* zusammen mit Jerzy Konikowski und Uwe Bekemann, und last but not least – *Bobby Fischer, 60 beste Partien* (2022).